교육의
미래와
학교혁신

교육의 미래와 학교혁신

초판 1쇄 인쇄 2022년 10월 13일
초판 1쇄 발행 2022년 10월 24일

지은이 마크 터커
옮긴이 전국교원양성대학교총장협의회; 임채성, 이혁규, 김우영,
        김종우, 김창원, 박수자, 박관우, 유길한, 이범웅, 이환기, 최도성
펴낸이 김승희
펴낸곳 도서출판 살림터

기획 정광일
편집 조현주·송승호
북디자인 꼬리별

인쇄·제본 (주)신화프린팅
종이 (주)명동지류

주소 서울시 양천구 목동동로 293, 2215-1호
전화 02-3141-6553
팩스 02-3141-6555
출판등록 2008년 3월 18일 제313-1990-12호
이메일 gwang80@hanmail.net
블로그 http://blog.naver.com/dkffk1020

ISBN 979-11-5930-234-3 93370

세계의 교육 선진국들에게 배우다

교육의 미래와 학교혁신

마크 터커 지음
전국교원양성대학교총장협의회 옮김

Leading High-Performance
School Systems
Lessons from the World's Best

세계가 부러워하는
교육 선진국을 꿈꾸며

임채성_서울교육대학교 총장, 2021년 교총협 회장

인간과 동물을 구분하는 기준은 다양하지만, 중요한 속성 중 하나는 과거를 반추하고 미래를 상상하여 대비하는 인간의 능력이다. 이러한 능력으로 인해 인간은 동물이 결코 이룩하지 못한 문명을 이루었다. 그리고 각 민족이나 국가별로 장구한 역사에 걸쳐 특색있는 발전을 이루었다. 이런 일은 축적된 후천적 지혜가 단절되지 않고 계속 이어지고 분화·발전하게 하는 교육 시스템을 통해 가능하다. 과거에는 이러한 고유의 발전만으로 나름대로 존속하는 데 큰 문제가 없었다. 그러나 과거와 완전히 다르게 모두가 연결되어 있고 AI와 함께해야 하는 현재와 미래에는 새로운 교육 시스템이 필요하다.

초등학교 교사를 양성하는 12개 국립대학교 총장들로 구성된 전국교원양성대학교총장협의회(교총협)는 매년 정규적으로, 그리고 상황에 따라 수시로 만나 우수한 초등교사 양성에 대해 고민하고 발전 방안을 논의한다. 내가 회장을 맡고 있던 2021년에 교육부 주관으로 교원양성체제 혁신위원회에서 '교원 양성 체제 개편'에 관한 논의가 있었다. 여기서 과거-현재-미래라는 시간적 축과 전 세계라는 공간적 축에 비추어 우리나라 교원 양성 시스템의 다양한 문제점이 제기되고 개선 방안들이 제안되었다. 이 과정에서 우리의 교사 양성 시스템에 대한 체계적인 분석과 교육 선진국의 시스템에 대한 심층적 분석이 부족한 가운데 단편적, 대중요법적, 피상적 대안들이 제안되는 것이 매우 안타까웠다.

이에 교총협은 교원 양성 체제와 교육 혁신의 세계적인 동향을 자세히 분석하고 그 토대 위에서 우리 교원 양성 시스템도 혁신해야 한다는 데 뜻을 모았다. 그런 공감대 속에서 이혁규 청주교육대학교 총장이 터커Tucker, M.의 『Leading high-performance school systems: Lessons from the world's best』[2019]라는 책을 번역하자고 제안하였고, 모든 총장이 흔쾌히 동의하여 번역 작업을 시작하였다. 이 책은 미국의 교사 양성 시스템에 대한 반성과 미래 대비를 위한 각오로 교육에서 최고 성과를 올리는 국가들의 학교 혁신을 심층적으로 분석한 내용을 담고 있다. 그 중심에는 교사 교육과 교원 전문성 신장을 위한 체계적인 노력이 있다.

인간은 자기가 해야 할 일을 가능하면 잘하고 싶어 하고 잘해야 한다. 어떤 것을 잘하는 비결은 간단하다. 테니스를 잘하고 싶으면 그것을 잘하는 사람처럼 하면 된다. 물론, 잘하는 원리를 파악하여 자기 신체 조건에 맞게 적용해야 한다. 이처럼 교육 선진국으로부터 우수한 교사 양성에 필요한 핵심 요소들을 찾아 우리 실정에 맞게 적용할 수 있는 지혜를 얻을 수 있으리라 희망하였다. 교총협 총장들은 '함께 배우고', 우리 교사 교육과 학교 혁신에 대한 대안도 모색하고자 이 책을 번역하였다.

교육은 수많은 톱니 요소들이 정교하고 정확하게 맞물려 작동하는 하나의 유기체다. 이 시스템의 핵심 운영자는 교사다. 비유컨대 교사는 시스템의 원동축이다. 그 점에서 교원정책은 정부의 교육정책의 핵심 의제여야 한다. 그것은 우수한 예비 교사 양성에 한정되지 않는다. 교원

생애사 전반에 걸쳐 지속해서 전문성이 신장될 수 있는 일련의 과정을 잘 설계하는 것을 포함한다. 사회와 정부가 교사와 교육의 공적 가치를 인정하고 존중하는 교육 문화가 밑바탕이 되어야 그런 정책의 추진력이 생겨난다.

부디 이 책이 널리 읽혀서 우리나라도 세계가 부러워하는 교사 양성 시스템을 갖추고 21세기에 적합한 학교 혁신의 모범국가로 거듭나기를 희망한다. 특히 이 책의 내용이 대통령, 국회, 정부 관료, 교육감 등 중요한 정책 결정자들이 교육정책의 방향을 잡는 데 중요한 교육적 통찰을 제공하기를 희망한다. 아울러 교사들과 시민들에게도 세계 교육의 변화 방향을 알고 우리의 나아갈 길을 모색하기 위해 함께 지혜를 모으는 계기가 되기 바란다.

끝으로 이 책의 번역과 출판의 전 과정을 꼼꼼히 챙겨주신 살림터출판사 여러분과, 바쁜 시간을 할애하여 번역에 참여해 주신 총장들, 그리고 번역 과정에서 조언해 주신 청주교육대학교 강성우, 이영아 교수께 감사드린다.

전 세계인에게 미국은 혁신가의 이미지로 알려져 있다. 의학, 사업, 기술 분야에서 혁신가인 것처럼 교육 분야에서도 그러하다. 교육 분야에서 세계 최고의 성과를 내고 있는 지역들—싱가포르, 상하이, 캐나다, 핀란드—을 방문해서 수업, 교원 양성, 평가에서 선구적인 사례를 조사해 보라. 그들이 개혁을 시작할 때 미국에서 배웠다는 말을 분명히 듣게 될 것이다.

그런데 이런 국가들은 미국의 사례를 변하지 않는 전통으로 여기며 따르기보다 미국과 다른 나라 그리고 자신들의 경험으로부터 좋은 아이디어를 얻어서 교육 시스템을 변화시키는 데 활용했다. 또한, 정치의 변화 추이에 따라 교육 이념이나 정책을 이리저리 바꾸기보다는 좋은 아이디어를 축적하고 scale up 시간의 경과와 더불어 꾸준히 개선하는 과정에서 배운 것을 토대로 발전시켰다.

간단히 말해서, 그들은 적절하고 잘 구성된 자원, 우수한 교수법, 세심하게 설계된 교육과정과 평가의 기반을 제공하는 교육 시스템을 운 좋은 소수의 학교만이 아니라 모든 학교를 위해 만들어냈다. 이 중요한 책에서 마크 터커는 이런 시스템 구축이 어떻게 완성될 수 있었는지 설명한다. 터커는 오랫동안 교육 시스템을 연구하고 설명하면서, 어떻게 하면 모든 학생이 높은 수준의 배움에 이르고, 잠재력을 발휘할 기회를 얻을지 고민하는 정책 입안자들과 실천가들에게 문제 해결의 실마리를 제공했다.

책 도입부에서 터커는 미국 교육자들이 진보를 위해 얼마나 고군분투하고 있는지에 주목한다. "그것은 미국이 직면한 문제와는 매우 다른 종류의 문제들을 해결하기 위해 1세기 전에 고안한 시스템이 더 이상 작동하지 않기 때문이다. 현재의 시스템을 단순히 관리하는 것조차 점점 더 어려워지고 있다. 이런 상황은 우리가 직면한 과제에 훨씬 적합한 시스템으로 교체할 때까지 계속될 것이다."

이런 도전에는 더 높은 수준의 교육받은 시민을 양성하라는 요구— 한때 극소수 엘리트들에게만 허용되었던 사고 중심 교육과정thinking curriculum을 사실상 모든 학생이 배울 수 있게 하는 것—와 미국 학교에서 매우 다양한 학생 경험과 각기 다른 기대를 충족할 수 있는 교육을 제공해야 한다는 요구가 포함된다. 이를 위해 교사 양성과 학교 지도자 양성을 위한 투자가 더 체계적이고 적극적으로 이루어져야 할 것이다. 그래야만 모두가 기대할 수 있는 최고 수준으로 준비될 수 있다. 또한 모든 학교에서 적용 가능한 방식으로 지속적인 교수학습 지원 인프라를 구축해야 하는데, 여기에는 교사의 수업 전문성을 개발하고 인증하는 체계가 포함되어야 한다.

터커는 그의 경력 내내 미국에서 이런 학습 지원 시스템을 발전시키는 데 특별한 공헌을 했다. 그는 1980년대에 뉴욕카네기재단Carnegie Corporation of New York과 함께 국립교원전문성표준위원회(이하 '표준위원회'로 표기)National Board for Professional Teaching Standards[1] 설립 책임을 맡았다. 이 기관은 탁월한 교사들을 소집하여 교직 전문성에 대한 표준을 개발하고, 탁월한 수업을 인증하기 위해 수업에 대한 참 평가 방안을 창안한 첫 번째 기관이다. 지난 20년 동안 수많은 연구를 통해 표준위원회의 인증을 받은 교사들이 일반적으로 다른 교사들보다 더 유능하며, 동료 교사들의 능력을 신장시키는 데에도 이바지한다는 사실이 확인되었다. 표준위원회의 인증을 받은 교사들은 인증 과정에 참여한 것이 자기 경력에서 가장 기억에 남는 학습 경험 중 하나였으며, 수업에 대한 접근법을 완전히 바꾸어놓은 경험이었다고 말한다.

표준위원회의 표준은 전 세계적으로 유사한 계획을 추진하려는 시도들을 촉진하였다. 교사들이 무엇을 알아야 하고, 무엇을 할 수 있는지를 명확히 한 표준은 거의 모든 선도 국가에서 교사를 충원하고, 양성하고, 교직으로 유도하고, 지속적인 전문성 개발 및 평가와 피드백을 체계적으로 안내하는 하나의 틀로 사용된다. 싱가포르와 상하이 같은 지역에서는 이런 표준이 모든 학교에서 교사 전문가를 양성하여, 우수한 교사들이 다른 교사들의 멘토나 코치 역할을 할 수 있는 경력 사다리carrier ladder를 설계하는 데 기반이 되고 있다.

미국의 몇몇 주에서는 때로 이런 체계적인 접근방식을 수업 기준 및 연수 인프라 구축에 활용했고, 교사들이 표준위원회 인증을 받도록 유인책을 마련하기까지 했다. 내가 『평평한 세계와 교육The Flat World and Education』에서 언급한 것처럼, 1990년대에 코네티컷과 노스캐롤라이나 같은 주에서는 성취기준 기반 교육 개혁에 힘쓴 결과 학생들의 학업성취가 크게 향상되었다.

---

1. 이 책에서 자주 등장하는 'Standards'는 문맥에 따라 '표준', '기준' 혹은 '성취기준'으로 번역했다(역자주).

그러나 대부분의 주에서는 분절되고 체계 없는 제도를 계속 운용해왔다. 이런 제도는 교사들이 교직에 입문하기 전에 충족해야 할 기준과 교사 양성 기관들의 질적 측면에서 상당한 차이를 나타냈다. 그리고 교사 양성 기관의 교육을 지속적인 평가와 전문성 개발과 연계하지 못했으며, 표준위원회의 인증을 받은 교사의 역량을 승인하고 활용할 수 있는 수단도 부족했다. 따라서 결과적으로 이런 인증을 받은 재능있는 교사들을 "정장으로 말끔하게 차려 입었지만 정작 그 옷을 입고 갈 데가 없는 사람들"로 만들어버렸다.

질 높은 교육을 위한 지원체제를 마련하기 위해서는 학교 지도자의 역량도 다른 요소들 못지않게 중요하다. 미국에서 교장들이 이런 역량을 배울 수 있도록 지원하는 연수 인프라가 거의 없다는 사실을 알게 된 터커와 국립교육경제센터National Center on Education and the Economy는 국립학교리더십연구소National Institute for School Leadership를 설립했다. 이 연구소는 현재 미국에서 학교 지도자 연수를 위한 가장 규모가 큰 프로그램을 운영하고 있다. 국립학교리더십연구소는 21세기 역량21st century skills에 초점을 둔 효과적인 학교effective schools를 만들기 위해 학습자의 학습과 교사 역량 개발에 관한 최고의 연구를 바탕으로 교육감[2], 교육청 직원, 교장들에게 이 책에서 서술하는 수준 높은 학교와 학교 시스템을 설계하고 운영하는 데 필요한 역량을 제공하는 것을 목표로 하는 기관이다.

---

2. 'superintendent'는 우리나라의 '교육감(state superintendent)', '교육장(school district superintendent)'을 모두 의미할 수 있다. 원서에서는 '교육장(school district superintendent)'을 주로 지칭하는 것으로 해석된다. 그러나 양국의 교육자치제도의 차이와 교육정책 결정에서 행사하는 역할을 고려하여 '교육감'으로 주로 번역하였다 (역자주).

몇 년 전, 터커와 그의 팀은 전미주의회협의회National Conference of State Legislatures로부터 주 의원들로 구성된 연구회를 지원해 달라는 요청을 받았다. 이 연구회는 가장 성공적인 교육 시스템이 있는 나라들의 전략을 협의회에 보고하는 임무를 맡았다. 『머뭇거릴 시간이 없다No Time to Lose』라는 제목의 결과 보고서는 전미주의회협의회 역사상 가장 많이 팔린 보고서가 되었다. 이 보고서는 해당 국가들이 미국보다 얼마나 앞서 있고, 미국이 어떤 위기에 처해 있는지뿐만 아니라, 수준 높은 시스템을 구성하는 모든 정책적 요소들—유초등교육, 교육과정 및 평가, 자원 배분, 교육과 학교 리더십, 대학과 진로 준비—을 의제에 올려놓음으로써 이들 국가를 따라잡기 위해 무엇이 필요한지에 대해 경각심을 불러일으켰다. 현재 터커와 국립교육경제센터는 매릴랜드 주와 함께 이런 높은 성과를 내는 교육 시스템을 구축하는 작업을 하고 있다. 이 작업을 통해 이리저리 튕기는 핀볼 기계의 공처럼 충돌하는 미숙한 정치적 의사결정에서 벗어나, 교사는 잘 가르치고 학생은 잘 배울 수 있게 학교를 지원하는 일관성 있는 방법을 제안할 수 있는 의사결정으로 전환되기를 희망한다.

이 작업을 위한 로드맵은 이 책에 있다. 이 책에서 마크 터커는 그가 행한 수십 년간의 연구와 학술 활동—그리고 나를 포함하여 다른 사람들의 의뢰를 받아서 행한 연구—을 통해 축적된 지혜를 바탕으로 급변하는 지식기반 세상에서 살아갈 모든 학생이 그에게 필요한 준비를 할 수 있게 하는 제도의 핵심적 측면을 다룬다. 이 책은 터커 자신을 포함하여 전 세계의 선구적인 교육자들의 최고의 연구, 사고 및 행동을 모은 걸작이다. 이 책은 흥미로운 서술과 설득력 있는 주장 그리고 생생한 예시를 바탕으로 독자들에게 교육적으로 무엇이 가능하고, 왜 그것이 필요하며, 우리가 무엇을 해야 하는지에 대한 일련의 분명한 아이디어를 제시할 것이다. 이런 분석의 결과에 우리 모두가 주목할 가치가 있다. 개인뿐 아니라 사회의 운명이 학습 능력에 달려있다 해도 과언이 아닌 이 시대에 우리는 더 이상 지체할 시간이 없기 때문이다.

린다 달링 해몬드Linda Darling-Hammond

스탠포드, 캘리포니아주

2018년 11월 23일

교육감, 교육청 간부, 학교장이든 상관없이 미국에서 학교 지도자들이 지금만큼 좌절했던 적은 없다. 미국이 직면한 문제와는 매우 다른 종류의 문제들을 해결하기 위해 1세기 전에 고안된 시스템이 더 이상 작동하지 않기 때문이다. 현행 시스템을 관리하는 것조차도 점점 더 어려워지고 있다. 이런 상황은 우리가 직면한 과제에 훨씬 적합한 시스템으로 교체할 때까지 계속될 것이다. 그러나 다른 한편으로 생각해보면, 교육감, 교육청 간부, 학교장이 되는 것이 지금처럼 더 즐거운 적도 없었다. 현 과제에 대응할 수 있는 새로운 시스템을 설계할 사람은 다름 아닌 오늘날의 지도자, 바로 당신이기 때문이다.

이 책을 쓴 이유는 현재의 시스템을 더 이상 작동하지 않게 한 것이 무엇인지 이해하고, 오늘날의 교육 문제를 잘 해결하고 있는 세계의 선진 교육 시스템에 대한 통찰을 제공하며, 앞으로 다가올 도전을 해결하기 위해 어떤 시스템보다도 효과적인 교육 시스템을 설계하고 구축하는 데 필요한 지식과 역량을 갖추도록 돕기 위해서다.

이 책은 저자가 지난 30년 동안 세계 경제와 가장 성공적인 교육 시스템을 갖춘 여러 국가를 연구해 온 국립교육경제센터 팀의 많은 도움을 받아서 집필했다. 우리 센터의 이름에 대해 독자가 의문을 갖는 것이 당연할지도 모른다. 경제와 교육의 연관성은 우리가 이 책을 쓴 이유와 밀접한 관련이 있다.

한 세기 동안 미국은 공교육 분야에서 세계가 주목할 만한 성과를 내 왔다. 미국은 프로이센인들의 선례를 따라 19세기 중반에 무상 초등교육을 받을 권리를 전국적으로 확대했다. 반세기 후 미국은 이를 중등교육에도 적용했다. 그리고 2차 세계대전 이후에는 대중에게 고등교육이 개방되었다. 미국을 제외한 모든 나라에서 고등교육은 소수의 특권층에게만 허용되었다.

1960년대까지 미국은 세계에서 가장 교육 수준이 높은 노동력을 보유하고 있었다. 경제학자들은 이런 전례 없는 대규모 교육 팽창이 19세기 말 미국이 눈부신 경제 성장을 이룩한 주요 요인, 심지어 가장 핵심적인 요인일 것이라고 본다.^{Goldin & Katz, 2008}

20세기 중반까지 미국은 기본적으로 복선형 교육체제를 운영해 왔다. 하나는 4년제 대학과 전문직 및 경영직에 종사할 소수의 엘리트 학생들을 위한 '사고 중심 교육과정thinking curriculum'이고, 다른 하나는 그 밖의 모든 학생을 위한 기초 기술 교육과정basic-skills curriculum이다. 20세기의 대부분 기간에 이 교육 시스템은 잘 작동했다. 사람들이 종사하는 직업은 대부분 소매업, 제조업, 광업, 농업 분야에 속했다. 그리고 당시 노동자들에게 필요했던 것은 영어와 수학의 기초 문해력이었다. 학교는 학생들에게 그러한 기술을 제공하며, 일부 학생들에게는 기본적인 직업 기술을 가르쳐 주고, 이민자 자녀들을 미국의 '용광로'에 집어넣어 미국인으로 사회화시키는 역할을 하도록 기대되었다. 제대군인원호법GI Bill이 제정되기 전에는 4년제 대학에 진학한 사람이 상대적으로 적었고,

대학 졸업생들은 노동시장에 신속하게 흡수되었다. 미국 경제가 호황을 누리자 모든 분야가 성장했다. 대학 교육을 받은 인력은 매우 우수했고, 기초 기술만 배운 대부분의 사람들도 특히 제조업 분야에서 충분히 잘 해냈다. 이들은 중산층의 견고한 구성원이 되었으며 일반적으로 부모 세대보다 훨씬 나은 삶을 살았다.

그러나 그 후 세계 경제의 역학이 변했다. 통신과 운송 기술의 발달로 제조 공장을 자국에서 멀리 떨어진 해외로 이전할 수 있게 되었다. 그즈음에는 많은 개발도상국도 시민들에게 기초 기술을 가르치는 일을 미국 못지않게 잘했지만, 노동자 임금은 동일한 기술을 지닌 미국 노동자 임금의 1/100에 지나지 않았다. 수백만 개의 일자리가 해외로 빠져나가면서, 미국인은 실업자가 되거나 이전 수입의 일부만 받고 일해야 하는 상황에 내몰렸다. 제조 공장을 해외로 이전시키지 못한 제조업체는 종종 폐업할 수밖에 없었다.Commission on the Skills of the American Workforce, 1990

수백만의 미국인들에게 심대하고 결정적인 영향을 미친 세계 경제의 이런 변화는 그 후 다가오고 있던 변화에 비하면 아무것도 아니었다. 사람들은 디지털 기술의 엄청난 발전으로 과거 아웃소싱 때보다 더 많은 일자리를 잃고 있다.Friedman, 2007 인지심리학, 인공지능, 신경망, 자연어 처리, 센서, 로봇공학, 그리고 관련 분야의 동시다발적인 발전과 연산속도, 메모리 용량, 네트워크의 급격한 발전이 결합해 이루어낸 진보로 오늘날 초등학교 1학년 학생들이 장래에 10년간의 직장 경력을 쌓기도 전에, 현재 노동 인력의 25~50% 정도가 실업, 실업 위기, 혹은 빈곤 수준의 임금을 받는 고용의 취약함에 직면할 수도 있다.Brynholfsson & McAffee, 2014; Ford, 2015

미국 교육 시스템은 고등학교 졸업생 대부분이 기본적인 기술을 습득하도록 설계되었기 때문에 우리는 젊은이들이 실제로 그런 기본적인 기술이 있는 것으로 설명한다. 그러나 많은 젊은이가 이런 기술을 습득하지 못한 채로 졸업하거나 졸업하지 못하는 경우도 많다.

우리는 전례 없는 도전에 직면해 있다. 미국의 교육자들은 지금까지 소수 엘리트에게만 제공했던 질 높은 교육을 모든 학생에게 제공할 방법을 찾아야 한다. 고교졸업생의 평균 학업성취도를 현재보다 2~3등급 높이고, 상위권 학생과 하위권 학생의 격차를 실질적으로 좁혀야 한다. 그리고 이 모든 일을 현재보다 적은 비용으로 이루어 내야 할 것이다.

당신은 이것이 불가능하다고 하겠지만, 그렇지 않다. 그것을 어떻게 알 수 있을까? 현재 약 30개국 고등학생들이 미국 고등학생들보다 우수한 성적을 거두고 있기 때문이다. 이들 중 다수는 앞에서 설명한 정도의 학업성취도 차이를 나타낸다.[OECD, 2016b][1] 한 세기에 걸쳐 계속된 미국 노동자들의 평균 학력學歷 상승은 1970년대에 종지부를 찍었다. 그러나 다른 산업국가의 노동자 평균 학력은 미국을 따라잡았을 뿐만 아니라, 계속 높아져서 결국 미국을 앞질렀다. 연구자들이 여러 국가의 학생들을 동일한 시험으로 평가하기 시작했을 때, 다른 나라 고등학생들의 교육 연한이 더 길 뿐만 아니라 교육 수준도 미국보다 높다는 것을 발견했다. 실제로 미국 노동 계층은 한때 세계에서 가장 좋은 교육을 받았으나, 가장 최근 연구에 따르면 미국 밀레니엄 세대 노동 인구는 산업화된 나라 중에서 교육을 가장 적게 받은 축에 속한다.[Goodman, Sands, & Coley, 2017]

이 사실은 미국에 아주 부정적인 소식이다. 교육의 양과 질은 국가나 개인에 상관없이 소득 면에서 더 많은 격차가 벌어지게 하기 때문이다.

지금은 미국에게 결정적 시기다. 오늘날 중학교 1-2학년 수준의 독해

---

1. 프랑스 파리에 있는 OECD의 국제학업성취도평가(PISA) 보고서 참조. 2장에서 더 자세히 설명하고 인용했다.

력이나 중학교 2학년 수준의 낮은 수학數學 실력밖에 갖추지 못하고 학교를 떠나는 학생들National Center on Education and Economy, 2013이 인지 능력과 비인지 능력 모두에서 훨씬 높은 역량을 지니고 고등학교를 졸업할 수 있게 하는 방안을 모색해야 한다. 또한 예산 부족으로 현재보다 많은 비용을 투입하지 않는 선에서 그것을 해결하는 방안을 마련해야 한다. 게다가 미국이 두 개의 경제—부유한 자들이 속한 제1세계 하이테크 세계 경제와, 다른 나라 아동들에게는 당연하게 주어지는 가정의 지원, 의료 서비스, 문화적 자극을 누리지 못하는 노동자와 실업 빈곤층 사람이 속한 제3세계 경제—로 변모한 시기에 이 과업을 수행해야 한다.Temin, 2017

앞서 설정한 목표 달성이 불가능하리라 생각하는 사람들도 많다. 미국의 학교들이 현재 가용 예산으로 학생들의 학업 수준을 유지하는 데도 어려움을 겪고 있고, 특히 미국 학생들의 성취도가 다른 나라에 뒤처져 있음을 고려할 때, 어떻게 훨씬 많은 예산을 투여하지 않고 장밋빛 청사진을 실현할 수 있을까?

우리는 대부분의 국가들이 우리보다 적은 예산으로 우리를 앞질렀다는 점에서 이 목표 달성이 가능하다고 생각한다.[2] 이 책에서 우리는 다른 국가들이 어떻게 했는지를 말하려고 한다. 우리는 그들의 경험에서 이런 교육 시스템을 구축하는 데 사용한 핵심 원리들을 추출할 것이다.

그러나 이 책은 비법을 알려주는 책이 아니다. 모든 나라와 지역은 각기 다르다. 그들은 역사, 가치관, 경제 시스템, 문화적 배경, 종교적 구성,

---

2. 이 점에 관한 논의는 제7장 참조. 이 국가들의 대부분은 어린 자녀가 있는 가족을 지원하는 데 미국보다 훨씬 많은 비용을 지출하고 있으며, 그들 나라의 학교 예산에는 미국 학교 예산에 포함된 몇 가지 비용에 대한 예산은 포함되어 있지 않다. 이런 비용을 고려할 때, 미국은 다른 나라들이 학생 1인당 지출하는 것보다 많이 지출하지 않을 수도 있다. 그러나 그들은 현재 미국이 지출하는 비용보다 많은 비용 지출 없이 현재의 비용만으로도 훨씬 많은 것을 성취할 수 있다는 것을 보여준다.

법적 구조 등에서 다르다. 이런 이유로 그대로 모방해야 할 매뉴얼을 제공하는 대신 각 나라의 상황을 고려하여 여러분이 활용할 수 있는 아이디어를 제공하고, 그러한 아이디어를 효과적인 시스템으로 엮어내는 방안을 제시할 것이다. 이를 통해 당신이 세계적인 표준이 된 국가, 주, 지방의 성과를 달성할 수 있도록 도울 것이다.

"아이디어들을 효과적인 시스템으로 엮어내라"라는 말은 별생각 없이 내뱉은 문구가 아니다. 이것은 이 책의 핵심이며 최고 교육 시스템을 갖춘 나라의 성공 열쇠다. 미국 학생들의 평균 성적은 상위 국가 학생들의 평균 성적에 비해 부족한 부분이 많지만, 전 세계의 교육자들과 정치인들은 계속 미국의 학교를 방문하고, 미국의 선도적인 교육가들과 대화를 나누며, 미국 연구자들의 연구 결과를 참고한다. 왜 그럴까? 그들이 소위 미국의 '수월성의 정점peaks of excellence'을 찾고 있기 때문이다.

미국은 세계 명문 학교의 본고장이기도 하다. 다른 나라에서 일류 교육제도를 구축하기 위해 활용한 많은 연구가 미국에서 이루어졌다. 세계에서 가장 영향력 있는 많은 교육 사상가들이 미국을 자신들의 고향이라고 부른다. 많은 학교와 지역구에서 뛰어난 성과를 찾아낼 수 있다. 일부 주는 최고의 성과를 내고 있으며, 상위권에 합류한 주도 있다. 미국 어딘가에서 거의 모든 것에 대한 훌륭한 예를 찾아볼 수 있다. 이를 토대로 하며 활용할 수 있는 많은 자원이 있다. 그러나 이런 우수한 사례들을 모든 학생을 위해 작동하는 시스템으로 결합한 곳을 찾기는 매우 어렵다. 미국의 수월성의 정점은 세계 최고 수준이다. 그러나 미국의 교육 시스템은 세계 최고 수준과는 거리가 멀다. 이 책은 다양한 배경의 학생들을 세계 최고 수준으로 교육하는 데 매우 효과적인 교육 시스템을 구축할 수 있도록 돕기 위해 집필되었다.

시스템이란 무엇인가? 일론 머스크Elon Musk의 입장에서 우주여행의 다음 단계를 여는 데 사용할 로켓 제작을 생각한다고 해보자.[Vance, 2015] 과연 그가 로켓 동력 장치로 브릭스 및 스트래튼 회사Briggs and Stratton의 2사이클 잔디 깎기 모터를 사용하는 것을 고려할까? 당연히 아니다. 그는 탑재물의 하중이 얼마나 될지, 그리고 탑재물과 로켓과 연료를 지구 중력에서 벗어나 적절한 방향과 속력으로 이동시키는 데 몇 분 동안 얼마나 많은 추진력이 필요한지 계산하는 일로부터 시작할 것이다. 그다음 무게, 연소 효율, 추진력 등을 고려하여 로켓의 첫 번째 단계와 두 번째 단계에서 고체 연료를 사용할지 액체 연료를 사용할지, 이 둘을 조합해서 사용할지를 결정할 것이다. 로켓의 모든 부품은 각각의 특성을 고려하면서 세밀하게 설계되어야 한다. 그래야 모든 부품이 조합되어 완성된 로켓이 되었을 때, 모든 것이 설계자의 의도대로 완벽하게 작동할 것이다. 로켓의 일부 부품이나 부분을 바꾸려 한다면 기술자들은 그것이 다른 모든 부분에 어떤 영향을 줄지를 파악해야 할 것이다. 모든 것은 무수한 하위 시스템으로 구성된 하나의 통합 시스템이다. 그리고 각각의 하위 시스템은 다른 하위 시스템과 조화롭게 작동하도록 설계되어야 한다.

앞서 언급한 것처럼 생각한다면, 그것은 바로 시스템 설계자처럼 생각하는 것이다. 그러나 미국 교육 정책은 그런 식으로 만들어지지 않았으며, 미국 학교나 지역구district[3]도 그런 식으로 작동하지 않는다. 우리는 교육 문제를 한 방에 해결해 줄 묘책이 즐비한 세상에 살고 있다[NCSL, 2016], 학교들은 묘책이 산더미처럼 쌓여 있는 영안실처럼 보이는데, 유일한 차

---

3. 'school districts'는 '학교구', '학구'로, 'district'는 '지역구'로 주로 번역했다(역자주).

이점은 학교에는 망자들이 여전히 살아 있다는 점이다. 각각의 묘책은 학교나 지역구 어딘가에서 여전히 추진되고 있으나, 결국 날지 못하는 로켓을 제작하는 것으로 귀결된다.

그러나 최고의 교육적 성과를 내는 나라에서는 이런 현상을 관찰할 수 없다. 예를 들어, 우리가 관찰한 것은 운 좋은 소수 학생이 재학하는 학교만이 아니라 모든 학교에 최고의 교사를 충분하게 안정적으로 공급할 수 있도록 신중하게 설계되고, 복합적이며, 매우 효과적인 하위 시스템들이다.^{Darling-Hammond, Burns 등, 2017} 이런 시스템들은 훨씬 크고 주의 깊게 설계된 상위 시스템들의 여러 중요한 하위 시스템 중 하나다. 다른 하위 시스템들은 다음에 열거된 것들을 보장하기 위해 설계된다. 모든 아이가 배울 준비가 된 상태로 학교에 오게끔 하는 것, 학교 운영 예산이 모든 학교에 균등하게 분배되는 것, 교육 시스템이 일관성 있고 강력하며 세계 수준의 표준에 맞추어져 있는 것, 사회 계급이나 인종에 상관없이 모든 학생에게 동등한 기대를 갖는 것, 한 단계에서 다음 단계로 나아가는 모든 학생이 뒤처지지 않게 하는 것, 미국에서 일반적인 낡은 산업화 모델이 아니라 현대의 전문적 서비스 조직에 맞추어 학교가 조직되고 관리되는 것, 진정한 전문가로 대우받는 교사를 관리하는 데 필요한 기술을 갖춘 동시에 스스로 훌륭한 교사인 학교 관리자가 학교를 이끄는 것, 교사들에게 실질적 승진 기회real careers를 제공하고, 그들이 임용 후 퇴직하기까지 같은 일만 되풀이하지 않으며, 생계를 위해 교장으로 승진하는 길을 택하지 않게 하는 것, 직업 및 기술 교육이 더 이상 학업성취가 낮은 학생들이 택할 수밖에 없는 최후의 선택지가 아니라 학문적 역량이 뛰어난 유능한 학생들이 더 실용적인 교육을 원할 때도 택할 수 있는 대안적 진로가 되는 것 등. 이런 각 정책 영역은 그 자체로 설계자가 구상한 목표를 달성하기 위해 신중하게 설계해야 하는 하위 시스템이다. 그리고 모든 하위 시스템은 함께 설계되어야 한다. 그래야 그것들이 서로 원활하게 잘 작동하게 될 것이다.

머스크는 '작동하는 로켓'을 설계하고 제작하는 데 착수한 것이 아니다. 그는 상업적 우주여행의 시대를 열 수 있을 만큼 충분히 저렴한 로켓을 원했다. 그것은 단순히 좋은 디자인이 아니라 근본적으로 다른 디자인, 훨씬 적은 비용으로 최고의 결과를 얻을 수 있는 디자인이 필요함을 의미했다. 그런 목적을 위해 무엇보다 재사용 가능한 1단계 로켓이 필요했다. 이 로켓은 발사 후 우주를 유영한 다음 바다의 바지선에 바로 안착하여 재사용할 수 있도록 준비되어 있어야 했다. 이전에는 누구도 그렇게 한 적이 없다.

머스크는 자신이 필요로 하는 로켓을 만들기 위해 우리가 알고 있던 기존 로켓 제작 방식 모두를 다시 생각하고, 모든 가정에 의문을 제기하고, 완전히 새로운 방식을 상상해야 했다. 이런 과정에서 부품과 조각이 합쳐져 유연하게 작동하는 방식을 생각하는 것만큼 전체 시스템이 작동하는 방식의 기본 원리도 다시 생각해야 했다.

미국은 상위 성과 국가들보다 훨씬 처진 부분이 있지만, 우리는 이것을 우리에게 유리하게 바꾸어놓을 수 있다. 19세기에 미국이 지금과 같은 교육 시스템을 구축하고 있을 때, 프로이센 사람들은 이미 공립 초등학교 제도를 도입하는 데 앞서 있었다. 독일 사람들은 현대적 연구중심대학을 창안했으며, 스코틀랜드인은 직업교육에서 훨씬 앞서 있었다. 진취적인 미국인들은 그들이 하는 일을 직접 관찰하고, 그들의 아이디어를 도입하여 개선한 후 훨씬 큰 규모로 적용하여 결국 선두주자가 되었다.

현재 우리의 강점은 새로운 제도를 개척한 선구자들의 어깨 위에 다시 설 수 있는 위치에 있다는 것이다. 미국인의 독창성이 여전히 살아 있다면—우리는 그렇다고 생각한다—우리는 선구자들로부터 다시 배울 수 있다. 세계 여러 지역에 있는 다른 나라들이 할 수 있다면, 우리라고 해서 그들이 해 왔던 만큼 못할 이유가 없다.

머리말을 통해 독자들은 이 책의 핵심 내용을 이해하고, 앞으로 전개될 내용을 예상했을 것이다. 이 책은 학교 설계와 관련된 세계적 혁신에 대해 우리가 조사한 바를 광범위하게 다룬다. 결국 이 책은 교육위원회, 교육청 행정가, 교장들과 함께 바로 여기 미국에서 이런 혁신을 주도하는 데 필요한 리더십과 역할에 관한 것이다.

우리의 목표는 다른 사람들이 구축한 것만큼 효과적인 시스템을 구축할 수 있도록 그러한 작업 이면의 원리를 이해하게 돕는 것이다. 미국 학교를 세계 일류로 이끄는 데 성공한 학교 관리자는 이 책의 의제를 파악하고, 이것을 수용하는 것이 왜 중요한지 이해하며, 이 의제를 성공적으로 실행하는 데 필요한 자체적 시스템을 설계할 역량을 갖춘 지도자가 될 것이다. 이런 관리자들이 학교 교육이라는 로켓을 설계하고 구축하게 될 것이다.

감사의 글

이 책은 저자가 컴퓨터 키보드로 작업한 결과물이지만, 국립교육경제센터NCEE 공동사업에 수없이 중요한 방식으로 기여했던 직원과 고문위원, 자문위원 등의 동료들과 함께한 지난 30년의 여정이 담긴 결과물이라 할 수 있습니다. 그런 의미에서 이 책은 개인이 아니라 공동 작업의 산물입니다. 저는 특별히 국제교육벤치마킹센터Center for International Education Benchmarking: CIEB의 벳시 브라운 루찌Betsy Brown Ruzzi와 그의 동료들에게 빚을 졌습니다. 이 책 어디서나 그들의 연구의 공헌을 발견할 수 있습니다.

이 책 제작에 없어서는 안 될 중요한 도움을 준 로버트 로스먼Robert Rothman에게 진심으로 감사드립니다. 그는 책의 구조를 생각할 때 도움을 주었고, 다양한 버전의 텍스트에 의견도 주었으며, 책의 승인을 확보하는 것, 그리고 그 이상의 도움을 주었습니다.

브렌든 윌리엄스 키에프Brendan Williams-Kief는 ASCD와 협력하는 데 중요한 역할을 했습니다. ASCD 기획자 수잔 힐즈Susan Hills는 통찰력이 있으며 한결같은 도움을 준 기획자입니다.

이 책에 대한 비비안 스튜어트Vivien Stewart의 폭넓은 논평에 감사드립니다. 이 책 전체를 논평해 준 앤서니 맥케이Anthony MacKay와 잭 대일 Jack Dale에게도 감사드립니다. 그리고 8장에 대해 논평해 준 제이슨 두 갈Jason Dougal과 래리 몰리나 로Larry Molina-ro에게도 감사드립니다.

🌐 차례

1장

작동하는 시스템,
작동하지 않는 시스템,
아예 존재하지 않는 시스템

어떤 면에서 보면 미국 교육 시스템은 전혀 시스템처럼 보이지 않는다. 다른 면에서 보면 실패하도록 설계된 시스템처럼 보이기도 한다. 더 잘 설계된 시스템은 어떤 것이어야 할까? 미국에서 이런 종류의 건전하고 높은 성과를 내는 교육 시스템을 개발하는 것은 왜 그렇게 어려운가? 이 장에서는 이런 질문의 답을 살펴보고, 더 나은 교육 시스템 설계에서 리더십의 중요한 역할에 초점을 맞추고자 한다.

서문에서 이 책이 높은 성과를 내는 교육 시스템 구축에 관한 책이라고 설명했다. 그리고 새로운 사양의 로켓이 제대로 기능하기 위해 로켓을 구성하는 모든 부품이 조화롭게 작동하도록 설계되어야 함을 지적하면서, 일론 머스크Elon Musk의 로켓을 고성과 시스템의 사례로 들었다. 다음 장에서는 최고 성과 국가들이 어떻게 자신의 교육 시스템을 그것을 구성하는 하위 시스템들로 나누는지에 대해 여러분의 이해를 돕고자 한다. 각각의 구성 시스템을 설계한 전략적 결정을 이해하는 데도 도움을 줄 것이다.

먼저 교육 분야에서 시스템이 전체 혹은 상위 시스템으로서 어떻게 작동하는지 설명하고자 한다. 여러분이 '시스템적 사고systems thinking'의

습관에 익숙해지기 바란다. 이 장에서는 당신이 시스템 사고에 익숙해진다면, 우리가 '미국의 문제'를 두 가지 문제가 복합된 것으로 생각하는 이유를 이해할 수 있을 것이다. 한 가지 문제는 시스템 구성 요소들이 공통 목표 달성을 위해 상호 긴밀하게 협력적으로 작동하도록 설계되지 않았다는 점이다. 적절히 표현하자면 그것은 전혀 시스템이 아니다. 다른 하나는 만들어진 본래의 목적을 훼손시키는 잘못 설계된 시스템이다. 시스템이 실제 작동하거나 작동하지 않는 방식을 설명하기 위해 해리엇 마이너Harriet Minor의 이야기에서 시작하겠다. 이는 지난 20년 동안 미국 여러 지역의 큰 학구에서 훌륭하게 학생을 가르쳐온, 경험이 풍부하며 배려심 있는 어느 교사의 이야기다.

해리엇 마이너의 이야기

해리엇 마이너는 미국 일리노이주 스프링필드에 있는 제퍼슨Jefferson 초등학교에서 15년 동안 교사로 근무했다. 그녀는 동료와 교장으로부터 인정받고 존경받는 훌륭한 교사이며, 학부모와 학생들이 좋아하는 선생님이다. 그녀는 자기 일을 즐기며 자신의 성과를 자랑스럽게 생각한다. 그러나 최근 그녀는 교사 생활을 그만두려고 생각한다.

제퍼슨 초등학교는 지난 6년 동안 교장이 네 번이나 바뀌었다. 교장들이 부임할 때마다 저마다 새로운 아이디어와 프로젝트를 제시했고 새로운 개입을 시도했다. 첫 번째 교장은 학부모 참여가 성공의 열쇠라고 확신했다. 두 번째 교장은 소리와 철자 중심의 읽기 교육 옹호자phonics devotee였다. 세 번째 교장은 읽기와 관련된 큰 논쟁에서 총체적 언어 교수법을 열렬히 지지했으며, 테크놀로지에 관심이 많았다. 네 번째 교장은 테크놀로지가 일시적 유행에 불과하다고 생각했다. 하지만 교장들만 그렇게 변화무쌍한 게 아니었다. 어느 해, 교장과 가까운 두 교사가 한 워크숍에서 학생들을 분류하는 새로운 방법을 배워왔다. 교장은 이를 전폭적으로 지지하고 지원했다. 다음 해에 그 프로그램은 관심에서 멀어졌다. 그러나 그때 교육청의 어떤 이는 데이터와 데이터 분석에 관한 새로운 프로그램에 푹 빠져있었다. 바로 지난해에 교육감은 지역 내 모든 초등학교 교사에게 새롭게 유행하는 워크숍 시리즈에 참여하도록 지시했다. 교사들은 이 워크숍에 참석한 대가로 보상을 받았지만, 학교로 돌아가면서 이 유행 또한 금방 지나가리라 확신하며 금방 예전 방식으로 돌아갔다.

이런 모든 새로운 계획은 다양한 교사, 교장, 교육청 관리자, 교육감에 의해 차례차례 포기되었다. 이들 중 어느 것도 이전 것을 기반으로 설계되지 않았으며, 어느 것도 완전히 사라지지 않았다. 이것들은 10대들의 일시적인 열정처럼 강렬하지만 일시적이었고, 종종 서로 상충되는 양상을 보였다.

해리엇은 아무것도 해결하지 못하는 끝없는 일련의 묘책에 대해 생각하면서, 다른 사람의 계획을 따르는 것으로는 누구도 인정받지 못할 것 같다고 생각했다. 본질적이고 중요한 아이디어를 작동시키는 데 필요한 과업을 수행한 사람이 아니라 그저 새로운 아이디어를 내놓는 사람들만 칭찬받는 듯했다.

그리고 해리엇은 학교와 지역구가 그런 묘책들의 유일한 출처가 아니라는 사실을 깨달았다. 그녀는 수십 년 동안 교직에 있었다. 어머니와 할머니도 교사였다. 해리엇은 60년 전에는 연방 정부가 공교육 분야에서 거의 아무런 역할을 하지 않았음을 알고 있었다. 적어도 그녀의 주에서는 주 교육부the state department of education가 지역구 내 학교에서 학생들이 어떻게 교육받아야 하는지에 거의 관여하지 않았다. 해리엇의 할머니 시대에는 학생들을 위한 주의 기준, 주 정부 주관 시험tests이나 평가exam, 인정認定 교과서, 책무성 시스템이 전혀 존재하지 않았다. 교사가 되는 데 필요한 기준도 거의 없었다. 지역구는 자체 졸업 기준을 정했다. 대부분의 학교 운영 예산은 지역 사회에서 모금하여 지역 사회 내 학교를 위해 사용되었다. 교사들은 무엇을 어떻게 가르칠지에 대한 많은 부분을 스스로 결정했다. 대부분의 지역 사회에서, 교사는 일반 시민보다 많은 교육을 받았으며 존경받았다. 학생들 대부분이 의무교육을 마쳤을 때 학교를 떠나는 것이 일반적이었으므로 중도탈락dropout이라는 용어조차 없었다. 그리고 백인이라면 학교를 졸업할 때 습득한 기본 문해력만으로도 학생들 대부분이 웬만한 중산층 직업을 갖기에 충분했다.

하지만 1960년대, 린든 존슨Lyndon Johnson 대통령이 연방 의회를 통해 1964년 민권법The Civil Rights Act of 1964과 초·중등교육법The Elementary and Secondary Education Act을 통과시키면서 모든 것이 바뀌기 시작했다. 그 법에 따라 기존 교육 서비스를 충분히 제공받지 못했던 학생 집단을 위해 일련의 새로운 범주형 프로그램categorical programs[1]이 개발되었다. 곧이어 대규모 특수교육 프로그램도 시작되었다. 연방 의회는 주 정부와 지방 정부가 민권, 소수자, 특수교육 대상자와 저소득층 학생을 위해 제대로 일하리라고 믿지 않았기 때문에 연방 정부가 관여하게

---

1. 범주형 프로그램categorical programs은 특수한 목적이나 필요에 의해 특정한 학생들을 위해 해당하는 학교나 지역에 주나 연방 정부가 자금을 제공하여 운영하는 프로그램을 말한다(역자주).

했다. 그래서 새로운 프로그램이 계속 생겨났다. 프로그램마다 특정 학생 집단을 지정했고, 독자적으로 자금을 조달했고, 자체 규정이 있었다. 많은 경우 각 프로그램은 교육청에 자체 부서를 두고, 자체 예산에 기반하여 전담 교사를 학교에 배치했다. 프로그램마다 교육청과 주 정부를 거쳐 연방 정부로 보고하는 구조였다. 그런 다음 주 정부는 이런 범주형 프로그램에 대해 주 자체의 방안을 실행했다. 지역구는 이런 프로그램을 관리하기 위해 교육지원청 내에 자체 사무실을 두었다. 종국적으로는 연방 정부와 주 정부가 지역 납세자들보다 해리엇이 사는 지역 사회의 학교 운영에 더 많은 예산을 지원했다. 그리고 그 예산에 기반하여 계속 묘책이 쏟아졌다.

그러다가 2001년에 취약계층 학생들을 위해 수천억 달러나 되는 지원—성과를 내기에는 적은 예산으로 보이지만—을 승인한 것을 못마땅하게 여긴 연방 의회는 교사와 교원 노조에 화를 내면서 돈을 지원받은 학생들이 성과를 내지 못하면 학교에 책임을 묻기로 했다. 학생들이 기대한 성적을 내지 못하면 학교는 폐쇄되고, 교장은 면직되고, 교사는 해고될 수 있었다. 버락 오바마 대통령이 취임했을 때 많은 교육자는 그가 이 엄격한 책무성 정책과 그 기반이 되는 평가 체제를 뒤집을 것으로 예상했다. 그러나 오바마는 오히려 이 정책을 더 강화했다. 그는 학생의 성적이 법에 규정된 수준으로 향상되지 않으면 학교에 책임을 묻는 대신 교사에게 책임을 물어 해고했다. 2010년, 오바마 정부의 교육부 장관은 사실상 전국주교육감위원회Council for Chief State School Officers 와 전국주지사협의회National Governors Association 가 이전에 개발했던 영어와 수학 문해력에 관한 학생 성취를 위한 새로운 공통핵심기준Common Core State Standards을 채택하도록 주 정부에 압력을 가했다.

해리엇은 그 기준을 여러 번 읽었으며, 그것이 마음에 들었다. 그녀는 그 기준이 올바른 방향으로 나아가는 중요한 단계이며, 학생들이 성공하는 데 필요한 비판적 사고 기능과 읽기 및 쓰기 능력을 개발하는 데 도움이 되리라 생각했다. 또한 그녀는 수학에서 문제 해결과 개념 이해를 강조하는 것이 마음에 들었다. 공통핵심 교육과정[2]은 평소 해오던 방식에 비해 가르치기가 더 어렵지만, 그녀가 교육에서 가장 중요하다고 생각하던 것을 포함하고 있었다. 그것은 교사로서 실천해야 할 올바른 것이었다.

하지만 공통핵심기준에 대한 해리엇의 긍정적인 생각은 빠르게 사라졌다. 주 정부는 기준이 요구하는 학생의 성취도를 평가하기 위해 낡은 기초학력평가를 활용하기로 했다. 기존 평가가 새롭게 개발된 공통핵심기준이 요구하는 학업성취를 측정하도록 설계되지 않았음에도 이런 결정이 내려지자, 헤리엇은 몹시 화가 났다. 해리엇이 공통핵심기준에 동의한 것은 그녀가 지향하는 교육관에 적합하다고 생각했기 때문이다. 그러나 정작 그 실행 과정에서 크게 실망할 수밖에 없었는데, 학생들의 성취도를 낡은 평가 방식으로 측정할 뿐 아니라 교사의 성과조차도 그러한 학생 평가 결과로 측정했기 때문이다. 그것은 그녀가 새로운 기준에 대해 격찬했던 것과 전혀 관계없는 사실과 절차의 단순한 암기에 주로 초점을 맞춘 평가였다.

그리고 그녀는 새로운 교육과정을 가르치는 데 필요한 교재와 자료를 구입할 예산마저 없다는 것을 발견했다. 이전 교과서와 학습자료들

---

2. 미국의 주지사협의회 산하 현장개선센터NGA Center와 전국주교육감위원회Council of Chief State School Officers: CCSSO가 주도적 역할을 하여 개발한 영어와 수학 과목의 교육과정이다. 2007년 논의가 시작되어 2010년에 완성되었다. 현재 40여 개 주에서 채택하고 있다(역자주).

은 새 기준이 발표되기 전에 만들어졌고, 학생들이 새로운 기준에 도달하도록 돕는 데 아무런 역할을 하지 못했다. 설상가상으로, 교과서 출판사들이 새로운 기준을 가르치는 데 적합하다고 광고하는 작은 스티커를 붙인 새 책을 서둘러 출간했을 때, 해리엇은 표지만 바꾸었을 뿐 이전 교과서 내용을 거의 그대로 사용했다는 것을 바로 알아차렸다. 해리엇은 같은 학교에 근무하는 경험 많은 교사들과 함께 새로운 교육과정에 적합한 학습자료를 제작하려 했다. 이를 위해 학교의 지원이 가능할지 교장에게 문의했을 때 아무것도 지원해 줄 수 없다는 답변을 들어야 했다. 새로운 학습자료는 오롯이 교사 개인의 시간과 예산으로 만들 수밖에 없었다.

해리엇이 새로운 기준에 호감을 보인 이유는 그것이 도달하려는 것, 즉 학생들이 자료를 깊이 이해하고, 이해한 바를 진정 중요한 것에 적용할 수 있는 능력을 기르려는 설계자의 명확한 의도에 동의했기 때문이다. 하지만 그녀의 동료 중 상당수는 자신이 가르치는 교과목에 대해 그러한 이해가 충분하지 않았으며, 기준의 설계자가 기대한 수준으로 해당 과목을 가르치는 데 필요한 지식과 역량이 없다는 것이 분명했다. 해리엇은 이런 기준을 만들고 의무화한 연방 정부와 주 정부 관리자들이 이런 상황을 이해하고, 교사들이 효과적으로 그것을 실행하는 데 필요한 광범위한 교육을 제공하리라고 생각했다.

그러나 '성취기준 가르치기teach the standards'를 위한 필수 워크숍 일정이 잡혔을 때, 해리엇은 워크숍을 주관하는 사람들이 성취기준의 내용을 설명하는 정도밖에 할 수 없음을 깨달았다. 성취기준은 학생들이 기초적인 연산 규칙의 원리를 이해하도록 요구하며, 이를 달성하면 이후 대수학을 배울 때 제대로 이해할 수 있다고 본다. 하지만 해리엇은 교사들이 왜 그런 규칙이 작동하는지 이해하지 못한다면 그다음 과정이 이루어지지 않을 것을 알았다. 이제 그녀는 교사들이 그것을 결코 이해하지 못할 것이며, 학생들도 마찬가지가 되리라는 점을 깨달았다.

이즈음 해리엇은 새로운 성취기준의 문제점을 더욱 분명히 알게 되었다. 새로운 책무성 계획이 발표되었을 때, 그녀는 귀를 의심했다. 이 법안은 영어 문해력과 수학에 대해서만 학년별 시험을 요구했다. 그러나 두 필수과목 시험의 결과 즉, 두 과목의 학생 성취도에 대해 그녀의 학교에 있는 모든 교사가 책임져야 했다. 어떻게 그런 일이 가능할까? 사회 교사, 과학 교사, 미디어 교사, 심지어 체육 교사들까지 영어 문해력과 수학 시험의 학생 성취도에 책임을 진다니! 수학 교사들이 학생들의 수학 성적에 대해 책임지는 것은 합리적일 수 있다. 그러나 사회 교사가 수학 성적에 대해 책임져야 한다는 발상에 해리엇은 놀라움을 금할 수 없었다.

그게 끝이 아니었다. 해리엇은 우수 교사상을 받은, 학구에서 가장 존경받는 교사 중 일부가 책무성 시험에서 학생들의 성적을 충분히 높이지 못했다는 이유로 해고되었다는 소식을 접하기 시작했다. 그녀는 몹시 의아했다. 그러나 그것은 사실로 밝혀졌다. 이들은 자신을 가장 필요로 하는 학생들—극심한 가난 속에 있는 학생들, 종종 집이 없는 학생들, 가정에서 쫓겨나고 전학이 잦은 학생들, 부모 중 한 명은 감옥에 있고 다른 한 명은 마약을 하느라 자녀를 돌보지 못하는 상태에 있는 학생들—이 있는 학교에서 가르치기로 마음먹은 최고의 교사들이었다. 이제 언론들은 책무성만 좇는 정책에 편승accountability bandwagon하여, 학생들의 성적을 높이지 못한 교사의 명단을 요구하기도 했다. 이런 시험들은 학생들을 감옥에서 구제하거나, 집 없는 아이를 위해 쉼터를 제공하거나, 새로운 동네에서 폭력배들에게 구타당한 학생을 위해 달려간 용감한 교사를 조명하지 않았다. 기자들은 한 교사가 한 해에는 엄청난 성과를 내다가 다음 해는 형편없는 결과를 보이는 것에는 신경을 쓰지 않는 듯했다. 해리엇은 도심 학교 내 최고의 교사들이 빠르게 사라지는 것을 볼 수 있었다. 그리고 그녀는 이런 책무성 시스템accountability system이 도심 지역 아이들을 어떻게 돕는지에 대해 말문이 막혔다.

최후의 결정타는 해리엇이 재직하고 있는 학교의 교장이 학년말 기초학력 책무성 평가basic skills accountability tests에 대비하여 매월 말 모의시험을 보자고 교사들에게 요구했을 때였다. 교장은 교사들이 기초학력 평가를 세심히 연구하여, 학생들이 그 시험에 대비해 일주일 내내 충분한 훈련과 연습을 할 수 있게 해야 한다는 점을 분명히 했다. 교장은 그 시험에서 학생들이 좋은 성적을 얻었는지에만 관심을 두었다. 그런데 그것은 해리엇이 평소 싫어하던 유형의 시험이었다. 얼마 안 가 학부모들은 학교에서 무슨 일이 일어나고 있는지 알아차리고, 학교가 시험 준비 기관으로 전락한 것에 분노했다.

아마도 그에 못지않은 결정타였을 것이다. 해리엇이 실제로 학교를 그만두게 만든 것은 소위 교육 개혁가들이 교사와 교장에 대해 말하는 방식이었다. 교육 개혁가라 불리는 사람들은 표준화된 시험에서 높은 성과를 내지 못한 학생들을 가르친 교사들에 대해서도 교장들이 좋은 평가를 하는 것을 비판했다. 개혁가들에게 이것은 무능한 교사를 보호하기 위한 결탁의 증거처럼 보였다. 그들은 이 문제를 해결하는 방법이 교장을 배제하고, 표준화된 시험에서 최악의 성적을 거둔 교사를 간단한 절차에 의해 퇴출하게 하는 것이라고 했다. 이런 일이 도심 학교에서 훌륭하게 학생들을 가르친, 수상 경력이 있는 해리엇의 친구들에게 실제로 일어났다.

해리엇은 현재 교장과 여러 해 동안 좋은 친구로 지냈다. 그들의 관계는 교사와 교장으로 만나기 훨씬 전부터 시작되었다. 해리엇은 그 교장이 학생들을 깊이 생각하는 사람이며, 모든 학생을 위해 최고의 교사를 초빙하기를 원한다는 사실을 잘 알고 있었다. 그러나 도심 지역구의 학교 예산이 교외 지역 학교만큼 교사의 급여 지급에 충분하지 않다는 것도 알았다. 설상가상으로 도심 지역구 내 학교에서 더 좋은 교사를 초빙하기 위해 교사 급여를 인상할 때마다 교외 지역 학교에서도 교사 급여를 인상했다. 그녀가 속한 지역구의 학교에서 역량 있는 교사를 어렵게 육성해 놓으면 교외 학교들은 그런 교사들을 빼어갔다. 해리엇의 교장이 게으르거나 다른 사람과 결탁했기 때문에 교사들에게 좋은 평가를 준 것이 아니다. 더 좋은 교사를 구할 수 없다는 것을 알기에 기존 교사들에게 좋은 평점을 주었다. 오랫동안 교직원으로 있을 교사들을 소외시킬 이유가 없었던 것이다.

해리엇은 2015년에 교단을 떠났다. 지난 10년 동안 그녀가 사는 주의 교사 양성 대학에 지원하는 학생은 60%가 감소했다. 이는 미국 다른 주들의 평균에 가깝다. 그녀가 알고 존경하는 교사들은 자녀들에게 교직을 택하지 말라고 조언했다. 그녀의 주에 있는 교육감은 평균 약 2년 반 동안 재임했다. 이것은 다른 주 교육감의 재임 기간과 거의 같다. 해리엇은 해당 직위의 있는 사람의 재직 기간 중 가장 짧은 임기라고 들었다. 해리엇은 이것이 어떻게 잘 마무리될지 상상하기가 어려웠다.

이 장에서 다룬 해리엇은 가상 인물이다. 그러나 그녀의 경험과 느낌은 실제에 가깝다. 앞서 전한 이야기들은 실제로 있었던 다양한 이야기를 종합하여 재구성한 것이다. 첫 번째 이야기는 미국 교육 시스템의 끝없는 개혁에 대한 우화다. 그것은 무작위로 선택된 표적을 향해 끝없이 발사되는 묘책으로 인식된다. 두 번째 이야기는 미국 교육 시스템의 개혁이 매우 일관되면서 자기 파괴적인 '악순환'을 보이는 개혁이라는 것이다. 그것은 높은 성과가 아니라, 오히려 계속 성과를 악화시키는 냉혹한 결과를 낳는다. 이 이야기를 하나하나 짚어 보자.

교훈 1: 진정한 시스템 개혁이 매번 "묘책" 개혁을 능가한다

"묘책을 남발하는 것fusillade of silver bullets"으로 인식되는 교육 개혁과 시스템 개혁system reform으로 인식되는 교육 개혁을 비교하면, 진정한 시스템 개혁이 분명히 이긴다는 것을 알 수 있다.

해리엇의 이야기는 일련의 교장들로부터 시작된다. 그들은 모두 전임 교장들과 교육감들이 중시한 정책과 전략을 거부하거나 무시했다. 관리자 중 누구도 임기가 길지 않았으며, 그들이 시행한 전략은 어느 것도 체계적이지 않았다. 개별적인 전략들은 특정 문제에만 집중했다. 때로는 이전 관리자들이 다루었던 같은 문제를, 때로는 매우 다른 문제를 다루었다. 결과적으로 어느 것도 학생들의 학업 성취도를 획기적으로 개선하지 못했다.

이것은 냉소적인 관찰이 아니다. 계속해서 관리자들이 바뀌는 것의 목적을 나무라거나 그들의 신념, 즉 여러 번 이혼하고도 다시 결혼하려는 사람이 갖는 확신처럼 이번에야말로 '바로 그 사람'일 것이라는 그들의 신념에 의문을 제기할 이유는 없다. 관리자들이 이런 식으로 행동하는 데는 그만한 이유가 있다. 시스템 전체 설계를 변경하는 것만이 올바른 길이라고는 믿는다 하더라도, 시스템 전체를 변경할 가능성이 있다고 믿는 사람은 거의 없었다. 관리자들이 그것을 실제로 구현할 수 있다고 믿더라도, 새로운 시스템이 어떤 모습일지에 대해 좋은 모델이 있는 사람은 거의 없었다. 그 일에서 두드러진 실적을 내는 데 많은 시간을 할애할 수 있으리라 생각하는 사람도 거의 없었다. 따라서 대부분의 사람은 자신들이 이용할 수 있는 시간 내에 '실행 가능한doable' 일련의 계획을 추구했다.

세상을 바라보는 이런 방식은 미국에서 일반적인 교육 연구에 대한 특정한 접근법으로 강화된다. 그것은 특정한 개혁들을 독립 변인으로 하여 그러한 개입particular interventions이 주어진 조건에서 특정한 유형의 학생들에게 적용될 때 어떤 통계적 효과 크기effect sizes[3]가 나타나는지 보여주고자 한다. 그러한 효과 크기는 일반적으로 매우 작지만, 통계적으로 유의미하다.

하지만 일론 머스크 로켓의 모든 부품과 조각들이 서로 조화롭게 작동하도록 사전에 설계된 것에 반해, 함께 작동할 수 있는지에 대한 고려가 전혀 없는 수많은 개입이 행해지는 학교와 지역구에서 그런 연구가 행해진다. 결과적으로 이런 시스템의 각 부분과 조각들이 실행되었을 때, 많은 것이 서로 어긋나거나 서로를 지원하지 않는다. 측정 가능한 효과가 존재한다는 사실은 때로 놀랍다. 2장에서 살펴보겠지만, 이는 추측이나 우연한 관찰이 아니다. 이것은 학교와 지역구에서 사실로 나

---

3. 비교하려는 집단들의 차이 혹은 관계를 나타내는 '표준화된 지표'를 의미한다. 효과 크기가 0이라는 것은 비교 집단들의 차이(혹은 연관성)가 없다는 것을 의미하여, 귀무가설 하에서 '효과 크기=0'이 된다. 평균치 비교의 경우 비교하려는 집단 사이에 평균 차이가 클수록 효과크기는 커진다. 이강원, 손호웅, 『지형 공간정보체계 용어사전』, 2016. 1. 3.: https://terms.naver.com/entry.naver?docId=3475922&cid=58439&categoryId=584399(검색일: 2021. 7. 12)(역자주)

타나는데, 이곳들에서 갑자기 성적이 올랐다가 평균으로 돌아가는 현상을 종종 관찰할 수 있다. 그리고 그것은 국가 전체에서도 사실로 드러났다. 과거 기록이 보여주는 것은 일련의 '개혁'의 물결에도 불구하고 어떤 개혁도 진정으로 체계적이지 않다는 것이다. 학교와 지역구에 수많은 묘책이 투입되었음에도 오랜 기간 미국 고등학생의 종합적인 성적에는 큰 변화가 없었다. 우리가 아는 어떤 교육감은 미국의 교육 개혁을 일련의 '무작위적 개입 행위random acts of intervention'로 묘사했다. 이는 오늘날 이루어지는 교육 개혁의 핵심을 정확하게 꼬집은 표현이다.

따라서 해리엇의 이야기에서 미국 교육 시스템에 대해 얻을 수 있는 한 가지 교훈은 미국에는 시스템이 전혀 존재하지 않는다는 것이다. 서문에서 우리가 제시한 시스템의 정의에 따르면 그렇다. 이는 우리가 작동하는 묘책을 찾지 못했음을 의미하지 않는다. 머스크 이야기가 주는 핵심 교훈은 효과 있는 묘책이 없다는 것이다.

연방 정부와 주 정부가 학교 정책에서 더 중요한 역할을 하기 시작했을 때, 그들은 '무작위적 개입 행위'의 원천을 두 개 더 추가했을 뿐이다. 연방 정부, 주 정부, 지역구의 정책이 상충하여 불협화음을 일으키는 일은 특별한 경우가 전혀 아니다. 이것은 연방 정부와 주 정부 개입에 반대하려는 주장이 아니다. 지역 통제를 더 강화해야 한다는 주장도 아니다. 연방 정부와 주 정부가 개입하는 데는 타당한 이유가 있다. 그것은 현재도 유효하다. 오히려 우리는 학교 개혁을 일련의 묘책을 끝없이 투입하는 행위로, 무작위적 개입 행위들로 인식하고 관여하려는 모든 수준의 정부에 대항하는 메시지를 내고자 한다.

이런 관찰은 일론 머스크의 사례를 교육에 적용한다는 것이 무엇을 의미하는지에 관한 질문을 제기한다. 상위 성과 시스템을 갖춘 국가에서 '시스템 개혁system reform'은 어떤 모습일까? 국립교육경제센터의 구성원들이 최고의 교육 시스템을 갖춘 국가를 벤치마킹했을 때, 우리가 본 것은 일종의 계시와 같았다. 이런 작업을 하는 사람들은 새로운 시선으로 자기 나라를 볼 수 있는 것이 가장 큰 이점이라고 종종 말한다. 스크린이 내려오고 처음으로 선명한 영상을 보는 것처럼 말이다. 이런 이점은 시스템 문제를 살펴볼 때 가장 잘 드러난다. 그러나 우리 말을 그대로 수긍하고 믿을 필요는 없다. 우리가 수년 동안 연구해온 나라들에서도 그랬으니 말이다. 해리엇의 눈을 통해 본 세상을 염두에 두며 이런 나라들의 시스템을 살펴보자. 제대로 기능하는 시스템에 대한 설명을 읽을 때, 그에 상응하는 전형적인 미국 시스템의 특징을 떠올려보고 그 나라들과 미국의 차이점에 주목해 보라.

이 국가들은 공통핵심교육과정과 유사한 성취기준이 있지만, 그것이 수학과 모국어 문해력과 몇몇 학년에만 국한되어 있지 않다. 역사, 예술, 음악, 기술, 과학 및 나머지 전통적 교과를 포함하여 전체 교육과정에 성취기준이 있다. 국가는 교육과정이 어떠해야 할지 구상하는 일을 처음부터 교사들에게 맡겨두지 않는다. 그들은 교사들에게 기준에 맞는 교육과정 틀과 수업 계획서까지 제공한다. 국가가 교과서를 제작하여 배포하거나, 민간 출판사가 수업 계획서와 밀접하게 연계하여 개발한 교재를 승인한다. 평가와 시험은 기준과 연계되어 있으며, 국가가 정한 과정들에 대한 기말시험용으로 제작되었다. 전체 교육 시스템은 긴밀하게 짜인 하나의 시스템으로 설계되었다.

이들 국가의 정책 입안자들은 최악의 교사를 퇴출함으로써 교사의 질을 높이는 일을 절대 하지 않을 것이다. 그들은 최고의 교사를 원한다면, 고등학교 우수 졸업생이 다른 전문직보다 교직을 선택하도록 상당히 높은 급여와 매력적인 근무 조건을 제공할 필요가 있음을 분명히 알고 있는 듯하다. 그리고 예비교사들이 다니는 고등교육기관이 일류이고, 학교에서 사용되는 교육과정과 그것이 학교에서 편성되는 방식과 밀접하게 관련된 우수 프로그램이 있는지 확인해야 한다. 그런 다음 교원 양성 기관의 졸업생들이 교원이 되고 나면, 다른 일류 전문직 종사자들과 같은 유형의 근무 환경과 승진 기회를 제공할 필요가 있다.

2장부터 이런 시스템이 어떻게 작동하는지 자세히 설명할 것이다. 이 장의 초점은 묘책들의 무작위 집합에 불과한 시스템이 왜 작동하지 않는지 확실히 이해하는 것이다. 우수한 예비 지원자들이 교직에 매력을 느끼게 하는 데 필요한 다양한 조치를 하지 않는다면, 교사 급여 인상은 의미가 없다. 직업으로서 교직을 더 매력적으로 만들지 않는다면, 교원 양성대학의 입학 기준을 높이는 것은 의미가 없다. 일단 교직에 입문한 후 계속 머물 수 있도록 학교가 조직되고 운영되는 방식을 재구조화하지 않으면, 유능한 젊은이들을 유인하기 위해 급여를 인상하는 것은 의미가 없다. 학생의 성취도를 측정하기 위해 사용하는 평가가 복잡한 기술과 정교한 지식을 평가할 수 없다면, 학생들에게 그것을 요구하는 기준을 갖는 것은 의미가 없다. 시스템 운영자가 가르치는 일을 제대로 못 하는 교사들을 대체할 좋은 교사의 공급을 늘리기 위해 아무것도 하지 않는다면, 교사를 정직하게 평가하지 않는다고 시스템 운영자가 학교장을 공격하는 것은 공정하지 않다.

상위 성과 국가, 주, 지방에서 우리가 관찰한 것은 발의 뼈가 발목뼈에 연결되고, 발목뼈가 다리뼈에, 다리뼈가 무릎뼈에 연결되는 것같이 잘 설계되고 구현되는 시스템들이다. 잘 구성된 시스템은 우연히 그렇게 된 것이 아니다. 의도적으로 설계된 것이며, 그것을 설계한 사람이 있다는 것을 의미한다. 최고 성능의 시스템이라 해서 모두 같은 방식으로 설계되는 것은 아니다. 모든 하위 시스템이 동일하게 잘 작동하는 것도 아니다. 그것은 사람들이 다양한 문화와 가치를 지닌 나라에 있기 때문만이 아니다. 헌법, 법 제도, 정치가 각기 다르기 때문이기도 하다. 시스템의 핵심 특징을 만드는 지도자는 서로 다른 여러 장애물에 직면하고, 다양한 기회들을 마주했다. 그러나 이런 차이에도 불구하고 이들 나라의 지도자들은 효과적이고 지속적인 시스템을 구축하는 데 있어서 미국 대부분의 주보다 큰 성공을 거두었다.

교훈 2: 시스템은 점점 개선되도록 설계될 수 있다

일관된 시스템을 갖는 것만으로는 충분하지 않다. 어떤 시스템은 나선형으로 향상되어spiral upward 점점 더 나은 결과를 낳는다. 그리고 다른 시스템은 나선형으로 나빠져서spiral downward 점점 더 나쁜 결과를 낳는다.

다양한 종류의 시스템이 존재한다. 안정적인 것도 있고 그렇지 않은 것도 있다. 안정적이지 않은 시스템은 오래 가지 못한다. 반면 안정적인 시스템은 오래 존속할 수 있다. 시스템이 긍정적 결과를 낳으면 좋겠지만, 반대의 결과를 계속 낳는다면 그 시스템은 잘못된 것이라 할 수 있다.

공교육 분야에서 두 종류의 시스템을 생각해보자. 하나는 선순환에, 다른 하나는 악순환에 기반한 시스템이다. 두 시스템은 모두 매우 안정적이다.

선순환 시스템은 다음과 같을 수 있다. 시스템 설계자는 고등학교 졸업생 중 상위 성적 학생들이 교직에 입문하게 하는 방법을 궁리한다. 그리고 젊은 세대와 공감하며 소통할 수 있는 능력과 교직에 대한 열정을 기준으로 예비교사를 선발한다. 이들을 잘 교육하고 교수 기술을 잘 훈련하도록 한다. 교직에서 가르치는 일에 대한 보상 체계를 만들고, 점점 더 잘 가르칠 수 있도록 적절한 인센티브를 제공한다. 공들여 만든 교육과정을 교사에게 제공하고, 학생들에게 최고의 수업을 할 수 있도록 많은 지원을 한다. 학생들이 공부를 잘하는 것은 놀랍지 않다. 학부모와 지역 사회 전체가 학생들의 성과를 분명히 안다. 학부모와 지역 사회 구성원은 교사와 학교 지도자를 신뢰한다. 그리고 전문가들이 학교의 지출을 늘리는 것을 요청할 때 그들을 신뢰하기 때문에 찬성표를 던진다. 이것을 관찰한 가장 전도유망한 고등학생들이 교직을 선택한다. 대학은 교직을 희망하는 질 높은 지원자를 유치하게 된다. 대학은 예비교사 준비과정의 입학 기준을 더 높인다. 능력이 부족한 학생들은 지원조차 하지 못하고, 유능한 학생들이 더 많이 지원하게 된다. 교직이 입학하기가 더 까다로운 전공에 합격하지 못했을 때 선택하는 대안으로 더 이상 간주되지 않기 때문이다. 교사의 질은 훨씬 높아진다. 교사들은 학생들을 더 잘 가르치며, 더 많은 신뢰를 얻게 된다. 전문적인 자율성을 더 많이 부여받으며, 규제를 적게 받으면서도 직무를 더 잘 수행할 수 있다.

국립교육경제센터는 상위 성과 국가들에서 이런 선순환이 일어나는 것을 관찰했다. 선순환 구조를 형성하고 필요한 동력을 확보하는 데는 시간이 걸린다. 이런 선순환의 궤적에 힘을 실어주는 정책을 폐기하는 국가가 퇴보를 겪는 모습을 관찰할 수 있었다. 그러나 이런 궤적을 뒷받침하는 정책을 따르는 것은 학업 성취와 형평성을 현저히 높이는 강력

한 동인이 된다.^{Fullan & Quinn, 2015; OECD, 2010}

다음으로 또 하나의 순환인 악순환이 있다. 이 악순환 시스템에서 교사는 대학에 진학하는 고등학교 졸업자의 하위 그룹에서 충원되며, 교사들은 교육 수준이 동일한 사람들의 평균 급여보다 훨씬 낮은 급여를 받는다. 예비교사들은 대부분 입학 요건이 낮은 대학에 다닌다. 그런 대학 교육 프로그램의 입학 요구 조건은 처음 대학에 입학할 때보다 높지 않다. 그 결과 고등학교 졸업생 중 상위 성적 학생들은 종종 교직을 직업으로 고려하지 않는다. 일반인, 특히 대학 졸업자들은 교사를 존중하지 않고, 자녀가 교직이 아닌 다른 직업을 선택하는 것을 선호한다. 교사에 대한 평가가 낮으므로 학생들이 잘하지 못하면, 학창 시절 지금의 학생들과 같은 수준의 성적을 받았던 교사와 교장들이 그 원인으로 지목되어 가장 먼저 비난받는다. 정책결정자들은 대중의 찬사를 받기 위해 교사들에게 강경한 태도를 보인다. 교사들은 자기 자녀들에게 교직을 택하지 말라고 한다. 과거였다면 교직을 택했을 수도 있는 젊은이들은 될 수 있으면 그 길을 피한다. 교직을 희망하는 사람들의 질이 떨어지고 경험 많은 교사가 좌절하여 조기 은퇴하고, 남아 있는 교사들의 사기가 떨어지기 때문에 학생의 성적도 떨어진다. 학생의 성적이 떨어짐에 따라 관리자는 점점 많은 지시를 내리고, 교사가 가르치는 내용과 가르치는 방법을 통제하여 교사라는 직업을 더 매력 없게 만든다. 대중은 공립학교를 신뢰하지 않고 전체 시스템의 성과는 속절없이 하락한다. 이것이 미국의 많은 학교, 지역구, 심지어 주 교육 시스템이 처한 상황이다.

미국의 연방 정부 또는 주 정부의 교육 시스템에 문제가 생기기 시작할 때, 대중과 정치인은 교육 전문가를 비난하는 경향이 있다. 대중과

정치인들은 비난을 잠시 멈추고, 낮은 학생 성적, 치솟는 비용, 학생 간 학습 격차가 교육자의 잘못이 아니라 시스템의 잘못일 수 있다고 생각해보아야 한다. 여러분이 아는 유일한 시스템이 당신이 그 속에서 살아온 시스템이라면, 이런 통찰을 하기가 매우 어렵다. 이것이 지금까지 미국에서 일어난 일이다.

그러나 시스템의 낮은 성과에 대해 교육 전문가들을 비난하는 대신 지속적으로 향상되는 높은 학생 성취, 형평성 제고, 비용 감소가 이루어지는 시스템을 미국 밖에서 찾아본다면, 여러분은 매우 다른 시스템을 발견하게 된다. 교육 전문가들이 문제가 아니라는 것이 매우 분명해진다. 교육 전문가들이 그 속에서 일하도록 사회가 만들어낸 시스템이 바로 문제인 것이다. 값싸고 교육 수준이 낮은 교사를 기반으로 미국의 시스템이 설계되도록 한 것은 교육 전문가들이 아니다. 교사들에게 무엇을 어떻게 해야 하는지 지시하기 위해 교육지원청district central offces에 점점 더 많은 사람이 충원되어야 한다고 한 것도 교육 전문가들이 아니다. 학교를 옥죄는 것은 교사 노조와 그들이 만든 방대한 협약이 아니었다. 교사 급여 인상을 위해 세금 증액을 원하지 않을 때, 노동조합에 점점 더 많은 권한을 양도하기로 한 것은 교육위원회였다. 유능한 고등학교 졸업생을 교직으로 유인하기 위해 교사 급여를 인상하는 대신 교사 부족에 대응하여 임용 기준을 낮추기로 한 것은 입법부였다. 모두에게 책임이 있으며, 누구도 책임이 없다.

상위 성과 국가들은 매우 다른 선택을 했고, 그 선택은 매우 다른 결과를 낳았다. 미국의 당면 과제는 더 나은 결과를 낳을 수 있는 선순환 시스템을 구축하기 시작하는 것이다. 하지만, 그러한 시스템을 구축하려면 시스템의 잘 작동하는 구성 요소에 대한 연구 이상의 것이 필요하다.

시스템 구성 이면의 내부 원리를 이해한다면, 이런 시스템 설계에 성공할 가능성은 매우 커질 것이다. 그러한 모색은 우리가 높은 성과 시스템의 음과 양이라고 부르는 것에서 시작한다.

효과적인 교육 시스템의 음과 양: 인센티브와 지원

모든 사회 시스템은 내부 사람들에게 적용하는 인센티브를 고안한다. 그중 일부는 긍정적이고 일부는 부정적이다. 어떤 인센티브는 왜곡되어서 시스템 설계 목적과 완전히 반대되는 일을 하게끔 한다. 앞서 설명한 선순환 구조는 긍정적인 인센티브로 가득 차 있다. 이에 반해 악순환 구조는 부정적이고 심지어 왜곡된 인센티브로 가득 차 있다. 이 책을 읽으면서 긍정적인 인센티브를 제공하는 시스템의 특징을 찾아보라. 그리고 당신이 속해 있는 시스템을 관찰하면서 부정적이고 왜곡된 인센티브를 계속 찾아보라. 당신의 시스템을 재설계하는 방법을 생각할 때, 사람들이 지시한 대로 행동하게 하는 방법이 아니라 오히려 학생 성취도를 높이는 데 필요한 일을 하고 싶어 하도록 장려하는 인센티브를 창출하는 방법을 자문해 보라.

어떤 사람들은 '인센티브'라는 말에서 '돈'을 생각한다. 그러나 경제적 혜택은 다양한 인센티브 중 하나의 유형에 불과하며, 가장 중요한 인센티브가 아닌 경우도 많다. 많은 사람에게는 다른 사람을 돕는 데서 오는 만족감이 강력한 인센티브가 된다. 어떤 이들에게는 동료와 친구들로부터 탁월한 성과를 인정받을 기회, 공동체에서 지위를 획득할 기회, 어려운 것을 배우는 데서 얻는 스릴, 또는 다른 사람들의 성공을 돕는 데서 오는 만족감의 일정한 조합이 인센티브가 될 수 있다. 인센티브가 조직의 사명과 일치할 때, 조직은 잘 작동한다. 모든 인센티브가 올바른 방향으로 향하도록 시스템을 설계하는 일은 시스템 설계자의 책무다.

가장 중요한 인센티브에 초점 맞추기

시스템 설계 방법을 생각할 때 무엇보다 중요한 두 종류의 인센티브가 있다. 첫째는 교사가 자신의 업무를 더 잘할 수 있게 하는 인센티브다. 두 번째는 학생들이 최선을 다하게 하는 인센티브다. 이 두 집단은 이 시스템 내에서 일하는 집단이기 때문에 이 둘에 초점을 맞추는 것이 중요하다. 우리는 일반적으로 교사는 시스템 내 작업자라고 인식한다. 그러나 학생들을 그렇게 생각하지는 않는다. 교사들에게는 최선을 다하게 하는 강력한 인센티브가 있는 반면, 학생들을 위한 인센티브는 고려하지 않는다면 큰 성과를 기대하기 어렵다. 이런 일은 미국 학교에서는 자주 발생한다. 학생들 대부분이 열심히 공부하게 하는 인센티브가 약하기 때문이다. 이런 큰 실수를 상위 성과 국가들은 범하지 않는다.

전문성을 다루는 문헌은 명료하다. 거의 모든 분야에서 전문가가 되려면 약 10년 또는 10,000시간의 경험이 필요하다. 그러나 10년이라는 시간이 전문성을 보장하지는 않는다. 10년 동안 그 일을 더 잘하기 위해 열심히 노력해야만 전문가가 된다.[Gladwell, 2008]

초임 발령 후 5년이 못 되어 교직을 떠나는 교사의 비율은 17~50%로 추정된다.[Ingersoll, 2003; Ingersoll & Perda, 2014] 반면 건축가, 간호사, 변호사 및 기타 전문가가 되기 위한 준비 프로그램의 졸업생은 자신이 선택한 직업에 머무를 가능성이 더 크다. 엔지니어는 자기 직업에 남을 가능성이 교사보다 2배 더 높다.[Ingersoll & Perda, 2014] 이는 교직에 입문한 사람 대부분이 전문가가 될 만큼 오래 재직하지 못한다는 것을 의미한다. 연구에 따르면 교사는 경력 초기에 가장 많이 성장한다. 한 연구는 초임 발령 3년 후에도 계속 성장한다는 것을 보여주는 증거는 거의 없음을 발견했다.[Rivkin, Hanushek, & Kain, 2005] 교사들 대부분이 신규일 때 거의 지원받지 못한다는 점을 고려할 때, 신규 교사 3년 동안은 살아남기 위해 열심히 노력하다가 어느 정도 익숙해지면, 성장을 위한 인센티브가 없으므로 타성에 젖기 시작할 것으로 추측할 수 있다. 의사, 엔지니어, 건축가, 회계사와 달리 교사들은 단순히 잘하는 것을 넘어서 아주 탁월하다 해도 더 많은 보상과 지위, 권위를 얻지 못하거나 더 많은 책임을 맡지 못할 것을 깨닫는다.

다른 상위 전문직 종사자들과 같은 수준의 전문성을 교사가 지닐 수 있다 하더라도, 그런 전문성을 개발하는 것이 현재 같은 시스템에서는 불가능하다. 그것은 엄청난 손실이다. 그러나 고칠 수 있다. 상위 성과 시스템들은 교사가 자신의 업무를 점점 더 잘할 수 있는 강력한 인센티브를 만드는 방법을 구안했다. 우리는 그들이 어떻게 했는지 보여줄 것이다.

인센티브는 지원 없이 작동하지 않는다

인센티브는 동전의 한 면이고, 지원은 다른 한 면이다. 뭔가를 성취할 동기가 있지만 방법을 모르고, 시간이 없고, 어떻게 할 수 있는지 모른다면, 당신은 시도하지 않을 것이다. 인센티브와 지원이 모두 필요하다. 해리엇은 공통핵심기준을 매우 좋아했다. 그렇지만 그녀와 학교 동료들은 학생들이 성취기준에 도달하는 데 필요한 훈련을 받지 못했다. 학생 학습을 지원하는 데 필요한 자료, 혹은 그러한 자료 개발을 위해 함께 연구할 시간을 갖지 못했고, 필요한 새로운 기술을 연습하지도 못했다. 상위 성과 국가에서 볼 수 있는 효과적인 시스템의 가장 중요한 특징 중 하나는 신중하고 철저하게 고안된 인센티브에 적합한 지원을 기대할 수 있고 또 그런 지원이 제공된다는 것이다. 이에 대한 많은 예를 보여 줄 것이다.

교사와 마찬가지로 학생에게도 적절한 인센티브와 지원이 필요하다

인센티브와 지원의 음과 양은 학교 교사뿐만 아니라 학생에게도 적용된다. 대부분의 미국 고등학교에서 유명 대학을 희망하지 않는 학생들은 고등학교만 졸업하면 어느 대학에나 갈 수 있다는 확실한 믿음으로 어슬렁거리며 학교에 다닌다. 그들이 졸업장을 받는 데 필요한 모든 것은 최저점수를 통과하는 것이다. 그것은 주로 대부분의 시간 동안 학교에 출석하는 것을 의미한다. 상위 성과 국가에서는 고등학교 학위증이 없다. 진학과 취업 경로 선택을 위한 과정 이수와 필요한 성적을 상세화한 자격 인정 시스템만 존재한다. 미국 고등학생들과 대화해보니, 그들은 대부분 학교를 친구를 사귀는 장소나 시간을 때우는 곳 정도로 생각한다는 것을 알 수 있었다. 상위 성과 국가들에서 고등학생들의 인식은 그렇지 않다. 그들은 장래 계획이 무엇이든 목적의식을 갖고 열심히 공부한다. 과정에서 좋은 성적을 얻는 것과 자신이 설정한 야망의 직접적인 연관성을 알고 있기 때문이다. 당신의 교사와 학생의 에너지와 헌신을 활용하라. 그러면 작동하는 시스템을 갖게 된다. 그렇게 하지 못하면 아무것도 일어나지 않을 것이다.

미국에서 효과적인 시스템 개발이 어려운 이유

대부분의 관찰자는 미국의 학교 교육 시스템이 분권적decentralized이라고 한다. 그러나 이는 정확하지 않다. 만약 사실이라면, 미국의 학교들은 다른 산업화된 국가의 학교들보다 무엇을 어떻게 가르칠지에 대해 더 많은 자율성을 지닐 것이다. 그러나 실제로는 다른 산업화된 국가의 학교보다 자유롭지 않다.

미국 시스템은 분절되어fractionated 있다고 설명하는 것이 훨씬 정확할 것이다. 과거에는 공립학교와 학교 교육에 관한 대부분의 결정은 지역교육위원회와 지역 학교에서 근무하는 교육자들에 의해 이루어졌다. 그러나 지난 반세기 동안 연방 정부와 주 정부가 더 많이 관여하면서 연방 정부와 주 정부 사이에, 그리고 주 수준에서는 수많은 독립적이면서 종종 경쟁적인 정책 결정 주체들 사이에 갈등도 커졌다. 공교육을 비정치화하려는 20세기 초 개혁가들의 강한 노력은 교육 전문가들이 학교를 통제하는 것처럼 인식되는 상황을 초래했다. 1970년대에 학비가 물가상승률보다 훨씬 빠르게 오르고, 고등학교 학업 성취도 향상에 실패했을 때US Department of Education, 2012, 2017b, 교육 전문가들은 비용과 성과의 차이가 벌어지는 것에 대한 비난을 감수할 수밖에 없게 되었다. 빈곤에 처한 학생student poverty이 점점 증가하고 아동들에게 빈곤이 더 집중되는 상황에서 더 많은 예산을 투입함으로써 학생들의 성취를 지속적으로 높이는 방안은 훌륭한 성공 사례가 될 수 있음에도 교육 전문가들이 비난받는 일이 나타났다. 어떤 경우든, 비용과 성과의 격차 확대로 인해 평가에 기반한 책무성 운동이 일어났고, 전통적 공립학교에 대한 시장 기반 대안들market-based alternatives의 인기가 높아졌으며, 우리가 앞에서 설명한 악순환이 일어났다.

문제는 이 악순환에서 어떻게 벗어날 것인가이다. 실제로 최고의 성과를 내는 모든 국가에서는 교육부가 답을 제공할 것으로 기대한다. 교육부가 결정하고 이에 대한 최종적인 책임을 진다. 그러나 미국에는 대부분의 다른 국가에서 볼 수 있는 교육부와 같은 기관이 없다. 서로 다른 방향으로 끌어당기는 불협화음을 낳는 경쟁적인 권한을 지닌 기구들이 존재할 뿐이다.

미국에서 높은 성과 학교 시스템 구축하기

모든 학생 성공법Every Student Succeeds Act[4]은 21세기 첫 10년 동안 연방 정부에 빼앗겼던 초중등교육 정책에 대한 권한을 상당한 정도로 주 정부에 돌려주는 기회를 제공했다. 일부 주는 그 권한을 20세기 후반에서 했던 것보다 훨씬 효과적인 교육 시스템을 만들기 위해 사용할 것이나, 다른 주에서는 그런 시도를 하지 않을 수도 있다.

이상적인 세계에서는 주 정부가 앞에서 설명한 선순환을 촉진하는 데 필요한 정책을 개발할 것이다. 이후 그러한 정책을 실행하는 책임은 지역구와 학교가 맡게 될 것이다. 몇몇 주에서는 그런 일이 실제로 일어날 수 있다. 그러나 그런 일이 일어나지 않는 주에서는 학교와 지역구의 지도자들이 무엇을 해야 할까?

주 정부의 강력한 지원 없이, 최고 성과를 내는 학생과 어려움을 겪는

---

4. 모든 학생의 성공을 위한 교육법, 모든 학생의 성공법은 2015년 12월 10일 버락 오바마 대통령이 서명한 미국의 교육정책을 담은 법령이다(역자주).

학생의 격차를 실질적으로 좁히면서, 평균 학업 성과를 더 높이는 훨씬 강력한 시스템을 만들 수 있을까? 국립교육경제센터는 여러 해 동안 여러 주, 지역구, 학교들과 일해왔다. 주 정부, 지역구, 학교가 뜻을 같이 할 때, 지역구와 학교의 모든 과정은 확실히 더 쉬워진다. 하지만 주의 정책 결정자와 방향이 같지 않더라도 지역구와 학교가 세계의 상위 성과 시스템에 대한 주의 깊은 연구에서 도출한 의제와 관련하여 실질적인 진전을 이루는 것을 볼 수 있었다.

이 책에서는 학교나 지역구를 새롭게 설계하는 방안들을 풍부하게 제시할 것이다. 학교나 지역구가 무작위적 개입 행위들의 집합이 아니라 서로 도움을 주는 인센티브와 지원들로 신중하게 설계된 시스템이 되도록 해야 한다. 그러한 시스템은 (1) 일류 교사를 유인하고, 지속해서 성장하도록 그들을 지원하며, (2) 학생에 대해 높은 기대를 하고, 이런 기대를 충족하는 데 필요한 지원을 한다.

법과 규정은 목적 달성을 더 쉽게도 어렵게도 할 수 있다. 경험에 따르면, 상위 성과 시스템을 설계하고 실행하는 것을 불가능하게 하는 주 정부는 존재하지 않는다. 이것은 현 시스템 내에서도 바로 당신이 있는 곳에서 새로운 시스템 구축을 시작할 수 있는 충분한 여지가 있음을 의미한다. 사람이 문제가 아니다. 그들이 그 속에서 일하도록 사회가 구축한 시스템이 문제다. 시스템을 바꾸라. 매우 다른 결과를 얻을 것이다. 시스템을 변화시키는 일은 모든 수준의 시스템 지도자들에게 달려있다.

2장

시스템이 성과를 낸다:
교육 시스템 설계의 원리

데이비드 컨즈David Kearns가 1982년 제록스사Xerox 회장으로 취임했을 때, 제록스사의 위상은 현재의 구글과 유사했다. 제록스사는 역사상 어느 기업보다 빠르게 신생 기업에서 포춘지 선정 500대 기업으로 성장했다. 제록스사는 전 세계 복사기 시장을 지배했다. 컨즈는 세계 최고 자리를 차지하고 있었다. 그가 회장을 맡은 지 얼마 지나지 않아, 일본 출장지에서 갓 돌아온 몇몇 엔지니어들이 불안한 표정으로 그의 집무실에 들어섰다. 엔지니어들은 컨즈에게 지금껏 한 번도 들어 본 적도 없는 리코Ricoh라는 작은 일본 회사가 제록스의 복사기보다 좋은 기계를 제록스보다 낮은 비용—제작, 마케팅, 판매 비용을 모두 고려한 비용—으로 만들어 판매하고 있다고 보고했다. 제2차 세계대전 이후 형편없는 싸구려 복제품을 만드는 나라로 알려진 일본이 자신들만의 방식으로 세계 최고의 제조국인 미국을 앞지르기 위해 난데없이 등장한 것이다. 엔지니어들은 컨즈에게 리코가 하는 일이 알려지기 전에 제록스를 매각할 것을 건의했다. 그들은 제록스가 복사기 사업에서 리코나 다른 일본 회사들과 경쟁할 방법이 없다고 주장했다. 이에 컨즈는 "말도 안 됩니다. 일본 엔지니어들도 당신들과 마찬가지로 바지를 입을 때 한 번에 한

쪽씩 입는 평범한 사람들입니다. 곧장 일본으로 가서 그들이 어떻게 하고 있는지 파악하여 우리가 그들을 능가할 방법을 찾아오세요."라고 말했다. 그리고 제록스 엔지니어들은 그렇게 했다.

당시 상황이 회사의 사활이 걸린 문제라고 본 제록스사 기술자들의 판단은 옳았다. 일본의 위협을 심각하게 받아들이지 않은 다른 많은 미국 기업은 결국 파산했다. 제록스가 했던 방식을 따라 한 기업들만 살아남았다. 그들은 일본이 개척한 제조업 혁명을 이해하고, 그들을 앞설 방법을 그들의 어깨너머로 배우기 위해 일본으로 갔다.

이것은 1980년대 초반 제조업에서 발생한 문제였다. 그러나 지금의 문제는 바로 교육이다. 현재 미국이 직면한 교육 문제는 당시 제조업이 직면한 문제보다 훨씬 심각하다. 1980년대 초 제록스와 마찬가지로 미국은 벼랑 끝에 서 있다고 할 수 있다. 다시 말해 예전에는 미국보다 훨씬 뒤처졌지만, 현재는 월등히 앞서고 있는 국가들로부터 도전받고 있는 것이다.

국제학업성취도평가(PISA)를 세계 교육 기준으로 활용하기

제록스의 경우와 달리, 우리는 엔지니어 팀이 문을 박차고 들어와서 미국 교육이 곤경에 처해있다고 알려 줄 때까지 기다릴 필요가 없다. 교육 연구자들은 1960년대부터 이미 선진국 학생들의 성취도에 관한 비교 연구를 했지만, 미국 정치 지도자나 교육 지도자들은 1990년대에 이르러서야 학생들의 학업 성취도에 대한 국가 간 비교 연구에 관심을 두기 시작했다. 경제협력개발기구Organization for Economic Co-operation and

Development: OECD에서 2000년 시작된 국제학업성취도평가Programme for International Student Assessment: PISA는 현재 세계에서 가장 큰 규모의 학업 성취도 국제 비교 연구가 되었다. 국제학업성취도평가는 3년 주기로 만 15세 학생들을 대상으로 읽기, 수학, 과학, 문제해결 분야의 성취도를 조사한다. 첫 번째 조사는 대부분 선진국에 속하는 32개국을 대상으로 실시되었다.[OECD, 2000] 2015년에는 일부 개발도상국을 포함하여 72개국 이상이 성취도 평가에 참여했다.[OECD, 2016b] 2018년에는 100개 이상의 국가들이 참여할 예정이다.[OECD, 2017b][1] 국제학업성취도평가는 학생들의 학업 성취도를 평가할 뿐만 아니라 학업 성취도와 다른 변인變因의 관련성을 파악하기 위해 학생당 교육비, 교사의 질, 학생의 이민 여부, 학급당 학생 수 등 다양한 질문을 한다.

국제학업성취도평가의 장점 중 하나는 학생들이 교육과정을 얼마나 통달했느냐가 아니라, 학습한 것을 실생활에서 직면한 문제 해결에 얼마나 잘 활용하는가를 평가하는 것이다. 국제학업성취도평가는 이런 검사들이 일반적으로 지니는 한계가 있지만, 세계 학생들의 성취도를 종단적縱斷的으로 비교할 수 있는 가장 포괄적인 조사다. 이 책을 쓰고 있는 현재 국제학업성취도평가에서 세계 최고인 국가는 싱가포르, 일본, 홍콩, 중국, 캐나다, 에스토니아, 한국, 핀란드, 대만, 네덜란드, 뉴질랜드, 독일이다.

미국의 국제학업성취도평가(PISA) 결과

국제학업성취도평가에서 미국의 성적은 평범하지만, 그렇다고 해

---

1. PISA 2018에는 전 세계 79개국(OECD 회원국 37개국, 비회원국 42개국)에서 약 71만 명이 참여하였다(역자주).

서 더 나빠진 것도 아니다. 오히려 다른 국가들의 성적이 더 좋아졌다. 2000년 처음 시작된 국제학업성취도평가에서 미국은 32개국 중 읽기 15위, 수학 19위, 과학 14위를 차지했다. 2015년 조사에서는 72개국 중 읽기 24위, 수학 41위, 과학 25위를 기록했다. 미국의 수학 점수는 2012년에 비해 11점 하락했다.[OECD, 2016b] 우리는 교육 성과가 세계 최고 수준인 국가들과 비교할 때 미국의 평균 점수가 2~3학년 수준의 차이가 난다고 분석한다.

수학 점수가 최근 하락한 것을 제외하면, 미국의 국제학업성취도평가 성적은 비교적 안정적이다.[OECD, 2016b] 미국보다 좋은 성적을 내는 국가가 늘고 있는 것은 미국의 성적이 하락하고 있기 때문이 아니다. 다른 국가들의 성적이 좋아지고, 더 많은 국가가 미국을 추월하고 있다. 그에 비해, 미국의 국가교육성취도평가National Assessment of Educational Progress: NAEP에 따르면 지난 40년 동안 미국 고등학생의 읽기와 수학 점수 평균은 거의 비슷하게 유지되어 왔다.[U.S. Department of Education, 2012]

안정적인 교육 성과로 충분한가?

아동 간 불평등과 빈곤이 심화하는 상황에서도 교육 성과가 안정적이라는 것을 자랑스러워해야 하나, 아니면 산업화한 국가들 중 미국의 노동력이 가장 낮은 수준으로 교육받는다는 것을 걱정해야 하나? 다시 말해서 잔에 물이 반이나 남았다고 해야 할까, 아니면 물이 반밖에 남지 않았다고 해야 할까? 미국의 성적이 더 이상 하락하지 않는 것에 기뻐해야 하는가, 아니면 더 잘하지 못하고 있는 것에 분노해야 하는가?

OECD가 실시하는 또 다른 조사인 국제성인역량조사Programme for the International Assessment of Adult Competencies: PIAAC는 위 질문에 대해

생각해 볼 수 있는 몇 가지 관점을 제시한다. 국제성인역량조사는 선진국 성인을 대상으로 풍부한 기술 환경technology-rich environments에서의 언어능력, 수리력, 그리고 문제해결력의 핵심 역량을 측정하기 위해 고안되었다. 미국교육평가원Educational Testing Service: ETS은 국제성인역량조사의 최근 결과를 토대로 미국과 다른 나라 밀레니엄 세대 노동력의 차이를 재분석했다. 밀레니엄 세대는 미래 노동력의 핵심이 될 것이므로 미국 경제는 그들에게 달려 있다고 할 수 있다.

미국교육평가원 조사에 따르면 국제성인역량조사에서 미국인 16~34세의 성적은 모든 항목에서 바닥이었다. 언어능력은 스페인과 이탈리아만 미국보다 낮았고, 수리력과 문제해결력은 모두 가장 낮게 나타나 미국은 선진국 중 최하위 교육을 받은 인력을 보유한 국가의 하나임을 보여주었다.Goodman, Sands, & Coley, 2017 이를 통해 미국 학생들의 성적이 지난 40여 년 동안 안정적이라는 것이 '잔에 물이 반이나 남아 있다'는 것을 의미하지 않으며, '잔에서 물이 급속하게 빠지고 있다'고 결론 내릴 수 있다.

이런 결론은 그럴듯하게 보일 수 있지만, 더 큰 맥락에서 다른 요인들도 고려해야 한다. 지난 40년 동안 미국은 선진국 가운데 가장 평등한 소득 분배 국가에서 가장 불평등한 소득 분배 국가로 바뀌었다.Stiglitz, 2012 관리자를 제외한 노동자의 평균 소득은 같은 기간 동안 감소했다.Krugman, 2014 그 기간 중 초반부에는 여성이 가족 생계를 위해 구직을 함에 따라 가계 소득이 증가했지만, 그 후 일터에 유입되는 여성이 더 이상 늘지 않게 되자 가계 소득은 다시 감소했다.U.S. Department of Labor, Bureau of Labor Statistics, n.d 아웃소싱으로 공장이 문을 닫게 되고, 자동화의 진전으로 인해 가장 교육 수준이 낮은 사람들이 가장 큰 어려움을 겪었다. 어려움은 미국 전역에서 나타났다. 교도소에 수감되는 부모가 급증함에 따라 자녀를 돌볼 수 있는 부모가 줄어들었다. 취업하지 못하는 젊은 남성이 늘어남에 따라 여성들이 결혼하고 가정을 꾸릴 만한 이유도 점점 줄어들었다.[Putman, 2015] 어떤 젊은이가 가정을 꾸려 누군가를 부양하려 하겠는가? 그 결과 한부모 가정은 늘어났으며, 그들 중 대부분은 빈곤했다. 백인 남성 대부분은 나이가 들어감에 따라 아웃소싱과 자동화 때문에 일자리를 잃게 되었다. 많은 사람이 마약을 복용하기 시작했고, 그 결과 마약이 전염병처럼 만연했다.[Murray, 2012] 또한, 소득이 감소함에 따라 점점 더 많은 사람이 퇴거하여, 특히 도시에서는 노숙자가 증가했다.[Desmond, 2016] 의료비 급증으로 의료 혜택을 받지 못하는 가난한 가정과 아이들이 점점 늘어났다.

이런 상황에서 인종적 고립―혹은 분리라고 해야 할까―과 사회 계층 고립은 미국에서 계속 심화되고 있다. 이것은 퇴로가 없고, 올라갈 사다리도 없으며, 더 나은 미래로 갈 수 있는 관계망도 갖지 못한 미국인들이 점점 많아지고 있음을 의미한다.[Sharkey & Graham, 2013]

그렇다면 이 모든 것이 '잔에 물이 반이나 남았나, 아니면 반밖에 남지 않았나' 하는 질문과 어떤 관련이 있는가? 모든 분야에서 성장하던 미국 경제가 이제는 일부 분야에서만 번창하고, 나머지는 서서히 침몰하는 고통스러운 변화를 경험하고 있다는 것이 요점이다. 즉 미국은 하나의 경제가 아니라 두 개의 경제가 되었다. 일부 도시와 몇 개 주는 경제 상황이 좋지만 대부분 지역은 점점 더 나빠지고 있다. 이런 엄청난 변화가 미국 전역에서 일어나고 있지만, 미국 학생들의 평균적인 성적은 안정적이다.[U.S. Department of Education, 2013] 이런 관점에서 볼 때 '잔에 물이 절반만 남아 있는' 것이 아니다. 미국 전역에서 빈곤과 사회적·인종적 고립으로 인한 사회적 재앙이 증가하는 중에도 학교는 어떻게든 학생들의 머리를 수면 위에 유지하고 있다.

이런 상황에서 학생들의 성적이 크게 하락하지 않은 것도 대단한 성과다. 하지만 그것으로는 충분하지 않다. 이것은 학생들의 삶을 점점 비참하게 만들 수 있다. 지능형 기계intelligent machines가 학생들이 할 수 있는 일을 더 저렴한 비용으로 하게 된다면, 학생들은 직업을 얻지 못할 것이다. 부모 세대에 주어진 일자리의 상당 부분이 그들에게 제공되지 않을 것이고, 부모보다 훨씬 나은 교육을 받지 않는 한 좋은 일자리가 그들에게 돌아가는 일은 거의 없을 것이다.[Tucker, 2017]

미국보다 훨씬 앞서있는 국가가 주는 교훈

다른 국가들과의 격차를 줄이면서 학생들의 성과를 크게 높이는 방법을 어떻게 찾을 수 있을까? 일부 국가들은 이미 그 방법을 찾은 것 같다. 여기서 문제는 어떻게 하면 우리가 책임지고 있는 학생들의 성과를 크게 높이고 다른 국가와의 학력 격차를 줄일 수 있을까 하는 것이다. 지금보다 예산이 훨씬 증가한다면 좋겠지만, 예상할 수 있듯 활용할 수 있는 예산이 많지는 않은 상황이다. 그러면 현실적으로 어떻게 할 것인가? 같은 길을 미리 걸었던 국가에서 배울 수 있다. 제록스 엔지니어들이 일본 복사기 회사들을 역추적한 것처럼 그들의 발자취를 따라갈 수 있다.

이 대목쯤 되면 교육에서 우리보다 앞선 국가와 비교하는 것이 타당하지 않다고 의문을 제기하고 싶은 사람들이 많을 것이다. 복사기는 어디서나 똑같지만, 아동, 학교 그리고 사회는 그렇지 않다. 예를 들어, 미국은 다른 국가들처럼 엘리트만 교육하는 것이 아니라 모든 사람을 교육한다. 문화도 다르다. 교육에 많은 가치를 두는 유교 문화권 학생들의 성과는 학교 운영 방식이 아니라 문화와 관련지어 설명할 수 있다. 그런 국가들은 단일 민족으로 이루어지지만, 미국은 다양한 민족으로 구성되어 있다. 그리고 미국에는 빈곤 가정 출신의 아동이 너무 많다 등등….

이런 문제들을 하나씩 구체적으로 설명하려고 한다. 당신이 내가 제시하는 전제를 받아들이지 않는다면 나의 결론에도 동의하지 않을 것이기 때문이다.

미국은 엘리트뿐만 아니라 모두 사람을 교육한다. 이것은 50년 전에는 사실이지만 이제는 더 이상 사실이 아니다. 현재 거의 모든 국가는 미국보다 많은 수의 고등학생이 더 높은 성적으로 졸업한다.[OECD, 2017a] 어떤 국가가 엘리트만 교육하고 있다면, 그 국가는 미국이지 상위 성과 국가들은 아니다.

국가마다 문화가 다르다. 우리가 비교하는 국가들은 유럽, 오스트랄라시아(뉴질랜드와 호주), 동아시아에 있고 여기 캐나다도 포함된다. 이런 나라들은 공통된 문화가 없다. 사실 이 국가들은 광범위한 문화를 포용하고 있다. 대부분 사람이 학생들의 학업 성과를 설명하는 큰 변인으로 문화를 말할 때 그들은 실제로 아시아에 대해 말한다. 하지만 모든 아시아 국가가 좋은 성적을 내는 것은 아니며, 오늘날 좋은 성적을 내는 몇몇 아시아 국가들도 한때 성적이 가장 낮았던 국가들이다. 중국이 성공한 원인을 유교에서 찾는 사람이 많다. 그러나 마오쩌둥은 유교가 중국 발전을 억누르고 있다는 생각에 문화혁명기(1965~1975)에 유교 문화를 타파했다. 그의 후임자들은 폐허 위에서 새롭게 학교 시스템을 구축해야 했다. 중국 상하이의 성공은 지난 2,500년의 성과가 아니라 최근 40년 동안 이루어진 의사결정의 결과다. 마찬가지로 핀란드와 캐나다 온타리오주가 낮은 수준의 성과를 벗어나 높은 수준에 이르게 된 것은 수십 년 동안 이루어진 정책과 실행의 변화 때문이다. 학생들의 우수한 성과를 설명하는 데 문화가 큰 영향을 미치는 사례를 찾기는 매우 어렵다. 교육 성과가 세계 최고인 국가들의 공통점은 몇 가지 문화적 특성이 아니라 오히려 교육 시스템 설계에 내재한 몇 가지 원칙에 있다.

교육 성과가 세계 최고인 국가들은 단일 민족으로 되어 있지만, 미국은 매우 다양한 민족으로 되어 있다. 그렇지 않다. 교육 성과가 세계 최고 수준인 캐나다 온타리오주는 미국의 어떤 주보다 해외 이민자의 비율이 높다.Statistics Canada, 2011 미국만큼 다양한 인종으로 구성된 호주의 교육 성과도 미국보다 훨씬 높다.OECD, 2016b 미국인은 북유럽과 서유럽 국가들을 단일 민족 국가로 생각하는 경향이 있는데, 과거에는 그랬지만, 지난 수십 년 동안 유럽 여러 국가는 동부 지중해, 북아프리카, 동유럽 출신 이민자들의 본고장이 되었다. 일부 국가에서는 이민 온 학생들이 학교에서 어려움을 겪고 있지만, 영국, 아일랜드, 에스토니아 같은 국가에서는 별 어려움 없이 학교생활을 매우 잘하고 있다.OECD, 2016b

미국에는 빈곤층 아동이 너무 많다. 앞서 살펴본 몇 가지 오해에도 불구하고 현재 미국 학교가 당면한 큰 과제를 빈곤으로 인한 격차와 인종적·사회적 고립의 문제라고 보는 시각은 매우 타당하다. 미국에서는 어린 자녀를 둔 가정에 대한 지원이 상위 성과 국가들에서보다 더 적게 이뤄진다는 사실 때문에 이 문제는 더 심각해진다. 동시에 미국은 다른 나라들보다 학생 1명당 더 많은 교육비를 지원하고 있다. 정부의 다른 지원기관들의 지원만으로는 빈곤층 학생들에 대한 지원이 어려운데 많은 교육비 지원으로 이 비용을 어느 정도 상쇄하고 있다.OECD, 2017a

하지만 이 문제를 다른 측면에서 볼 수도 있다. 싱가포르와 중국 상하이는 1960년대와 1970년대만 해도 제3세계라고 할 수 있었다. 당시 이들 국가는 경제적으로 궁핍했고 문맹률이 높았지만, 오늘날에는 세계 교육 순위에서 최상위권이다. 국제학업성취도평가에 참여한 국가 중에서 미국의 빈곤율은 중간 정도다. 상위 성과 국가에도 빈곤한 아동이 많은 나라들이 있지만, 미국만큼 사회적 계층이 학업 성취의 차이에 큰 영향을 미치지 않는다. 가난한 학생들이 학업 성취에서 상위 25%에 포함될 가능성을 보자면, 미국은 이들 중 많은 나라보다 낮다. 이 모든 것을 종합하면, 미국 학교에서 아동 빈곤은 매우 심각한 문제지만, 상위 성과 국가들에 비해 미국 학생들의 성과가 좋지 않은 원인이 빈곤 때문이라고만 하기는 어렵다. 학생들이 가난하지만 상당한 성과를 보여주는 많은 국가가 있다. 이런 점에서 미국은 교육 성과가 상위인 국가들로부터 배울 것이 많다.[OECD, 2017a] 이 주제에 대해서는 7장에서 다시 살펴보겠다.

벤치마킹과 비교 연구 방법

상위 성과 국가들에서 시행한 방법을 미국이 시도한다면, 동일한 효과를 낼 수 있다고 어떻게 확신할 수 있을까? 미국에서 혁신에 관한 전형적인 연구 방법은 특정 혁신이 특정한 관심 변인—일반적으로 학업 성취—에 미치는 독립적 영향을 알기 위해 통계 기법을 사용한다. 혁신의 형태는 협소하게 규정된다. 그리고 연구자들은 혁신이 규정된 대로 정확하게 채택될 때 효과 크기effect size가 어느 정도일지를 그 혁신을 채택할 가능성이 있는 사람들에게 알려줄 목적으로 연구한다. 그런 방식은 학생들에게 영문 해독법을 가르치는 기술에는 효과적일지 모른다. 그러나 전체 교육 시스템을 운영하는 관리들은 다른 시스템을 단순히 복제하는 것에는 관심이 없다. 관료들은 자신들의 맥락이 연구자들이 연구하는 시스템들과 중요한 방식에서 차이가 있다는 것을 알고 있다. 관료들은 다루어야 할 고유한 정치문제가 있다. 해당 지역 사람들은 그들의 고유한 가치와 목적이 있다. 그들은 자신들이 참조한 선진 국가들이 직면하지 않았던 새로운 유형의 문제를 마주하게 될 수 있다.

지도자들은 모방하는 데 관심이 없다. 그러므로 사용자가 전체를 모방하게끔 만들어진 연구 모형은 작동하지 않을 것이다. 그 대신 의사 결정권자들은 최고의 성과를 나타낸 다양한 경험을 바탕으로 자체적인 학교 시스템 모델을 만드는 데 활용할 수 있는 정보를 원할 것이다. 그것은 시스템 설계자가 구성 요소들을 결합하는 최선의 창의적인 과정을 포함한다. 그리고 이 과정에서 종종 설계자는 다른 여러 시스템으로부터 서로 조화를 이룰 것으로 생각하는 구성 요소들을 선택해서 결합하게 된다. 설계자들은 모델의 구성 요소들이 공통 원칙을 바탕으로 결합할 때 더 효과적으로 작동하리라는 것을 알고 있다. 구성 요소들은 서로 조화를 이루어야 할 뿐만 아니라, 문화, 역사 그리고 학교 시스템에 내재한 정치와도 조화롭게 작동해야 한다. 국가 전역의 이해관계자가 설계를 구체화하는 데 도움을 주지 않으면 그것은 구현되지 못할 것이다. 국가는 상위 성과 국가들이 사용하는 시스템에 관한 연구에서 밝혀진 부분들에 추가할 자신의 '비밀 소스secret source'를 얻게 될 것이다.

지금까지 기술한 내용은 일본 제조업체들과 경쟁하기 위해 1980년대에 제록스와 다른 미국 회사들이 개발한 산업 분야에서의 벤치마킹법[2]에 바탕을 둔다. 산업 분야의 벤치마킹은 두 가지 핵심 요소로 이루어져 있다. 첫 번째 단계는 기준점benchmarks, 혹은 자신들의 노력으로 달성하려는 구체적인 성과를 설정하는 것이다. 제록스 회사의 경우 기준점은 회사가 그들 자신의 판단과 매트릭스를 사용하여 '복사copying'라

---

2. 'benchmarking approach'는 우량 기업의 장점을 도입해 기준으로 삼는 경영 기법을 일컫는다(역자주).

는 개념을 다시 정의하는 것에서 시작되었다. 우리의 경우 기준점은 평균 학생 성취가 가장 높으면서도 가장 공정한 교육 시스템이다.

일단 최상의 성과를 내는 기업들의 목록이 파악되면, 산업계 벤치마킹에서 두 번째 단계는 여러 기업의 공통적인 강점 및 각 기업을 차별화하는 고유한 강점을 찾아내는 데 초점을 맞추는 것이다. 제록스 회사를 벤치마킹하는 사람들이 발견한 것은 모든 기업이 경쟁 업체보다 높은 실적을 내고 있더라도, 각각의 기업들의 특장점이 다르다는 것이다. 하지만 기업들의 전체 클러스터가 우수한 성과를 내고 있다면, 그들이 사용하는 전략은 실적이 저조한 기업들이 사용하는 전략과는 다른 원칙에 기반해 있을 것이다.

따라서 상위 성과 시스템을 분석하는 것은 높은 성과를 내는 모든 기관에 공통적으로 나타나는 일반적 원칙들을 탐색하는 동시에, 일부 상위 기관들이 그런 일반적 원칙들을 실행하는 강력한 수단으로 보이는 독특한 실행들을 찾아내는 것이다. 이를 통해 상위 성과자들로부터 배운 최고의 실행들을 결합할 수 있는 지혜를 얻고자 함이다.

국립교육경제센터는 이런 벤치마킹 접근법을 사용하기 위해, 국제학업성취도평가PISA의 순위를 활용하여 상위 성과 국가를 파악한 다음, 하위 성과 국가의 교육 시스템에서는 찾아볼 수 없는, 이 국가들이 사용하는 전략의 기반이 되는 원칙을 탐색했다. 또한 상위권에 진입하거나 탈락한 국가들을 통해 우리의 관찰에 대한 확증을 찾았다. 우리가 옳았다면 상위권에 진입한 국가들은 최고의 성과를 내는 데 필요한 원칙들을 채택하고 있어야 하며, 상위권에서 탈락한 국가들은 그 원칙들을 폐기하고 있어야 한다. 그리고 그것이 바로 우리가 밝혀낸 것이다.

그러나 이런 방법은 여기까지만 유용하다. 예를 들어, 최고의 직업·기술 교육 시스템이나 최고의 유아교육 시스템을 갖춘 국가들의 목록이 학업성취도 평가에서 성취 수준이 가장 높은 국가의 목록과 동일할 수도 있고 그렇지 않을 수도 있다. 이 목록을 얻기 위해 우리는 관련 데이터를 얻을 수 있는 범위에서 유사한 절차를 밟았다. 즉 국가, 주 또는 지방 수준에서 우리가 파악하려는 목표를 설정한 다음, 그 목표와 관련된 자료를 수집했다.

OECD 자료는 풍부하며 많은 도움이 된다. 그러나 정책 결정자들이 어떤 정치적 기회와 어려움에 직면했는지에 대한 정보를 제공하지는 않는다. 그런 정보를 얻으려면 많은 자료를 수집하고 분석해야 하며, 분석하는 문서의 종류뿐 아니라 분석 방법도 다양화해야 한다. 그리고 다양한 관점에서 각 시스템을 바라보는 시각을 이해하기 위해 많은 사람과 대화를 나누며 복잡한 시스템에 대한 상을 서서히 조합해 가야 한다.

이 과정의 중심에 비교 방법comparative method이 있다. 우리는 상위 성과 국가들의 일반적인 특성을 파악하기 위해 상위 성과 국가와 하위권 국가를 비교하고, 교육 성과를 높일 것으로 추정되는 동인動因을 수용하기 전과 후의 국가 정책을 비교했다. 또한, 핵심 동인의 실행 여부, 동인들의 공통된 성과, 동일한 동인이 성취에 미치는 영향을 국가별로 비교했다. OECD가 조사를 계속하는 동안 정치 지도자가 바뀐 국가들은 정책에서도 변화가 있었다. 이런 모든 변인은 우리가 작업 가설들working hypotheses을 검증하고 정련하여, 상위 성과 국가들을 구분해 주는 정책과 실천이 무엇인지를 시간이 지남에 따라 더 신뢰성 있게 설명하게 했다. 결국 산업계의 벤치마킹 과정을 사용해서 교육 시스템을 연구했는데, 이는 양적 분석과 질적 분석을 혼합한 연구다.

국립교육경제센터는 여러 해 동안 행해진 전 세계적 연구를 바탕으로 국가, 주 또는 지방 수준에 적용하기에 적합한 우수한 교육 시스템 설계에 기초가 되는 원칙들에 대한 복합적인 청사진을 그려냈다. 시스템의 기반이 되는 원칙들은 매우 일관성 있고, 내적으로 연결되어 있으며, 강력한 것으로 밝혀졌다.

우리는 64달러짜리 질문[3]에 당도했다. 상위 성과 국가들에서 실행하는 정책이지만 전형적인 미국의 주나 지역구에서는 실행하지 않는 것은 무엇인가? 이 질문의 답을 우리는 9가지 구성 요소building blocks로 압축했다. 상위 성과 국가들은 모두 이 전략들을 사용하지만, 실행하는 방식과 수준은 국가별로 차이가 있다는 사실에 유념해야 한다. 연구 결과는 잠정적이라는 것도 기억하라. 그것들은 현재도 수정, 보완 중이며 앞으로도 계속 그럴 것이다. 이것이 정확한 과학exact science은 아니기 때문이다.

높은 성과를 내는 교육 시스템의 9가지 구성 요소

세계적 수준의 교육 시스템을 구성하는 9개 요소를 요약하면 다음과 같다.Tucker, 2016a

1. 취학 전 아동과 가정을 전폭적으로 지원한다

상위 성과 국가의 거의 대부분은 어린 자녀를 둔 가정을 지원하는 매우 강력한 시스템을 갖추고 있으며, 이는 미국 내 어느 주와도 비교할

---

3. '64달러 질문'은 가장 중요하고 답하기 어려운 질문을 표현하는 관용구다(역자주).

수 없다. 예를 들어, 싱가포르는 두 자녀까지는 출산장려금을 지급하는데 한 명당 미화 5,737달러다. 셋째부터는 미화 7,172달러를 지급한다. 그 후 아동기 내내 자녀당 매년 2,141달러의 양육비를 지급한다. 이 국가들은 4개월에서 1년까지 유급 육아 휴직, 무료 모자 건강 관리, 부모 교육, 가정 방문, 영·유아교육, 발달 검사와 의뢰 등을 보편적으로 실시한다. 이는 전 국민 대상 무상 의료 서비스에 추가되는 것이다. 이들 국가 대부분은 보육 서비스를 무상 제공하거나, 수익자가 일부 경비만 부담하는 식으로 국가가 폭넓은 지원을 한다. 대부분 국가에서 보육 종사자의 급여가 상당히 높으며, 그 결과 보육의 질이 더 높다. 모든 상위 성과 국가는 4~5세를 위한 유아교육 혹은 유치원 교육을 무상 혹은 매우 저렴한 비용으로 제공한다. 이런 지원과 서비스의 대부분은 자산 조사 means test[4]를 요구하지 않으며, 저소득층 가정뿐 아니라 모든 가정에 제공된다.[NCEE, 2018]

취학 전 자녀를 둔 가정에 대한 강력한 지원 시스템은 미국보다 소득 불균형이 적은 나라에서 발견된다는 점을 기억하라. 이는 미국의 아동 평균 빈곤율이 일부 상위 성과 국가들과 같을지라도, 미국의 빈곤이 더 극단적이며 더 집중적이라는 것을 의미한다.[OECDStat, 2017] 어린 자녀가 있는 가정에 대한 이런 서비스는 대부분 자산 조사를 거치지 않기 때문에 이런 나라들에서는 미국처럼 빈곤층 가정만 이런 서비스의 혜택을 본다는 낙인이 존재하지 않는다. 이 모든 것의 최종 결과로 이들 국가의 빈곤층 아동은 미국의 빈곤층 아동에 비하여 아프거나, 치과 진료가 필요

---

4. 공적부조(公的扶助: 생활보호)사업 대상자 및 무갹출 연금, 노령부조·연금 등에서 대상자가 사회보장제도를 악용하지 않도록 대상자(피보험자)의 수입, 재산, 다른 저축 수단, 친지의 도움 여부를 실제로 가려내는 조사(역자주).

하거나, 굶주리거나, 집이 없거나, 학대받거나, 언어 발달이 늦거나 문화적인 경험이 부족한 상태에서 취학할 확률이 매우 낮아진다. 아동들이 건강하고, 배우기를 열망하며, 교육받을 준비가 되어 학교에 입학하는 나라에서 아이들이 학교에서 잘하게 되는 것은 당연한 일일 것이다.

2. 위기에 처한 학생에게 더 많은 자원을 제공한다

상위 성과 국가들은 엘리트 학생만을 위해 설정했던 기준들을 모든 학생에게 확대 적용하여 교육하는 시스템을 만드는 방향으로 의사결정을 분명히 했다. 그 결정을 이행하기 위해 이 국가들은 더 많은 혜택을 받고 학교로 오는 학생들보다는 상대적으로 열악한 상황에 있는 학생들에게 더 많은 자원이 필요하다는 것을 인식하고 있다. 앞에서 살펴본 바와 같이 취학 전 아동에 대한 지원이 기울어진 운동장을 평평하게 만드는 데 도움을 줄 수 있지만, 상위 성과 국가들은 학령기 동안 저소득층 아동들에게 공정한 자원을 지속적으로 제공하지 않으면 혜택을 많이 받은 학생들 쪽으로 운동장이 또다시 기울어질 수 있음을 알고 있다.

상위 성과 국가들 모두는 혜택을 많이 받은 학생들보다 불리한 상황에 있는 학생들을 교육하는 데 더 많은 예산을 활용한다. 이 국가들은 자원을 가장 필요로 하는 학교와 학생들에게 추가 자원을 제공하도록 재정 시스템을 구조화했다. 이런 시스템 대부분은 미국에서 소위 '학생 할증기금pupil weighted funding'이라고 부르는 것의 변형이다. 미국에서는 특정 지역 사회locality가 아니라 주 또는 지방 정부가 일반적으로 학교에 필요한 기금을 조성하고 배분하는 책임을 진다. 처음에 기금은 모든 학생에게 동일한 기준을 적용한 산식算式에 의해 배분된다. 여기에 빈곤, 모母의 교육 수준, 가정에서 공용어 사용 여부, 이민 신분, 특수 교육 상태 등과 같은 특정 필요 범주에 따라 가중치가 더해진다. 대부분 미국 주에서 학교 기금은 재산세에 기반을 둔다. 이는 가장 부유한 지역 사회가 학생 1인당 가장 많은 기금을 조성하고 빈곤층이 많은 지역보다 낮은 세율[5]을 유지할 수 있다는 것을 의미한다.[NCEE, 2018]

미국에서 가장 부유한 지역은 다른 지역보다 학생 1인당 더 많은 기금을 창출하기 때문에, 최고의 교사를 고용하고 교사 1인당 학생 수가 적다. 그에 반해 상위 성과 국가에서는 주로 혜택받지 못하는 학생들을 담당하는 학교의 교사 1인당 학생 수가 적도록 시스템을 설계했다. 이들 국가 중 일부는 우수한 교사들이 가장 열악한 학생들이 많은 학교에서 근무할 수 있도록 강력한 유인책을 제공한다. 그 방법의 하나는 교사 업무를 구조화하는 경력 사다리와 관련이 있다. 이들 국가 중 일부에서는 열악한 환경에 있는 학생들이 많은 학교에서 교사와 교장이 상당 기간 근무하지 않고는 승진이 거의 불가능하게 되어 있다. 또한, 다수 국가는 우수한 고등학생이 교직을 선택할 수 있도록 대학과 대학원 학비를 모두 지원하는 강력한 유인책을 제공한다. 그러나 이에 대한 반대급부로 이들은 최소한 5년 동안 교사로 근무하고 해당 기간의 일부를 열악한 학생들이 있는 학교에서 가르쳐야 한다.

열악한 환경에 있는 학생들이 많이 재학하는 미국 학교들은 일반적으로 학생들과 부모들에게 다양한 사회봉사를 제공하는 허브 역할을 한다. 가장 대표적 사례 중 하나가 메릴랜드주에 있는 주디 센터Judy Center다. 상위 성과 국가 대부분은 이런 방법을 사용하지 않는다. 무상 의료 및 치과 진료 같은 보편적 서비스를 학령기 동안 계속 제공하기 때문

---

5. 부유한 지역은 소득 대비 적은 돈을 내는 것으로도 필요한 교육 기금을 모을 수 있다는 의미다(역자주).

이다. 그러나 이런 경우조차도 이들 국가에서는 대부분의 미국 학교에서 제공하거나 제공하지 않을 수 있는 서비스를 모든 학생과 가정에 제공한다. 예컨대, 맞벌이 부모가 자녀들의 학교 수업이 끝난 후의 일과를 걱정하지 않도록 무료 급식 및 다양한 방과 후 프로그램 서비스를 제공한다.

3. 세계적 수준의 매우 일관적인 교육 시스템을 개발한다

상위 성과 시스템은 일반적으로 모든 학생을 위해 잘 설계되고 일관성이 있으며, 매우 엄격한 교육 시스템을 갖추고 있으며, 학생 성취기준, 교육과정, 평가뿐만 아니라 수업 목표와 기준에 적절한 교수법 활용을 포괄한다.

이것은 해리엇 마이너가 수학과 영어 문해력에 관한 공통핵심기준에 매료되었을 때 직면한 것과 거의 정반대다.[1장 참조] 그 경험과 대조적으로 상위 성과 국가들은 수학과 언어 문해력뿐만 아니라 모든 핵심 과목에 대해 높은 기준을 설정하고 있다. 이런 기준들은 교육과정 틀을 구성하는 데 사용된다. 교육과정 틀은 수업 계획서 작성에 사용되고, 수업 계획서는 가르친 내용과 평가가 연계되도록 구성된다. 교사들은 교원 양성 대학에서 이런 과정을 가르치고 평가하는 방법을 배운다. 이 모든 과정이 매끄럽게 연결되어 있다. 수업 시스템에 대해서는 4장에서 더 자세하게 논의할 것이다.

4. 세계적 기준을 설정하며, 학생들이 막다른 골목에 처하지 않고 시스템을 통과하는 명확한 관문을 만든다

교육의 목적이 학생들에게 삶의 다음 단계로 나아가는 데 필요한 지식과 기술을 제공하는 것이라면, 학교는 학생들이 자신이 성취한 것을 바탕으로 발전해갈 수 있는 관문gateway을 제공해야 한다. 상위 성과 시스템은 고등학교 졸업장이라는 출석 증명서를 수여하는 대신, 학생이 선택한 진로에 따라 다음 단계의 교육이나 직업에서 필요한 과정을 이수하게 하고, 그 과정에서 요구되는 특정 수준의 성적을 입증하는 자격증을 부여하여 고등교육기관이나 고용주가 이를 확인할 수 있게 한다. 국가가 교과목 내용을 꽤 상세하게 정의하고, 성적을 부여하는 기준이 되는 시험을 주관하기 때문에 이들 국가에서는 자격시험이 무엇을 의미하는지 모든 사람이 이해한다. 그러나 미국은 그렇지 않다.

이런 시스템은 문을 열지만 닫지는 않는다. 미국에서 종종 그런 일이 발생하는 것과 달리, 관문들이 막다른 골목으로 이어지지 않기 때문이다. 학생들은 중간에 진로를 변경할 수 있고, 옮겨간 새로운 진로에서도 처음부터 시작하지 않을 수 있다. 학생들이 갖춘 지식과 기술은 그들이 어떤 진로를 선택하든 그들의 자격을 증명한다. 자격 시스템의 장점에 대해 4장에서 더 구체적으로 논의할 것이다.

5. 우수한 교사를 많이 확보한다

어떤 교육 시스템도 교사의 질보다 강력한 영향을 미칠 수 없다고 많은 사람이 말한다. 정말 그렇다. 그래서 상위 성과 시스템들은 모든 학생이 매일 훌륭한 교육을 받을 수 있도록 우수한 자질을 갖춘 개인들을 유인하여 교사로 양성하는 데 우선순위를 둔다.

이런 시스템들에서 교직은 우수한 자격을 갖춘 사람이 선호하는 존경받는 직종이며, 가장 유능하고 헌신적인 고등학생과 대학생이 교사가 되기 위해 진로를 선택하도록 시스템이 작동하고 있다. 예비 교사 프로그램은 교사들이 가르칠 내용을 숙달시키고 수업에 필요한 기술 그 자체를 철저히 가르친다. 교사 교육 시스템의 지원자가 충족해야 하는 높은 기준에도 불구하고, 상위 성과 국가 대부분은 일류 교사를 충분히 확보하고 있다.[NCEE, 2018] 이들 국가는 교사의 기준을 절대 낮추지 않으며, 그런 기준들을 충족하지 않은 사람들이 학생들을 가르치도록 허용하지 않는다. 그것은 다른 무엇보다도, 우리가 교직에 입문하는 대안적 통로라고 부르는 것이 존재하지 않음을 의미한다. 교사의 자질에 대해 5장에서 더 자세히 논의할 것이다.

6. 교사들이 자신의 전문성과 학생들의 성취를 향상시킬 수 있도록 인센티브와 지원을 제공하면서 교사들을 전문가로 대우하는 장소가 되도록 학교를 재설계한다

상위 성과 국가들은 위상이 높은 직업군들에 견주어 경쟁력을 지닐 만한 보상을 교사들에게 제공하여 우수한 고등학생이 교직을 많이 선택할 수 있도록 유인한다. 반면 미국 교사들의 급여는 위상이 높은 직업에 비해 훨씬 낮으며, 일부 주에서는 빈곤선poverty line 이상으로 가족을 부양하기에 충분하지 않다. 하지만 경쟁력 있는 보상만이 유일한 유인책이 아니다.[OECD, 2017a] 이 국가들은 우수한 자원이 교직을 선택하고, 교사들이 일반적으로 재직하는 것보다 오랫동안 재직할 수 있도록 교사의 직무와 근무 여건을 재설계하고 있다. 현재 교사들이 교직을 중도에 포기함으로써 발생하는 재정적 부담은 매우 크다. 그러한 비용을 절반이나 3분의 2로 줄이면 더 큰 비용을 들이지 않고도 훨씬 우수한 교사를 확보할 수 있다.[Learning Policy Institute, 2017]

이 국가들에서 일어나는 변화는 교직을 변호사, 엔지니어, 회계사 등의 승진 경로와 유사한 방식으로 설계하여, 젊은이들이 경력이 늘어나면서 교직에 계속 머무르기를 기대하고, 수석 교사master teacher로 승진하면서 책임감, 권위, 지위, 경제적 혜택을 얻을 수 있도록 한다.

하지만 이것이 전부는 아니다. 이 국가들은 교사 됨의 의미를 변화시키기 위해 학교를 재구조화하고 있다. 가르치는 시간을 훨씬 줄이고, 집중적인 도움이 필요한 학생들에게 더 많은 시간을 들여 개인지도를 한다. 그리고 교육과정, 교과목, 교수법, 평가 등을 포함한 학교 프로그램의 모든 측면을 꾸준히 개선하기 위해 동료 교사들과 협력하는 데 시간과 에너지를 사용하게 한다. 실제로 교사들은 사무 공간을 갖고 동료 교사들과 협업하는 데 많은 시간을 보낸다. 그들은 실행 연구action research를 수행하고, 그 결과를 관련 학술지에 발표한다. 그들은 신입 교사를 멘토링하고 다른 지역, 주, 심지어 다른 국가의 학교를 방문하기도 한다.

이 모든 것을 종합하면, 상위 성과 국가들은 교직을 완전히 새롭게 정립하고 있는 것을 볼 수 있다. 이것은 미국의 고위직 직업군과 흡사하다. 그들이 어떻게 하고 있는지는 6장에서 구체적으로 설명할 것이다.

7. 직업기술 교육훈련을 위한 효율적인 시스템을 구축한다

어느 선진국에서도 고등학생 대다수가 대학 학위를 받지는 않는다. 이는 선진국 근로자 대부분이 학사 학위가 없음을 의미한다.[OECD, 2017a] 선진 산업국가의 경제는 대부분의 일 처리를 고도로 훈련된, 대규모의 핵심 기술자들에게 크게 의존한다. 저숙련 일자리가 인건비가 훨씬 낮은 국가로 빠져나감에 따라 '중간 기술 수준middle-skill-level' 노동력에 대한 요구가 매우 빠르게 증가하고 있다. 그리고 자동화로 인해 자국에 남겨진 저숙련·중간 기술 수준의 일자리는 점점 사라지고 있다.

미국과 높은 학업 성취를 보이는 일부 국가에서는 학업을 선택할 수 없을 때, 직업교육을 선택한다. 그러나 미래 사회가 구성원들에게 높은 수준의 기술을 요구하게 되리라 예상한 많은 수의 선진국의 해결책은 다르다. 이들 국가는 직업교육훈련vocational education and training: VET 시스템 재설계로 분주하다. 그래서 대학 준비를 위해 디자인된 코스처럼 직업교육훈련VET 교육과정은 높은 학문적 숙달 수준을 상정하고 있다. 모든 학생은 고등학교 2학년이 끝날 때까지 향후 무엇을 하고 싶은지와 상관없이 높은 수준의 학업 기준을 충족해야 한다. 고등학교 3, 4학년에서 직업교육훈련을 선택한 학생들은 4학년 말에 고소득 직장에서 근무할 자격이 주어지는 산업체 공인 시험에 응시하거나, 싱가포르의 폴리텍이나 스위스의 실무중심대학 같은 직업교육훈련을 위한 고등교육기관 입학을 위해 필요한 까다로운 자격시험 준비를 하게 된다.

미국의 일반적인 직업 및 기술교육 프로그램에 등록한 학생들과 달리, 이런 직업교육훈련 프로그램에 참여하는 학생들은 엄격한 기준을 충족하고 견습 제도를 운영할 수 있는 권한을 가진 회사에서 제대로 된 견습 과정—인턴십이 아니라—을 경험할 수 있다. 견습생들은 최첨단 환경에서 정기적으로 직무 관련 교육을 수료한 전문 강사들로부터 해당 분야의 선진 기술에 발맞추어 최첨단 장비를 다루는 방법을 학습한다. 학생들은 산업체가 정한 까다로운 기준에 맞춰 훈련한다. 그리고 견습생들은 적정 임금prevailing wage보다 낮은 임금으로 정부가 관리·감독하는 시스템에서 일한다.[6]

---

6. 견습생들이 착취당한다는 의미가 아니라 노동자들의 적정 임금보다 적게 받는다는 의미다(역자주).

이런 시스템의 일부는 미국에서도 발견할 수 있다. 그러나 시스템 전체를 찾아볼 수는 없다. 싱가포르와 스위스가 이 영역에서 세계를 선도하고 있다. 그러나 더 많은 국가가 그들을 따라잡으려고 노력하고 있다.

싱가포르에서 늘 이런 방식으로 직업교육을 제공한 것은 아니다. 불과 몇 년 전만 해도 미국의 많은 지역과 마찬가지로, 싱가포르에서 직업교육은 다른 진로가 막힌 학생들이 택하는 막다른 길로 널리 알려졌다.

1992년 싱가포르는 기술교육원Institute of Technical Education: ITE을 설립했다. 직업교육훈련을 혁신하고, 지식 기반 경제를 위해 직업적·기술적 역량을 어떻게 재설계할 수 있는지를 나타내는 세계적 수준의 본보기를 보여주기 위해서다. 전체 직업교육훈련 시스템은 4개 캠퍼스로 통합되었다. 각각의 캠퍼스는 최첨단 시설에 세계적 수준의 산업 파트너―예를 들어, 상업용 제트 엔진을 정비하고 수리하는 롤스로이스 회사, 그리고 프랑스 요리 전문학교 인스티튜트 폴 보퀴즈 등―뿐만 아니라 풍부한 재정 지원을 받는 대학과 같은 편의 시설을 갖추도록 새롭게 만들어졌다.

싱가포르 정부는 완전히 새로운 직업교육 방식을 시도했다. 성적이 낮은 학생들을 대상으로 하는 교육이라는 인식을 타파하기 위해 그것을 '직접 해보고hands-on, 깊게 생각하고minds-on, 마음을 쏟는hearts-on 교육'이라고 브랜드화했다. 1995년 이후 직업교육훈련 등록은 두 배로 늘었고, 기술교육원ITE은 고도로 숙련된 인력을 양성한다는 높은 명성을 얻게 되었다. 2014년에는 졸업생의 87%가 졸업 후 6개월 이내에 자신이 지망한 분야에 취업했으며 급여도 높았다.^{Singapore Academy of Corporate Management,}
2014

8. 모든 단계에서 시스템을 효과적으로 운영할 수 있는 관리자를 양성하기 위한 리더십 개발 시스템을 구축한다

미숙한 지도자가 경영하는 좋은 학교를 찾아내는 것은 거의 불가능한 일일 것이다. 상위 성과 시스템은 효과적인 학교를 지속하는 열쇠가 학교 리더십이라는 것을 알고 있다. 수준 높은 지도자는 양질의 교사들을 유인하고 지지해 줄 뿐만 아니라, 그들의 실행을 지속적으로 개선하는 데 필요한 자원과 도구를 제공한다. 또한 상위 성과 시스템에서는 효과적인 지도자를 안정적으로 양성하기 위해 더욱 적극적인 방법을 취하는데, 개인이 지도자를 지망할 때까지 마냥 기다리지 않는다. 오히려 유능한 교사 중에서 유망한 후보들을 선별하고 여러 해 동안 그들을 훈련하며, 교사로서 동료 교사들의 지도자 역할을 해볼 더 도전적인 기회를 순차적으로 제공하고, 숙련된 멘토와 함께 일하는 기회를 포함하여 리더십 기술과 지식을 쌓을 기회를 제공한다.

학구를 효과적으로 운영하기 위해 미국에서 흔히 볼 수 있는 것과 매우 다른 학구 설계가 필요한 것처럼, 학교도 마찬가지다. 학교 역시 다른 설계가 필요하다. 2장 전반부에서 새로운 설계의 몇 가지 특징을 간략하게 제시했다. 이런 설계를 구현하고 잘 작동하게 하는 일은 학교장에게 달려 있다.

이런 학교를 운영하는 교장에게는 전형적인 미국의 학교장과 다른 역량이 요구된다. *전문가professionals*를 관리할 수 있는 것은 진정한 특권이다. 전문가라는 용어가 높은 지위의 전문가를 고용하는 환경에서 정의되기 때문이다. 미국 학구 교육지원청의 직원 대부분은 상급 기관의 지시를 잘 수행하고, 상급 기관 종사자들이 다루고 싶어 하지 않는 문제 상황을 굳이 만들어내지 않는 사람을 훌륭한 교장으로 간주한다. 교사 대부분은 교육지원청으로부터 자원을 확보하는 데 능숙한 사람을 훌륭한 교장으로 정의한다.

이와 대조적으로 현대적 설계modern design에서 훌륭한 교장은 학부모, 학생, 교직원, 그리고 지역 사회의 마음을 사로잡을 수 있는 수준 높은 시스템에 대한 비전을 제시하고, 그 비전을 반영하고 실현하는 학교를 설계하는 데 모든 사람을 참여시키며, 그 설계를 실행하는 데 필요한 효과적 전략을 개발할 수 있어야 한다. 이것은 설계자이자 건축가로서의 교장이다. 그러나 건축 재료는 모두 사람이다. 그것은 교장이 학교를 변화시키는 데 필요한 핵심 인력을 고용하여 신중히 배치해야 하고, 교사들이 교육과정을 재설계하고 교과목을 만들고 새로운 평가 기법을 개발하는 데 더 많은 시간을 할애할 수 있도록 전체 종합 일정master schedule을 다시 짜고, 학교와 학생들의 성과를 크게 개선하는 데 필요한 그 밖의 모든 일을 해야 한다는 것을 의미한다.

학교 리더십의 변화를 위해서는 많은 계획과 준비가 필요하다. 캐나다 온타리오주에서는 교육부가 광범위한 온타리오 리더십 전략Ontario Leadership Strategy을 세웠다. 이것은 숙련되고 열정적인 학교와 시스템 지도자를 끌어들이고 양성하여 학생들의 성취와 복지를 지원하기 위해 고안된 포괄적인 실행 계획이다. 이 전략에 따라 교육부는 예산과 지원을 제공하여 지역의 교육 위원회가 우수한 인재를 지도자로 영입하여, 이들을 지속적인 학교와 시스템 개선을 위해 배치하고, 그들을 수준 높은 연구 기반 준비 프로그램, 성과 평가, 학습 기회를 통해 성장시킨다. 그리고 정보를 제공하고 방해물로부터 보호함으로써 이들을 지원한다. 8장에서는 지도자들이 이 책에 기술된 높은 성과 시스템을 어떻게 설계하고 개발할 수 있는지 살펴볼 것이다.

9. 일관되고 강력한 정책을 개발하여 규모에 맞게 실행할 수 있는, 권위와 정당성을 지닌 거버넌스 시스템을 구축하라

효과적인 시스템은 정책이 일관되고 지속적이며, 그 정책들이 시스템 전반에 걸쳐 일관되게 정해지고 실행될 때 작동하게 된다. 국립교육경제센터에서 상위 성과 국가들을 방문했을 때, 우리는 교육부 직원들에게 핵심 정책과 실행에 대해 일련의 질문을 했다. 그다음 시스템의 모든 층위에 있는 직원, 교사, 관찰자들에게 같은 질문을 했다. 우리가 만난 상위 성과 시스템에 속한 사람들은 그 시스템을 거의 같은 방식으로 설명했다.

그러나 미국에서는 그런 일이 일어날 가능성이 매우 희박하다. 시스템에서 다른 역할과 층위에 있는 사람들은 정책의 우선순위와 실제를 매우 다르게 이해하며, 무엇을 어떻게 해야 하는지에 대한 견해가 상충하기도 한다. 공식적 역할을 하는 다양한 기관, 국, 위원회, 부서 등은 서로 다소 독립적으로 존재하며, 이들은 종종 서로 다른 방향성을 갖고 업무를 수행한다. 이런 환경에서 정책이나 실천의 일관성을 기대하기란 어렵다. 실제로 각 기관 간 일관성이 부족한 경우가 종종 관찰된다.

하지만 이런 혼란을 개선할 방법들이 있다. 예를 들어, 온타리오와 싱가포르 교육부는 교사들이 일정 기간 교육부에서 파견 근무를 하게 한다. 교사들은 자기 경험을 바탕으로 정책 수립에 영향을 주고, 학교로 돌아가서는 동료들이 정책을 이해할 수 있게 도움을 준다. 교사들은 교육지원청에 근무하게 하고, 지역구 교육청 간부들을 주 교육부에 근무하게 하여 동일한 효과를 얻을 수 있을 것이다. 이를 통해 다양한 영역의 사람들이 자신들이 입안하는 정책의 대상이 되는 사람들의 관점과 요구 사항을 잘 이해할 수 있게 되고, 혹은 그들이 정책 수혜자라면 정책 입안자의 관점을 이해할 수 있게 된다. 이런 온건한 혁신은 시스템 전체의 일관성을 높이는 데 크게 기여할 것이다.

그러나 장기적으로 국립교육경제센터에서 우리가 알아낸 것은, 교직원들의 질이 향상되고 우수한 직원이 더 많은 책임과 자율성을 갖게 되면 상급자나 동료 직원의 필요성이 감소한다는 것이다. 전체 예산에서 학교 교직원이 차지하는 비율이 점점 증가하고, 시스템을 통제·관리하며 특수 서비스를 제공하는 직원은 줄어든다. 이런 과정을 통해 교사들의 급여를 올리는 데 예산이 활용될 수 있으며, 이는 더 유능한 교사들을 교직으로 유인할 것이다. 그 결과 학생들의 성적은 향상된다. 대중은 교육 전문가들을 더 신뢰하고, 상황은 더 나아질 것이다. 악순환을 대체하여 선순환이 시작된다. 학생들의 성적, 형평성, 효율성은 점점 더 좋아진다.

구성 요소들의 합보다 큰 시스템

9개 구성 요소들의 가장 중요한 특징은 지금까지 살펴본 간략한 요약 뒤에 숨겨진 세부 사항이 아니라 국립교육경제센터가 '체계성systemness'이라고 부르는 것이다. 이는 9개의 독립적인 시스템들이 아니라 그것들이 하나의 시스템을 구성한다는 사실을 말한다. 전술한 바와 같이, 국가가 교사 교육과 연수를 할 수 있는 권한을 일류 대학에만 한정하고, 교직을 더 매력적으로 만들기 위해 아무것도 하지 않는다면, 교직에 관심 있는 젊은이들의 수는 점차 줄어들 것이다. 교사의 급여를 올리더라도 고등학교 졸업자의 하위권 학생들로 교사가 계속 충원된다면 예산만 낭

비하는 꼴이 될 것이다.

교사들이 연구할 수 있는 우수한 역량을 갖추게 하더라도, 국가가 교사들에게 연구할 시간을 주지 않는다면 연구 역량에 대한 투자는 쓸모없게 될 것이다. 교사의 자질은 높이지만, 국가가 학교의 리더십을 향상시키기 위해 아무것도 하지 않는다면, 형편없는 리더십에 염증을 느끼는 우수한 교사들이 이직할 것이다. 이런 예를 들자면 끝이 없다. 요점은 상위 성과 국가, 주, 지방은 이런 구성 요소들을 조화시킬 방법에 대해 매우 고심하여 현재의 결과를 얻었다는 점이다. 그들은 이것들을 한번에 모두 쌓아 올리지 않았지만, 설계할 때부터 전체를 고려했다. 건축가처럼 사고한 것이다.

이 시점에서 여러분은 우리가 9개 구성 요소를 차례로 하나씩 선택하여, 상위 성과 국가들의 접근법과 그러한 정보를 활용할 수 있는 방법을 알려줄 것으로 기대할지 모른다. 국가의 정책 입안자들을 위해 이 책을 썼다면 정확히 그렇게 했을 것이다. 그러나 이 책은 그런 목적으로 집필되지 않았다. 이 책 나머지 부분에서 우리는 지역과 학교 지도자들이 9개 구성 요소와 관련하여 가장 직접적으로 관리하는 측면에 초점을 맞출 것이다. 그리고 이런 맥락에서 다른 구성 요소들은 관련이 있을 때 언급할 것이다.

그 과정에서 여러분은 주의 최고 학교 책임자, 교육감, 그리고 최고 성과 국가들이 사용하는 전략과 그런 교육 성과를 내는 데 직간접적으로 관여한 관련자들과의 인터뷰를 듣게 될 것이다. 그들의 이야기에서 용기와 좋은 아이디어 모두를 발견할 수 있으리라 확신한다.

3장

시스템 설계,
비전에서 시작하여
계획으로

해리엇 마이너가 경험했던, 일관성이 결여된 비체계적인 지역구를 떠올려 보자. 그곳을 2장에서 설명한 9가지 요소를 통합하는 효율적인 시스템으로 전환하려면 어떻게 해야 하는가? 그것은 비전과 함께 시작된다.

여기서 비전이란 많은 학구와 학교에서 채택하는 일반적인 '비전선언문'을 의미하는 것은 아니다. 비전선언문은 종종 아이들을 위한 보편적인 목표를 표현한다. 그 목표에 이의를 제기할 수 있는 사람은 거의 없겠지만 아무도 그것을 기준 삼아 행동하고 싶어 하지는 않는다. 그런 선언문이란 대개 사람들의 기분을 좋게 해줄 뿐이다.

우리가 생각하는 비전은 이와는 아주 다른 것이다. 그것은 희망을 담고 있는 동시에 달성 가능한 것이어서 광범위한 사람들을 움직이는 행동의 기초가 되는 것이다. 그것은 지속할 수 있는 폭넓은 지원을 받는 하나의 계획으로서의 비전이어야 한다.

이해관계자를 움직일 수 있는 비전

대다수 비전선언문은 학생들이 잠재적 역량에 도달하는 것에 대해 말한다. 비전선언문에 표현된 고상한 정서가 무엇이든, 그것을 읽는 교사진과 학부모는 미래에도 학교가 자신들이 익숙하게 다니던 학교와 매우 유사할 거라고 생각한다. 이에 대해 어떠한 문제의식도 없다. 지난 수년간 여론조사에서 드러난 것처럼 대다수 미국인은 현재 학교들이 꽤 잘 운영되고 있다고 생각하기 때문이다. 물론 그들도 미국 교육에 큰 문제가 있다고 생각한다. 그러나 자신이 거주하는 지역사회 학교가 아닌 도심지 학교에만 문제가 있다고 생각한다. 그런 생각이 널리 퍼져 있는 한, 학교 관리자들이 최고 성과를 내는 나라와 견줄 수 있는 변화를 끌어내기란 불가능할 것이다.

미국인들이 현재 미국 학교를 후하게 평가하는 이유는 비교 대상이 과거 자신들이 다니던 학교이기 때문이다. 아무도 그들이 상황을 잘못 보고 있다고 말해주지 않았다. 문제는 자신들에게 익숙한 방식에 견주어 학교가 얼마나 잘하고 있는지가 아니다. 오늘날 학교에 기대하는 수준에 비해 실제로 얼마나 해내고 있는가이다. 앞에서 설명한 것처럼, 세계화로 촉발된 변화와 지능형 기계intelligent machine의 발전으로 인한 변화는 대다수 고등학교 졸업생이 준비해온 많은 직업을 쓸모없는 것으로 만들어버렸고, 노동자와 모든 시민에 대한 요구를 크게 변화시키고 있다.

학교 지도자의 첫 번째 임무는 이런 변화를 이해하고, 나아가 자신의 지역사회가 이를 이해하도록 돕는 것이다. 학생에 대한 기대치가 높아지지 않는다면, 학교 지도자는 학생과 지역사회가 어느 정도의 위험에 직면할지 정확하게 전달해야 한다. 그뿐만 아니라 그러한 도전에 지역사회와 학교가 대처할 수 있다는 믿음, 즉 기대감도 전달해야 한다. 변화하지 않을 경우 치러야 할 대가가 변화를 위해 치러야 할 대가보다 크다고 생각하지 않는 한, 사람들은 지역사회의 핵심 제도를 선뜻 바꾸려 들지 않을 것이다.

기술 진보가 학생들이 살아가고 일하게 될 세상을 어떻게 변화시킬까?

기술 변화는 새삼스러운 것이 아니다. 이 변화는 수공업이 동력방직기로 바뀐 산업 혁명 초기에 영국에서 큰 이슈로 부각되었다. 결국, 모두가 알고 있는 것처럼 이전에 베를 짜던 사람들은 공장에서 일하게 되었다. 나중에는 대량생산 체계의 교체 가능한 부품이 숙련된 기계공을 대체했다. 농업 노동자들은 정교한 농기계로 대체되었다. 결국 모든 노동자는 점점 더 진보된 기술을 사용하는 경제체제에서 한 자리를 부여받았으며, 노동자 각각은 전임자가 갖추지 못했던 기술을 활용하게 되어 생산성이 더 높아졌다. 여기서 생산성 향상은 더 숙련된 노동자로 인해 비롯된 것이 아니다. 이런 작업에 필요한 대부분의 기술과 거의 모든 물리력muscle power은 기계에 내장되어 있었다. 그래서 우리가 지금 '기초 기술basic skills'로 간주하는 것보다 적은 기술을 지닌 사람들로도 이런 일들을 대부분 할 수 있었다.The Economist, 2016

많은 사람은 이번에도 같은 일이 일어날 거라고 말한다. 오래된 일자리가 사라지면 새로운 일자리가 생겨날 것이고, 결국 모든 사람을 위한 풍부한 일자리가 생겨나리라 예측한다. 그 많은 일자리가 오늘날 우리가 상상조차 할 수 없는 새로운 종류의 일자리가 될 것이긴 해도 말이다. 그러나 많은 관찰자는 오늘날의 기계들은 '생각하는 기계machines who think'이기 때문에 이번에 나타날 변화는 이전과는 다를 거라고 분명히 지적한다.McCorduck, 2004

우리는 머리말에서 주유와 결제를 자동화한 주유소, 판매시점정보관리 등록기[1], 매장 내 셀프 결제, 통행료 자동 결제 등과 같은 혁신을 통해 그러한 발전이 몇 년 전부터 미국 노동시장에 들어오기 시작했다고 했다. 이미 30여 년 전 일본 도요타 공장에서는 로봇이 거대한 강철 롤을 가져다가 거대한 프레스에 공급했다. 거기서 자동차용 펜더, 트렁크, 후드 등이 만들어지면 다른 로봇이 페인트칠을 했다. 로봇이 프레임을 용접해서 조립 라인으로 보내면 다른 로봇이 프레임에 부품을 장착했다.

도요타 공장의 로봇은 시작에 불과했다. 공장의 해외 이전으로 미국 제조업이 사양길에 접어들었다는 것은 사실이 아니다. 미국 제조업은 여전히 살아 있고 잘 돌아가고 있다. 하지만 공장 자동화가 진전됨에 따라 제조업 분야의 고용은 예전보다 줄어들었다. 기계는 인간이 할 수 있는 것보다 빠르고 정확하며, 더 신뢰할 수 있고 저렴해서 다시 그런 일자리가 인간에게 주어지지는 않을 것이다. 많은 산업이 계속 잘 돌아가고 있지만, 그 분야에서 일했던 사람들은 그렇지 않다. 더 적은 수의 사람이 훨씬 많은 것을 생산한다. 이들은 구직을 원하는 사람들보다 훨씬 교육을 잘 받았을 뿐만 아니라 훨씬 숙련되어 있다.

---

1. 판매시점정보관리point of sale, POS는 판매 때마다 필요한 상품정보와 고객정보를 수집하여 일괄적으로 관리하는 것을 말한다(역자주).

공장 자동화의 확산과 생산성을 높이는 온갖 종류의 소프트웨어 사용이 중요해진 만큼, 앞서 언급한 현상은 빙산의 일각에 불과하며 앞으로 닥칠 장면의 예고편이라 할 수 있다. 현재 인공지능, 신경망, 로봇공학과 머신러닝이 비약적으로 발전하고 있고, 그에 따라 지능형 기술이 미국 노동계에 더 많은 변화를 가져올 가능성이 있다.[Tucker, 2017] 앞에서 설명한 다양한 일에 컴퓨터를 사용하기 시작하던 초기 단계에서는 소프트웨어를 이용해 미리 정해진 규칙을 적용하는 기계가 사용되었다. 이를 통해 컴퓨터가 보험료 계산, 신용 카드 자동 충전, 도요타 자동차 페인트칠 같은 규칙 기반의 작업을 자동으로 할 수 있게 했다. 결국, 이와 같은 지능형 기계는 IBM컴퓨터 빅블루Big Blue[2]가 세계 체스 챔피언 개리 카스파로프Garry Kasparov를 이김으로써 세상을 놀라게 했다. 당시 컴퓨터가 모든 직업을 대체할 거라는 이야기가 난무했다.

그러나 현명한 사람들은, 6개월밖에 안 된 아이라도 전체적으로 볼 때 빅블루보다 훨씬 똑똑하다는 사실을 지적했다. 아동들은 크고 노란 상자를 고를 수 있고, 엄마를 알아보고, 장난감을 잡고, 그것이 어떻게 작동하는지 알아낼 수 있다. 그러나 빅블루는 이런 일 중 어떤 것도 할 수 없었다. 체스는 규칙이 있는 게임이다. 체스에서 이기려면, 규칙을 잘 알고 자신과 상대가 전체 행마를 하는 과정에서 어떤 일이 벌어질지 예상하는 데 능수능란해야 한다. 이 기계들이 예외적으로 잘하는 것은 바로 이런 것들이다. 바로 이렇게 해서 기계가 무수한 경우의 수를 시험해 보는 무작위 대입 컴퓨팅brute force computing이라는 방식을 통해 개리 카스파로프를 이길 수 있었다. 기계는 카스파로프와 자신을 위한 가능

---

2. 원문에는 'Big Blue'로 되어 있으나, 실제 컴퓨터 이름은 'Deep Blue'다(역자주).

한 모든 게임을 끝내는 이동game-ending moves을 아주 빠르게 알아냈는데, 이는 인간이 따라 할 수 없는 일이었다. 그러나 인간의 지능에는 그 것보다 훨씬 많은 것이 있다.

하지만 인간이 급여를 받고 행하는 많은 일이 컴퓨터가 할 수 있는 것과 같은 종류의 규칙을 따라야 한다는 점이 밝혀졌다. 당신의 일이 중학교 수준의 문해력literacy과 수학 이상을 요구하지 않고 주로 소프트 웨어에 통합될 수 있는 반복적인 일을 수반한다면, 컴퓨터가 그 일을 더 낮은 비용과 더 높은 신뢰성을 바탕으로 해낼 수 있을 것이다.

많은 교육자가 『새로운 노동 분업: 어떻게 컴퓨터가 다음 일자리 시장을 창조하는가?』Levy & Murnane, 2004라는 책에서 이 점을 지적했다. 프랭크 레비Frank Levy와 리처드 머네인Richard Murnane은 반복적인 작업을 포함하여 컴퓨터가 할 수 있는 일의 종류가 계속 늘어남에 따라 많은 고등학교 졸업생이 실업자가 되거나 훨씬 낮은 임금으로 고용될 수 있다고 교육학자들에게 경고했다. 옛날 마차 채찍을 만들던 사람처럼 반복적인 작업을 포함하는 일부 직업은 모두 사라질 것이다. 비서직 같은 다른 직업들은 훨씬 많은 교육이 필요한 직업으로 전환될 것이다. 컴퓨터는 인터넷 기반 연구, 다른 사람을 교육하는 일, 복잡한 작업 조정 등과 같은 인지 작업을 수행할 수 없을 것이기 때문이다.Levy & Murnane, 2004

프랭크 레비와 리처드 머네인은 반복적인 작업이 따르는 직업, 즉 기계가 대체할 수 있는 직업과 인지적인 작업을 포함하여 기계가 대체할 수 없는 직업을 대비시켰다. 그들이 선택한 예는 "교통체증 상황에서 좌회전하기"였다. 기계는 분명히 운전자가 고려해야 할 모든 물체―움직이는 물체와 정지해 있는 물체―를 인식하지 못할 것이고, 다른 운전자와 보행자의 행동을 예상하고 돌발 상황에서 즉시 운전 전략driving strategy

을 바꿀 수 없을 것이다. 레비와 머네인은 지능형 기계가 인간 운전자가 일상적으로 하는 일을 하는 것은 설사 가능하다 해도 오랜 시간이 걸릴 것으로 예측했다.

『새로운 노동 분업』은 2004년 발표되었다. 그런데 6년 후, 구글이 설계하고 소유한 자율주행 자동차가 운전자 없이 로스앤젤레스의 101번 고속도로를 달렸다. 그로부터 딱 1년 후인 2011년, IBM의 왓슨 컴퓨터가 제퍼디Jeopardy 퀴즈쇼에서 챔피언 켄 제닝스Ken Jennings와 브래드 러터 Brad Rutter를 이겼다. 이를 위해, 20명의 IBM 연구원과 소프트웨어 개발자로 구성된 팀은 온갖 애매함, 모호함, 유머, 아이러니를 포함하는 인간의 일상 언어를 이해할 수 있는 컴퓨터를 개발했다. 문제의 성격을 전달하기 위해 당시 작성된 IBM 문서는 다음과 같이 지적한다. "우리는 '흐르는 코noses that run'와 '냄새 나는 발feet that smell'이 있다.[3] '가냘픈 가능성slim chance'과 '뚱뚱한 가능성fat chance'이 어떻게 같은 의미[4]로 사용될 수 있고, '현명한 사람wise man'과 '잘난 척하는 놈wise guy'이 어떻게 반대 의미[5]로 사용될 수 있는가? 어떻게 집이 '불타오르다burn up'와 '불타내리다burn down'가 동일하게 '불타 없어지다'는 의미인가?"[6] 포드. 2015 이를 위해 개발자들은 문제를 온갖 구성 요소로 나누고, 기계가 각 요소

---

3. 뛸 때 사용하는 'feet'은 'run'과 함께 있어야 하고 냄새 맡을 때 사용하는 'nose'는 'smell'과 함께 있어야 하는데, 교차 사용되어 말이 안 되면서도 되는 표현을 만든다 (역자주).
4. 'slim'(가냘픈)과 'fat'(뚱뚱한)은 의미가 반대인데, 'chance'(가능성, 기회)라는 단어 앞에서는 같은 의미로 사용되어 'slim chance'와 'fat chance'는 모두 '희박한 가능성'을 의미한다(역자주).
5. 'wise'라는 동일한 단어가 사실상 같은 의미인 'man'과 'guy' 앞에 사용되었지만, 'wise man'과 'wise guy'는 각각 '현명한 사람'(긍정적 의미)과 '잘난 척하는 재수 없는 놈'(경멸적 의미)을 뜻하여, 'wise'의 의미가 각각 다르게 쓰인다(역자주).
6. 'up'과 'down'은 정반대 의미인데 'burn up'과 'burn down'은 같은 의미다(역자주).

를 해결할 수 있는 알고리즘을 만드는 방법을 찾아냈다. 기계는 알고리즘을 통해 답변을 찾을 수 있었을 뿐만 아니라 확률에 따라 옳은 답변의 순위를 매길 수 있었다. 그 과정에서 IBM은 인간처럼 생각할 수 있는 기계에 훨씬 가까이 다가갔다. 이것은 무작위 대입 컴퓨팅을 넘어선 아주 큰 진전이다.[7]

IBM팀은 인지 과학자들의 연구를 폭넓게 활용했다. 그들은 아이들이 이론을 개발하고 시행착오를 통해 그것을 테스트함으로써 배운다는 것을 발견했는데, 이것이 머신러닝의 기초를 제공했다. 오늘날 기계는 목표에 도달하기 위한 규칙의 도움을 받아 목표 달성 이상으로 나아갈 수 있다. 이제 그들이 필요로 하는 것은 목표와 많은 양의 데이터에 접근하는 것이다. 기계들은 목표에 도달하기 위해 배워야 하는 것을 배울 때까지 데이터를 대상으로 자신들의 생각을 계속 실험해 본다.

2016년 구글 컴퓨터는 몇 년 전 빅블루의 체스 우승과 유사해 보이지만 실제로는 매우 다른 일을 수행했다. 고대 중국 보드게임인 바둑에서 세계 챔피언을 이긴 것이다. 차이점은, 바둑 기사는 가능한 행마行馬를 거의 무한대로 사용할 수 있다는 점이다. 여기서는 무작위 대입 컴퓨팅은 작동하지 않는다. 바둑 기사는 일부 옵션을 열고 다른 옵션을 닫는 패턴을 인식하여 승리한다. 수년간의 경험을 통해 일종의 직관을 얻게 된다. 구글 프로그래머가 포착한 것은 바로 이 직관력이다. 구글 컴퓨터는 패턴을 기반으로 하는 일종의 직관적인 접근을 통해 답을 추론했다. 많은 인간의 사고가 이런 식으로 작동한다는 것이 밝혀졌다. 이는 엄청난 진전이다.Sang-Hun & Markoff, 2016

---

7. 이 이야기는 마틴 포드(Martin Ford)의 『로봇의 부상(Rise of the Robots)』에 잘 설명되어 있다.

직관이라 해도 좋을 무언가를 지닌 소프트웨어가 미리 설정된 반복 작업이 아니라 인간과 거의 동일한 방식으로 학습할 수 있는 소프트웨어와 결합하고, 상상하기 어려울 만큼 많은 양의 데이터가 담긴 네트워크 및 서버에 접근하는 것과 결합해서 게임 전체의 판도를 바꾸었다.

이 모든 것이 오늘날 유치원생이 어른이 되었을 때 필요한 기술과 역량에 대해 무슨 의미를 지니는 것일까? 이 질문에 대한 전문가의 답은 크게 다르다. 어떤 사람들은 지능형 에이전트가 대다수 인간을 직장에서 쫓아내 버릴 거라고 믿는다. 대부분의 필요한 작업은 인간에서 기계로 대체될 때 더 저렴하고 안정적으로 수행될 수 있기 때문이다.[Ford, 2015] 어떤 사람들은 지능형 기술이 너무 많아서가 아니라 너무 적어서 문제라고 생각한다.[Swanson & Mandel, 2017] 어떤 사람들은 기계가 인간의 일을 넘겨받아 인간은 기계의 노예가 되어버릴 거라고 믿는다.[Harari, 2017] 기계가 인간이 원하지 않는 모든 일을 하게 될 거라고 믿는 사람들도 있다. 이들은 지능형 에이전트가 일종의 유토피아로 안내할 것이고, 인간은 거기서 자유롭게 즐기면서 자신의 잠재력을 최대한 개발할 거라고 믿는다.[Kurzweil, 2005]

이처럼 미래에 대한 온갖 그럴듯한 주장을 할 수 있는 것이 사실이다. 그러나 놀랍게도 모든 전문가가 동의하는 것이 있다. 노동자가 접근할 수 있고, 빈곤 수준을 넘어 자신을 부양할 수 있는 대다수의 일이 현재 고등학교 졸업생이 지닌 것보다 훨씬 뛰어나고 다양한 기술을 필요로 하게 되리라는 점이다. 우리가 기초 기술이라고 생각하는 대다수 작업은 기계가 더 손쉽고, 빠르게 할 수 있기 때문이다. 대부분의 제조업, 광업, 소매업과 운수업(자동차, 트럭, 리무진, 버스 운전)은 이 글을 쓰고 있는 바로 지금 이 순간에도 위협받고 있다. 현재 아주 많은 미국인이 방금 언급한 산업에 고용되어 있음에 주목하라.

이 모든 일이 진행되는 동안에도 취업 시장은 빠르게 변화하고 있다. 경기 침체가 있을 때마다 기업은 더 지능적인 기계에 투자하기 때문에, 경기 회복기에는 이전보다 적은 인력이 필요하다. 기업은 온갖 종류의 지능형 에이전트를 활용하여 미래를 창조해갈 수 있는 소수의 사람을 확보하기 위해 치열한 전쟁을 벌이고 있다. 이에 반해, 교육을 제대로 받지 못한 잉여노동이 빠른 속도로 늘어나고 있다. 낮은 수준의 기술을 가진 사람들이 시장에 흡수되지 못한 채 남아돌아서 그들의 임금 수준은 서서히 낮아지고 있다. 대기업은 상근 정규 급여를 받는 직원을 줄이는 대신, 급여를 줄 필요가 없고 필요할 때만 고용할 수 있는 '독립 계약자'를 점점 더 많이 활용한다. 이로 인해 소위 '임시 계약 경제gig economy'[8] 분야의 노동자가 늘고 있는데, 이들은 종종 한꺼번에 여러 회사와 계약을 맺고 여러 회사를 위해 매우 다른 일을 한다. 기업과 직원 간의 충성도가 훨씬 낮은 세상이다. 그 결과 고용주가 직원 교육 및 훈련에 투자할 의향이 이전보다 훨씬 적어졌다. 고용주들은 기회가 생기면 노동자들이 새로운 기술을 경쟁 회사로 가져가 버릴 수 있다는 것을 잘 알기 때문이다. 노동 가능 인구의 상당수가 여전히 일하지만, 안정적인 직업을 갖지는 못할 것이다. 그들은 끊임없이 새로운 고객을 찾아다니고, 다음 구직을 위해 무엇이든 필요한 것을 배우는 독립 기업가에 가까울 것이다.

많은 회사와 분석가는 지능형 에이전트가 인간이 일터에 가져오는 기

---

8. 기업들이 정규직보다 필요에 따라 계약직 혹은 임시직으로 사람을 고용하는 경향이 커지는 경제 상황을 일컫는 용어다. '긱gig'은 일시적인 일을 뜻하며, 1920년대 미국 재즈클럽에서 단기적으로 섭외한 연주자를 '긱'이라고 부른 데서 유래했다(역자주).

술을 보완하는 쪽으로 발전하리라고 본다.^{Manyika et al., 2017} 그들은 앞으로 어떤 일을 기계가 하게 될지 묻는 대신 지금 인간이 하는 일 중 어떤 부분을 기계가 하게 될지를 묻는다. 달리 말하면 여러 일 중에서 어떤 것이 인간에게 남겨질지를 묻는 것이다. 이런 생각은 신기술이 기존 일자리의 특성을 변화시킬 뿐 아니라 전체 산업을 휩쓸어버린다는 사실과 함께한다.^{Ford, 2015} 이는 정규직 전일제 노동자들이 자신이 종사하던 업종이나 산업이 휩쓸려 사라지는 것을 경험하거나 자신의 직업이 재정의될 수 있는 현실 속에서 살아가야 함을 의미한다.

정리: 학생들이 새로운 경제에서 알아야 할 것과 할 수 있는 일

지금까지 설명한 모든 것은 지금으로부터 20~30년 후 졸업생들이 어떤 세상에서 살아가게 될지를 이해해야 할 교육자들에게 어떤 시사점을 주는 것일까?

1. *지금과 같은 수준의 문해력과 기술만 갖추고 고등학교를 졸업하는 학생들은 장차 큰 어려움을 겪게 될 것이다.* 그들은 가족을 부양할 정도로 충분한 급여를 받는 데 필요한 지식과 기술을 갖추고 있지 못할 뿐 아니라, 너무 뒤떨어져 있어서 성인으로서 따라잡을 방법이 없을 것이다.

2. 대다수 고용주는 구직자가 자신이 담당하게 될 일을 수행할 준비를 충분히 하고 있기를 기대한다. 그러므로 학생들은 고등학교 졸업자든 대학 졸업자든 첫 번째 일자리를 얻으려면 상당한 정도의 기술을 갖

추고 취업 준비가 되어 있어야 한다. *여러분은 학생들이 고등학교를 졸업할 때 일정 수준의 자격을 갖추었는지 확인해야 한다. 또한 그러한 자격이 졸업생 개인이 재교육 없이 대학에 진학할 준비가 되어 있는지, 또는 가족을 부양할 수 있을 정도의 급여를 받는 직장의 신입 직원entry-level으로 고용되는 데 합당한 기술을 보유하고 있는지 증명해야 한다.* 현재 4분의 1 정도의 고등학생만이 이런 자격을 갖추고 고등학교를 졸업한다.U.S. Department of Education, 2017a 이는 현재 고등학교 졸업 자격 기준을 아주 높은 수준으로 올려야 함을 의미한다.

3. 졸업생은 이전보다 자주 직업을 바꿀 가능성이 있고, 실제로 여러 다른 일들을 동시에 수행하게 될 수 있다. *그러므로 졸업생에게 복잡한 것을 아주 빠르고 쉽게 배우는 데 필요한 기술을 제공했는지 확인해야 한다.* 바로 앞에서 졸업생은 매우 잘 훈련되거나 높은 수준의 훈련을 받을 준비가 되어 있어야 한다는 것을 지적했다. 이는 같은 졸업생이 높은 수준의 교육을 받아야 하고 지금의 고등학교 졸업생보다 교육과정의 핵심 과목들을 훨씬 깊이 이해해야 한다는 것을 의미한다. 또한, 이는 고등학교 졸업생은 자신이 이해한 것을 광범위한 실제 문제에 적용할 수 있어야 한다는 것을 의미한다. 이를 위해 기본 개념에 대한 진정한 숙달, 강력한 분석 기술과 종합 기술, 강력한 의사 소통력과 명료한 사고 기술이 필요하다.

4. 졸업생은 직장 생활의 어느 시점에서는 혼자 일하며, 다양한 고객들과도 함께 일할 수 있다. *그러므로 그들은 매우 잘 훈련되어 있어야 하고, 스스로 목표를 설정하고, 목표를 제때 달성하고 필요한 기준을 충족하기 위해 스스로 일을 체계화할 수 있어야 한다. 또한, 그들은 동시에 다양한 도전 과제를 처리할 수 있어야 한다. 무엇을 어떻게 해야 하*

는지 알려주는 사람을 찾아 머뭇거리는 성향이라면, 어려운 시간을 보낼 수밖에 없을 것이다. 고객이 원하는 것을 제때 바로 제공하기 위해 자신의 고객, 그리고 서비스가 필요한 다양한 사람들과 원활하게 의사소통할 수 있어야 한다.

5. 독립적인 기업가로 혼자 일하든 어떤 회사의 팀원이 되어 전일제 직원으로 일하든, *의사소통기술은 대단히 중요하다.* 당신의 졸업생들은 매일 그리고 하루 종일 명확하고 간결한 언어로 다른 사람들을 위해 보고서를 작성하고, 계획을 세우고, 서비스를 제공하고, 지침을 전달하고, 여러 선택 사항들을 분석할 수 있어야 한다.

6. *지능형 에이전트가 우리 생활의 필수적인 일들을 점점 더 많이 할 것이기 때문에, 인간이 계속 직업을 가지려면 인간에게 남겨진 일을 점점 더 잘할 수 있어야 한다. 즉, 인간은 본질적으로 인간 고유의 분야에서 점점 더 나아져야 한다.* 지능형 에이전트가 영감을 주고, 이끌어나가고, 위로하고, 사랑하고, 용기를 주고, 공감을 표하고, 관용을 베풀고, 위안을 주고, 훌륭한 팀원이나 동료가 되고, 새로운 산업을 창출하고, 승리하는 정치 전략을 찾아내고, 가구가 어떤 모습이어야 할지 고민하여 완전히 새로운 방식으로 디자인하며, 우주의 토대를 이루는 물리학의 새로운 이론을 도출하기 위해 지적으로 도약하고, 새로운 스타일의 음악을 창작하고, 학생들에게 별에 도달해야 할 이유를 설명하기까지는 앞으로도 시간이 좀 걸릴 것이다. 학교는 현재 교실에서 선호되는 인지 발달에 초점을 맞출 것이 아니라 방금 언급한 여러 자질과 이와 유사한 다른 여러 자질도 동등하게 발전시키도록 다시 설계되어야 할 것이다.

7. *아마도 가장 중요한 것은 학생들이 가치의 토대를 굳건히 할 필요*

가 있다는 점이다. 이것은 어떤 것보다 중요한 인간의 속성일 수 있다. 지능형 에이전트는 옳고 그름을 모르고 거기에 관심도 없다. 지능형 에이전트의 세계에 정통한 많은 사람을 정말 두렵게 하는 것은 강력하면서도 완전히 비도덕적인 기계가 출현할 수 있으리라는 전망이다. 현재와 같은 경로로 계속 발전한다면, 기계들은 강하고 부유한 소수의 사람과 그럭저럭 살아가는 다수의 사람으로 이루어진 세상을 만들어낼 것이다. 빌 게이츠를 포함한 일부 내부자들은, 지능형 기계 중 일부가 어떤 목표를 추구하려는 일편단심으로 인간의 지위를 물려받아 인간을 애완동물이나 그보다 못한 존재로 만들어버릴 수 있다고 우려한다.[Holley, 2015] 다른 사람들은 이와는 거의 정반대의 세상을 예상하는데, 지능형 기계가 인류를 위해 상상조차 할 수 없는 편안함과 성취감을 주는 세상을 창조한다는 것이다.[Kurzweil, 2005] 또 다른 사람들은 극소수 정치가가 대중을 빵과 서커스 같은 수준의 행복에 만족하던 고대 로마인처럼 만들어서 민주주의가 종언을 고하리라고 본다.[Harari, 2017] 앞으로 몇 년 동안 학교 교육의 가장 중요한 기능은 이런 다양한 가능성을 넘어 소수가 아닌 모든 사람이 이런 강력한 기술의 혜택을 받게 되는 세상으로 우리 모두를 인도할 수 있도록 유권자를 교육하는 일일 것이다.

8. 세상은 이전보다 훨씬 밀접하게 서로 연결되어 있다. 당신이 입고 있는 속옷은 방글라데시에서 온 것일 수도 있고, 당신이 보고 있는 텔레비전은 한국에서 온 것일지도 모른다. 고관절 통증에 관한 방사선 전문의의 보고서는 인도의 방사선과 의사가 작성한 것일 수 있다. 당신의 아들은 미국계 은행의 런던 계열사에 일하러 가는 중일 수도 있다. 인도네시아와 인도의 협력 없이는 탄소 문제를 해결할 수 없다. 당신의 휴대폰을 작동시키는 희귀 금속은 중국에서 온 것일 수 있다. 지난주 미국

관리들이 가장 걱정했던 테러 공격이 이스라엘이나 사우디아라비아에서 수집된 정보에 의해 무산되었을 수 있다. 텍사스 오스틴에 있는 첨단 기술 회사에서 일하는 당신의 딸에게는 에스토니아에서 온라인으로 참여하는 팀원이 있을 수 있다. 50년 전까지만 해도 이런 진술 중 극히 일부만이 사실이었을 것이다. 그런데 오늘날에는 모든 것이 가능하다. *세계인들과 그들의 열망, 역사, 가치, 문화, 불만, 관점을 미국인들이 어떻게 이해하는가에 많은 것이 달려 있다.*

9. 마지막으로 미국이라는 국가와 그 헌법이 토대로 삼고 있는 계몽주의적 가치와 관련된 문제가 있다. 그런 가치 중에는, 인류 진보의 동인으로 간주되는 경험적 사실과 추론의 우월성, 정부에 대한 개인의 권리, 언론의 역할, 입법부와 행정부가 지닌 무제한의 권력을 억제하는 법원, 민주적 절차의 작동을 위한 대중 참여의 필요성 등이 있다. 모든 시민은 현재 미국에서 소수의 젊은이만 민주주의를 중요하게 여긴다는 소식에 두려움을 느껴야 한다. 사실과 대안적 사실alternative fact[9]이 각각 동등하게 받아들여지고 있다는 소식에도 마찬가지여야 한다. *젊은이들이 좋은 삶을 살아가는 데 필요한 기술을 가지고 성인으로서 삶을 시작하는 것도 중요하지만, 민주주의의 취약성 및 민주주의를 보존하고 지키는 일이 얼마나 중요한지 이해하는 것도 중요하다.*

이것은 현재 발전 중인 기술에 내재한 가능성과 그에 못지않게 의미

---

9. 대안적 사실alternative fact은 지식의 왜곡 혹은 사실이 아닌 내용을 뜻하는 신조어로, 2017년 1월 미국 도널드 트럼프 대통령의 취임식 인파 논란과 관련하여 화제가 되었다. 콘웨이 백악관 선임고문은 NBC 뉴스와의 인터뷰에서 백악관 인파가 많았다고 브리핑을 낸 사실에 대해 이것이 거짓이 아니라 "대안적 사실alternative fact"이라고 대답했다; https://terms.naver.com/entry.naver?docId=3566788&cid=43667&categoryId=43667(역자주).

있는 다른 발전이 제기하는 도전 목록 전체를 나열하려는 것이 아니다. 이는 여러분과 이해당사자들이 젊은이들에게 무엇을 원하는지 생각해 보도록 돕기 위한 것이다. 미래는 과거를 부드럽게 확장한 연속체가 아니라 과거와 불연속성을 갖는다고 보는 것이 우리의 입장이다. 그러므로 우리는 이런 변화가 젊은이들과 학교에 어떤 의미가 있는지에 대해 달리 생각할 필요가 있다.

목표에서 계획으로 전환하기

지역사회의 많은 이해 당사자들과 함께 우리가 살아가는 시대의 목표에 대해 다시 생각해 볼 수 있게 하는 것이 중요하다. 목표를 다시 생각해 보는 것의 요점은 실천 계획을 세우는 일이며, 실천 계획의 요체는 계획 실행과 목표 달성에 참여해야 할 모든 사람이 합의하고 공유하는 전략을 갖추는 일이다. 많은 사람이 광범위하게 참여할 수 있는 방식으로 계획을 수립할 수 있는지가 관건이다.

이런 과정의 중요한 요소는 당신이 속한 지역사회가 직면한 상황에 대한 설득력 있는 분석이다. 유권자들이 그 분석을 현실로 받아들여야 한다. 그 외에도, 학교의 목표를 달성하기 위한 매력적이고 실행 가능한 방향의 개요를 지역사회에 설명해야 한다. 설득력 있는 비전만으로는 충분하지 않다. 그 비전에 이르기 위한 현실적인 다리가 있어야 한다. 그것이 없으면 이해당사자가 지금 있는 곳에 그대로 머무르게 될 것이기 때문이다. 이 책에서 미래로 향하는 다리를 만들기 위해 제안하는 전략의 많은 부분은 우리가 방금 공유한 비전을 이루기 위해 이미 다른 국가에서 사용한 전략이다. 이런 전략의 커다란 이점은 그것이 실제로 작동함을 우리가 이미 확인했다는 점이다.

핵심은 이런 전략을 지역사회와 이해당사자의 요구에 맞추기 위한 계획을 개발하는 것이다. 계획에 동의하고 계획의 실행에 책임 있는 이해당사자들이 그 계획을 관리해야 한다. 결과에 도달할 수 있는 강력하고 일관된 시스템에 대한 비전을 온전히 유지하면서 이 모든 작업을 수행하는 과정을 구상하고 관리하는 것은 결코 작은 일이 아니다.

상하이의 계획하기: 특이한 모델

앞서 얘기한 과정을 그대로 보여주는 예시를 공유하고자 한다. 상하이 시교육협의회가 몇 년 후 상하이를 OECD-PISA 평가표의 정상으로 끌어올리기 위해 사용했던 계획 프로세스가 그것이다.

상하이는 2009년 처음으로 PISA 조사에 참여하여 세 과목 모두 1위를 차지했다. 그리고 2012년에도 똑같은 성과를 보였다. 상하이는 1위를 차지했을 뿐만 아니라, 참여국 중에서 최저 성취 수준의 학생 비율이 가장 낮았고, 최고 수준의 학생 비율이 가장 높았다.[OECD, 2014a]

덩샤오핑Deng Xiaoping이 집권했던 1978년 상하이에 교육 시스템이 전혀 없었다는 점을 고려하면, 이런 교육적 성공은 특별히 주목할 만하다. 상하이의 교육 시스템은 문화혁명 때 마오쩌둥Mao Tse-tung에 의해 파괴되어 버렸다. 이 시스템은 아무것도 없이 밑바닥에서부터 시작하여 오늘날 점점 늘어나는 엄청난 사람들을 수용해야 한다. 오늘날 상하이의 인구는 약 2,400만 명이며, 그중 약 900만 명은 이주민이다. 이들 중 대부분은 낮은 교육 수준을 지닌 채 상하이에 이주했으며, 다수가 상하이에서 사용하는 것과는 다른 중국어 방언을 사용한다.

상하이가 이룩한 급속한 성장과 높은 성과는 상하이 시교육협의회 Shanghai Municipal Education Commission—교육위원회—덕분에 가능했다. 이들은 일련의 일관된 정책과 관행을 만들어내고 실행했는데, 모든 학생이 성공하기 위해 반드시 배워야 하는 것을 배우도록 보장하는 것을 목표로 삼았다. 상하이가 사용한 계획 프로세스가 계획과 실행의 질적 수준을 높이는 데 핵심적인 역할을 했다.

상하이의 예를 드는 것이 적절치 못하다며 이의를 제기할 수도 있다. 중국은 결국 공산국가라는 것이다. 확실히 공산국가에서는 소수의 사람이 위에서 계획을 세우고, 다른 모든 사람에게 탑다운 방식, 즉 지금은 사라진 소련식으로 실행하도록 명령한다. 그러나 상하이의 계획 프로세스는 그보다 훨씬 복잡하고 흥미롭고 확실히 더 효과적인 것으로 판명되었다.

시교육협의회의 계획 프로세스는 장민쉬엔Zhang Minxuan이 개발한 것이다. 거의 20년 전, 장민쉬엔은 상하이 시교육위원회 부국장으로 기획 담당이었다. 그는 2000년부터 시작되는 5개년 계획을 세우는 임무를 맡았다. 그는 많은 것을 포괄할 수 있고 많은 이해당사자가 공유할 수 있으면서도 일관성 있고 강력한 프로세스를 수립하고자 했으며, 비전을 제시하면서도 실행 가능한 계획을 원했다. 그는 문제 해결을 원했을 뿐만 아니라 문제 해결을 위한 전략의 토대를 견고하게 구축하고자 했다. 그리고 광범위하게 공유되어 모든 사람이 실현되기를 원하는 계획을 마련하고자 했다.

1998년 계획 프로세스를 시작했을 때, 장민쉬엔은 시스템의 모든 측면을 고려하는 포괄적인 계획을 수립하고자 했다. 그는 전체 시스템의 부분과 세부를 일종의 지도로 제작한 다음, 그 내용을 다시 30개 영역으로 나누었다. 그런 다음, 그는 시교육위원회가 재정을 지원하는 상하이 교육연구소에 영역별 연구 프로그램을 수행하여 관련 사실을 수집하고 문제를 분석하고 관련 연구 결과를 발표하도록 요청했다. 연구소는 연구제안서를 공모하여 제출된 안 가운데서 가장 좋은 것을 선정했다. 그들은 그 계획에 포함된 30개 구성 요소를 다루기 위해 45개 팀을 선별했다.

이 전략이 일관된 계획으로 이어질 수 있도록 장민쉬엔은 통합 프레임을 제공하게 될 계획을 마련하기 위해 자신이 염두에 두었던 일련의 '주제들themes'을 모든 참가자와 공유했다. 이는 우리가 이 장 앞부분에서 언급했던 분석과 같은 것이다. 따라서 첫 번째 단계에서 참여자들이 다룬 질문은 문헌들이 초록에서 무엇을 말하고 있는지가 아니라, 그 주제들에서 설명된 맥락을 다루기 위해 무엇이 필요할까에 대한 것이었다.

장민쉬엔은 상하이 시장에게 재정 지원을 요청하여, 많은 핵심 공무원과 다른 이해당사자와 집단이 참여하는 회의를 열어 시의 교육과제를 함께 의논하고 위원회에 조언할 수 있게 했다. 연구 결과는 이 집단들에 제공되었다.

이를 토대로 장민쉬엔은 세 팀을 선정하여 각 프로세스의 다음 단계를 수행하게 했다. 각기 독자적으로 작업했던 세 팀은 여러 조사와 회의를 통해 얻은 모든 조언을 취합하여 초안을 작성했다. 세 팀은 화동사범대학East China Normal University, 상하이 사회과학아카데미Shanghai Academy of Social Sciences, 상하이 교육과학연구소Shanghai Institute of Education Sciences에 있었다.

세 가지 초안이 완성되자, 장민쉬엔은 각 팀 책임자들에게 시장, 부시장, 각종 주요위원회 위원장과 시의 여러 고위 관리들이 참석하는 회의에서 아이디어와 계획을 발표하게 했다. 이 회의에서 문제와 문제 해결을 위한 제안에 대해 활발하게 토론했다.

그런 다음 장민쉬엔은 세 팀을 한 자리에 모았다. 그리고 그가 필요로 하는 것은 하나의 안이라고 말하고, 2주간 말미를 주어 단일안을 만들어달라고 했다. 이렇게 해서 통합된 계획서 초안이 작성되자, 장민쉬엔은 그것을 베이징 중앙 정부, 인근 지방의 교육위원회, 유네스코, 홍콩 교육 당국 등과 공유했다. 초안은 여러 차례 피드백을 거치며 수정되어 최종안이 완성되었고, 마침내 베이징 중앙 정부로 이관되어 최종 승인 후 채택되었다.

이런 방식이 상향식 기획인가, 하향식 기획인가? 답은 상향식과 하향식의 훌륭한 조합이다. 기획 담당 위원회 구성원이었던 장민쉬엔은 한순간도 자리에 앉아 계획서를 작성하지 않았다. 그는 다른 사람들에게 그 일을 하게 했다. 그 과정에서 계획을 작성할 정부 안팎의 많은 사람의 리스트를 작성했다. 그 과정에서 많은 사람이 관여하고 최종 계획안 작성에 참여했지만, 그 계획은 여전히 일관적이었고 강력했다.

상하이 교육 시스템의 다양한 부분이 그 과정 전반에 걸쳐 논의되었으며, 전문 교육자들의 견해가 고려되었다. 그들은 마지막 준비단계에서 이렇게 만들어진 제안의 실행 계획을 제시하도록 요청받았다. 그래서 광범위한 계획이 세부 실행 계획을 포함하게 되었다. 위원회의 각 부서에도 계획이 있었고, 각각의 학구도 실행 계획이 있었다. 더 광범위한 계획이 승인되었을 때, 시스템은 작동할 준비가 되었다. 모두가 자신이 해야 할 일을 알고 있었다.

이 계획에는 강력한 주제와 추진 아이디어가 포함되어 있었는데, 그것이 계획에 일관성을 부여했다. 장민쉬엔은 관료조직 외부의 두 팀이 계획 수립과정에서 핵심 역할을 하도록 했다. 그 결과 학교 시스템 자체에서 계획을 세울 때보다 신선하고 폭넓은 관점에서 계획이 수립되었다. 그러나 세 팀 중 하나는 학교 시스템과 밀접하게 구성되었으며, 실제로 계획을 실행해야 할 사람들이 실행 계획을 짜는 데 깊이 관여했다. 그래서 계획이 최종 승인되었을 때, 그들은 무언의 반항으로 팔짱을 끼고 수수방관하며 비켜 서 있지 않았다.

상하이 계획 프로세스는 공허한 형식이 아니다. 그것은 시스템 전 단계에서 실제로 광범위하고 심층적인 변화를 가져왔다. 그것은 상하이뿐만 아니라 다른 많은 중국 교육 기관에서 현재까지도 사용되고 있다.^{Zhang, Ding, & Xu, 2016}

방금 설명한 프로세스를 당신도 사용해야 할까? 그럴 수도 있고 아닐 수도 있다. 당신에게는 장민쉬엔이 활용했던 제도적 자원이 없을 수도 있다. 당신의 학교운영위원회는 장민쉬엔의 위원회처럼 자원을 활용할 권한이 많지 않을 수도 있다. 당신은 유사한 프로세스를 따르고 싶지만, 실제로는 매우 다른 방식으로 해야 할지도 모른다. 아니면 전혀 다른 프로세스가 필요할 수도 있다. 우리는 당신이 그대로 따라 해야 한다고 생각해서 상하이 계획 프로세스를 공유한 것이 아니다. 당신이 계획 수립을 다른 방식으로 생각하고, 같은 원칙이지만 다른 전략을 사용하여 당신 자신의 프로세스를 제안하게 할 수 있다고 생각했기 때문이다.

생각해 볼 수 있는 또 다른 모델들

우리가 염두에 두고 있는 또 다른 계획 수립의 예시들도 유용할 수 있다. 그중 하나가 홍콩의 사례다. 1997년 영국이 홍콩을 중국에 반환했을 때, 새 정부는 당시 홍콩 경제가 당면한 엄청난 변화를 반영하여 홍콩 교육을 새롭게 설계하기 위한 계획을 세우는 작업을 시작했다. 몇 년 전까지만 해도 홍콩은 무역도시로서 전 세계를 대상으로 하는 저숙련 저비용 제조회사의 본거지이기도 했다. 하지만 1979년 덩샤오핑이 중국 본토를 개방했을 때 변화가 시작되었다. 외국인 투자회사는 본토의 제조 능력에 접근하기 위해 홍콩의 무역 회사들로 몰려갔다. 홍콩은 금융의 글로벌 중심지가 되었다. 특히 아시아 투자에서 그러했다. 부동산 가격이 급등하여 저부가가치 기업은 더 이상 홍콩에서 버텨낼 여력이 없었다. 고부가가치 제조업 및 서비스 분야가 빠르게 성장했다. 유력 컨설팅 회사들과 온갖 다국적 기업들이 홍콩에서 영업을 시작했다. 저기술, 저부가가치 제품을 생산하는 공장 부서에서 일하기에 충분했던 홍콩 노동자들의 기술은 이제 더 이상 충분하지 않게 되었다. 홍콩은 저숙련 노동자 수요의 급격한 감소와 고숙련 노동자 집단에 대한 새로운 요구에 부응하기 위한 교육과 훈련의 필요성에 대해 완전히 다시 생각해야 했다.

새 정부의 역동적인 교육담당자 패니 로우Fanny Law, 저명한 재계 리더 앤서니 렁Anthony Leung, 그리고 홍콩대학교 학장 카이 밍 쳉Kai Ming Cheng은 새로운 교육 계획을 수립하기 위해 2년 동안 홍콩 지역사회를 이끌었다. 쳉 학장은 비즈니스 공동체의 다양한 요구 사항에 관한 광범위한 연구를 했고 그 결과를 많은 이해당사자 집단과 공유했다. 이들은 수백 개 그룹에서 수천 명의 사람을 만나 회의를 기록하고 모든 계층 사람의 의견을 신중하게 분석했다. 계획은 초안에 대한 사람들의 의견을 참조하며 여러 차례 반복 수정되었다. 계획안이 완료되었을 때, 기존 정책과 관행으로부터 큰 변화를 추구하는 것이었지만 그 계획에 대한 사회의 광범위하고 깊이 있는 지원이 있었다. 또한, 홍콩 상황에 잘 맞는 광범위한 교육 개혁에 대한 야심 찬 프로그램의 토대를 만들었다. 미국인들은 이렇게 오랜 시간이 걸리는 계획 프로세스를 기다려 주기 어려울지도 모른다. 그러나 중요한 사업을 계획하면서 광범위한 공동체를 의도적으로 참여시키는 데 미국에 비해 아시아 국가의 정부가 훨씬 많은 시간을 들이는 일은 드물지 않다. 그들은 이런 방식으로 계획을 마련하는 데 투자하는 것이 종종 더 전면적인 변화에 대해 각계각층으로부터 더 광범위하고 근본적인 지원을 이끌어낼 수 있다는 점에서 장래에 상당히 효과적이라고 본다. 그들은 모든 이해 당사자들을 참여시키기 위해 더 많은 시간을 들이는 것이 결국 더 많은 시간을 절약해주고 더 완전한 실행이라는 결과를 낳는다고 주장한다.[10]

싱가포르는 고려할 가치가 있는 계획 수립의 또 다른 접근 방식을 보여준다. 싱가포르의 기획 스타일은 몇 가지 점에서 독특하다. 첫째는 경제 계획, 교육 계획, 직업 교육 계획의 밀접한 연관성이다. 둘째는 정부 내 모든 관련 부처의 긴밀한 협업이다. 셋째는 계획의 실행에 관한 관심이다.

1965년 말레이시아 연방을 떠나 독립한 후, 싱가포르 정부는 경제 성

---

10. 새로운 홍콩 정부의 교육 시스템의 중요한 변화를 위한 홍콩의 계획에 대한 이상의 설명은 NCEE가 홍콩대학교 카이 밍 쳉 교수와 했던 여러 인터뷰를 토대로 한 것이다.

장에 주력했다. 싱가포르 경제개발위원회는 처음부터 성장 촉진을 위해 외국인 투자기업을 모집하는 책임을 맡았다. 독립 직후 초기 단계에는 싱가포르의 저렴한 노동력과 시설을 활용하는 데 관심 있는 외국 기업을 유치하는 것이 목표였다. 그 단계에서 정부는 성인의 문해력을 높이는 기술적 측면에 관심을 집중했다. 초등 수준의 공교육 제공을 위한 교사 교육과 훈련, 외국인 투자기업 유치에 필요한 비교적 간단한 구조를 구축하기에 충분한 목수, 석공 및 전기 기술자 교육 등이 그것이다. 모든 관심을 학문과 직업 교육의 기초를 닦는 데 기울였다.

그 후 싱가포르 경제개발위원회는 하나씩 순차적으로 나아갔다. 먼저 저숙련, 저부가가치 제조업에서 고부가가치 제조업 분야 외국인 투자기업으로, 다음에는 첨단 글로벌 제조회사로, 그다음에는 글로벌 금융 서비스, 통신, 석유 산업, 항공기 서비스 회사 유치로, 그리고는 다양한 분야에서 세계적 수준의 자체 토착 기업을 육성하는 데까지 시야를 돌렸다. 각각의 단계마다 글로벌 경제 사다리를 올라감에 따라, 정부는 경제개발계획의 다음 단계로 도약하는 데 필요한 교육과 기술을 갖춘 인력 개발을 위한 계획을 세웠다. 미국에서는 계획을 세우는 기간 동안 시나 주에 이미 소재하고 있는 기업체에게 그들의 기술적 요구 사항이 무엇인지 묻는 경향이 있다. 그런데 싱가포르 사람들은 어떤 종류의 사업이 있기를 원하는지 스스로 먼저 물어본 뒤 이런 사업을 유치하고 지원하는 데 필요한 인력을 양성했다.

그들은 경제개발위원회, 노동부, 교육부 및 다른 기관과 긴밀한 협조를 통해 이를 수행했다. 주요 부서의 핵심 장관과 임원을 부서 간에 순환시키는 것이 싱가포르에 많은 도움이 되었다. 이들이 기본적으로 소속 기관이나 소속 부서의 이익이 아닌 싱가포르의 국익에 충성하기 때문이다.

많은 관찰자가 싱가포르가 실행 계획에 기울인 관심에 대해 언급했다. 상하이의 계획 시스템에서는 실행 계획이 계획 그 자체의 일부이며, 계획의 보완이 아님을 상기해 보라. 싱가포르도 마찬가지로, 계획 그 자체를 개발하는 것뿐만 아니라 실행 계획 수립에도 그만큼 많은 시간과 주의를 기울였다. 각 실행 단계가 상세하게 제시되고, 계획에는 책임이 할당되어 있다. 우연에 맡겨지는 것은 아무것도 없으며 임원은 자신에게 할당된 임무를 수행할 책임이 있다. 성공 여부에 따라 보너스와 승진이 주어진다. 결과적으로 실행 계획은 재원 확보를 위한 형식적 문서만이 아니라 당사자들이 실제로 참여하는 운영 로드맵으로 간주된다.Tucker, 2012

전체 주州 단위 교육 개혁의 계획과 관련된 이야기를 완성하려면 매사추세츠주의 이야기를 하지 않을 수 없다. 매사추세츠주가 국가교육성과평가National Assessment of Educational Progress에서 다른 어떤 주보다 앞서 있고, 미국 외에 최고의 성과를 거두는 나라와 어깨를 견주는 것은 결코 우연이 아니다. 매사추세츠주는 미국의 모든 주 중에서 9개 구성요소에 의해 묘사된 정책과 관행을 실행하는 작업을 가장 잘 수행했다. 그 과정에서 일련의 묘책을 선택한 것이 아니라, 우리가 정의한 용어 그대로의 효과적인 시스템을 만들었다.

매사추세츠주의 기적The Massachusetts Miracle

2005년 매사추세츠주는 국가교육성과평가에서 모든 주에서 최고 수준으로 도약했으며, 현재도 미국에서 가장 높은 성과를 내는 주로 남아 있다. 매사추세츠주의 많은 사람에게 그러한 성공은 10여 년 전에 통과된 법률의 결실로 평가된다.

1993년 교육개혁법Education Reform Act으로 알려진 이 법률은 공화당 소속 주지사 윌리엄 웰드William Weld, 민주당이 다수인 입법부, 교사노조, 비즈니스 공동체와 교육 개혁가를 포함하는 여러 집단 간 광범위한 합의의 결과였다. 그중에서도 한 사람이 중요한 역할을 했다. 그가 바로 잭 레니Jack Rennie다. 선도적 정보기술 회사인 페이서 시스템사Pacer Systems Inc.의 CEO였던 레니는 5명의 자녀를 두고 학교에서 자원봉사를 하면서 교육정책에도 적극적인 관심을 두었다. 그는 매사추세츠주 교육비즈니스연맹Massachusetts Business Alliance for Education을 설립하여 미국 전역의 교육 개혁을 위한 노력을 연구했다. 이들은 특히 켄터키주의 교육개혁법에 깊은 인상을 받았다. 이 법은 학생 수행기준을 중심으로 한 체계적인 접근법을 창안하여 교육 시스템을 완전히 개편했다. 연맹이 출간한 『모든 아이가 승자Every Child a Winner』라는 보고서는 베이주Bay State[11]에서도 유사한 체계적 접근 방식을 요구했다.

법안을 통과시키기 위해서는 레니가 '큰 협상grand bargain'이라고 부른 조치가 필요했다. 당시 주 부교육감이다가 나중에 교육감이

---

11. 매사추세츠주의 별칭(역자주).

된 데이빗 드리스콜David Driscoll은 그 협상을 이렇게 설명한다. "우리는 당신에게 도구를 제공할 것입니다. 그러나 당신에게 책임을 물을 것입니다." 드리스콜은 양자 모두가 필요하다고 했다. 책무성은 학교가 개선하려는 유인책을 만들어내는 데 필요했다. 하지만 그는 "도구 없이는 변화를 기대할 수 없습니다."라고 했다.

특히 이 법은 학생들이 고등학교 졸업을 위해 통과해야 하는 시험의 기준을 높여 주 전체에 걸쳐 새로운 시험 시스템을 만들었다. 새로운 교사자격시험을 만들었을 뿐만 아니라 교사 자격을 유지하기 위해 5년마다 전문성 신장을 입증해야 한다는 요건을 만들었다. 교장 정년보장제를 없애는 대신 교장들에게 교사 임용권을 부여했다. 차터스쿨[12]을 공인하고 학교와 지역구의 책무성 기준을 높였다. 이런 도구들을 제공하면서 재정 지원도 크게 늘려, 7년 동안 추가로 20억 달러가 지원되었다.

다른 주가 시도한 개혁과 달리, 매사추세츠주의 개혁은 최고 성과를 내는 국가들의 교육 시스템의 중요한 특징을 주의 규모와 특성에 맞게 반영했다. 또 독특한 점은, 매사추세츠 주가 20년 이상 그것을 고수했다는 점이다. 주 정부가 몇 번 바뀌기는 했지만, 공화당과 민주당 정부를 교대로 거치면서도 법의 핵심 조항은 그대로 유지되었다. 그런데도 주 공무원들은 저항에 부딪혔다. 드리스콜은 졸업시험 필수요건에 대해 많은 항의가 있었고 이를 저지하려는 여러 차례의 시도가 있었다고 회상했다. 비평가들은 졸업시험 통과가 어려울 것으로 보이는 저소득층과 소수민족 출신 학생에게 매우

---

12. 미국 교육 기관으로, 전인교육과 창의교육을 추구하는 일종의 대안학교다. 사립 교육과 공립 교육의 장단점을 접합한 교육 형태로 많은 실험적 교육이 이루어진다(역자주).

불공평할 것이라고 비난했다. 그러나 주 공무원들은 단호한 태도를 고수했다. 주지사 대행인 제인 스위프트Acting Governor Jane Swift는 "어떤 사람은 드리스콜과 내가 꿈쩍하기를 기다릴 테지만, 나는 눈 하나 깜빡이지 않을 거예요."라고 말하곤 했다.

결과는 비판자들을 침묵시켰다. 졸업시험이 처음 집계된 2001년에는 10학년 학생의 68%가 수학 과목을 통과했고 72%가 영어 과목을 통과했다. 그러나 학생들은 졸업 전에 시험에 여러 번 응시할 수 있었으며, 2003년에는 결국 95%가 시험에 합격했다. 드리스콜은 "우리는 기준을 높게 설정했지만, 그것은 달성 가능한 것이었습니다."라고 말했다.

드리스콜과 매사추세츠주의 다른 지도자들은 성과에 대한 기대치를 높이고, 필요한 지원을 하면 거의 모든 학생이 훨씬 높은 성과를 거두리라는 데 배팅을 했다. 결국 그들은 그 배팅에서 이겼다. 거의 비슷한 시기에 다른 주에서는 훨씬 낮은 기준에서 시작하여 그 기준을 서서히 올리면 높은 기준에 도달할 거라는 데 배팅했다. 그런 주들은 여전히 매사추세츠주보다 훨씬 처져 있다.

매사추세츠주 교육개혁법Massachusetts Education Reform Act은 1993년에 통과되었다. 광범위한 이해당사자 연합이 구축되었고 대규모 정치 협상이 전개되었는데, 이는 수십 년 동안 정치적 변화를 견딜 수 있을 정도로 안정적인, 정말 체계적인 해결책을 만들어내는 수단이 되었다. 이 해당사자 연합과 정치 협상은 상하이에서 이룩한 것에 버금가는 인상적인 성과를 내게 했고, 이는 지속적인 계획 수립 과정을 뒷받침하는 무언의 근거가 되고 있다. 매사추세츠주 교육개혁법이 통과된 후, 매사추세츠주는 세계 최고의 교육 성과 수준에 진입했으며, 국가교육성과평가에서 미국의 다른 모든 주를 앞질렀다.^{U.S. Department of Education, 2015a}

4장에서는 상위 성과자들top performers이 그 영역에 어떻게 접근했는지 알 수 있도록 당신이 구축해야 할 첫 번째 하위 시스템 내부를 들여다볼 것이다. 또한 어떻게 거기에 접근할 수 있을지 생각할 수 있게 도울 것이다.

강력한 학습 시스템:
다양한 이수 경로와
체계적인 자격 관리

2장에서 우리는 상위 성과 국가들이 매우 체계적으로 교육 시스템을 설계했으며, 이런 시스템에서는 중요한 관문gateway으로 이어지는 경로들을 명료하게 밝히고 있음을 살펴보았다. 3장에서는 상위 성과 시스템에서 학생들의 높은 수행에 대한 열망과 이를 위해 설정한 학습목표에 대해 다루었다. 본 장에서는 이런 학습 목표들이 교수 내용, 학습 경험과 성취기준에 대한 기대, 학생들의 학업 진척 정도를 측정하는 방식을 어떻게 구체화하는지 살펴볼 것이다. 여러분은 상위 성과 국가들이 어떻게 이 모든 요소—학습 목표, 학생 성취기준, 교육과정 틀frameworks, 교과목 안내 및 수업 계획서[1], 교육 자료, 교수법, 평가, 발달궤적, 학습 경로와 관문, 과외 활동, 스포츠 등—를 선택하여 세계 최고의 결과를 만들어내는 정교한 학습 시스템으로 엮어내는지 배울 것이다.

---

1. 'course'는 교과목, 교과, 과목, 코스 등으로 번역했고, 'syllabi'는 수업 계획서, 교수요목 등으로 번역했다(역자주).

학생 학습을 위한 목표

먼저 3장에서 제시했던 비전에 비추어 학생 학습을 위한 목표를 살펴보고자 한다. 어떤 측면에서 보면 그 비전에 포함된 목표들은 미국 교육자들이 한 세기 이상 품어온 교육 목표와 거의 다르지 않다. 그러나 다른 측면에서 보면 근본적으로 다르다.

변하지 않은 것들

최근의 기술 혁명에도 불구하고 학생들을 대상으로 설정해야 할 목표와 관련하여 새로운 것은 거의 없다. 헤리엇 마이너Harriet Minor가 공통핵심 교육과정Common Core에서 목격한 것은 최고의 교사들이 정규 교육과정에서 늘 학생들에게 원했던 것, 즉 학생들이 공부하는 교과에 대해 깊이 이해하게 하는 것이었다. 최고의 교사들은 학생들이 분석하고, 종합하고, 질문하고, 추론하고, 스스로 생각하고, 틀에서 벗어나 생각하는 능력을 개발하도록 최선을 다해왔다. 그들은 학생들이 복잡한 문제에 대해 명확하고 간결하며, 필요에 따라 설득력 있는 방식으로 글 쓰는 능력을 갖추는 것을 교육 목표로 삼았다. 또, 다양한 목적을 위해 수학을 잘 활용하는 능력을 키우며, 과학적 방법이 지닌 힘에 대한 이해를 바탕으로 현대 세계에 혁명을 일으킨 과학과 기술의 핵심 아이디어들big ideas을 충분히 이해하는 능력을 갖추게 하는 것이 교육 목표였다. 최고의 교사들은 역사를 공부하는 이유가 사건과 날짜, 전투, 정권 교체 같은 것을 암기하는 것이 아니라 그런 사건들의 이면에 있는 힘, 그리고 시간이 지남에 따라 그 힘에 대해 사람들이 반응하는 방식을 이해하는 것임을 알고 있다. 그럼으로써 학생들은 자유와 민주주의 제도의 중요성을 이해하고 시민으로서 의무를 자각할 수 있다.

오늘날 우리가 21세기 기술이라고 생각하는 것은 복잡한 문제를 창의적이고 효과적으로 해결하는 능력, 다른 사람을 이끌고 팀 구성원으로서 효과적으로 이바지하는 능력, 독립적이면서도 협력적으로 일하는 능력, 복잡한 프로젝트를 계획하고 제때 마무리하도록 관리하는 능력, 그리고 현대 정보 공학을 효과적으로 사용하는 능력 같은 것이다. 그러나 그것은 결코 21세기 기술이 아니다.

웰링턴 공작은 거의 2세기 전 워털루에서 나폴레옹을 상대로 영국이 승리할 수 있었던 것은 이튼 스쿨의 운동장 덕분이라고 했다. 스포츠 활동 참여가 학생들의 팀워크와 리더십을 모두 향상시킨다는 생각은 학생회 참여가 학생들을 훌륭한 시민으로 준비시킨다는 생각만큼이나 오래된 것이다.

최고의 교육자들은 그 모든 것 이상에 늘 더 깊은 관심을 가져왔다. 최고의 교사는 교육과정의 교과를 단순히 가르치거나, 노동자로서 기대되는 역할을 학생들이 배우도록 돕는 것에 자신의 역할을 한정하지 않았다. 교사들은 자신들이 가르치는 학생들이 타인이 아무도 보지 않을지라도 옳은 일을 하고자 하는 선한 사람, 즉 똑똑하고 유능할 뿐만 아니라 용기 있고, 공감 능력이 있고, 관용적이고, 배려심 있고, 동정심 있고, 근면하고, 품위 있고, 관대하고, 지칠 줄 모르고, 자신의 목표를 추구하는 데 자신감 있는 사람으로 자라나도록 늘 많은 관심을 가졌다. 그들은 학생들에게 평생 지속되는 배움에 대한 열정을 불러일으키기를 희망해 왔다.

놀랍도록 새로운 것들

3장에서 설명한 첨단 지능형 기술이 진화하는 방향에 기반한다면, 우리가 말하려는 바가 고작 미래의 교육자들이 말하는 목표가 과거의 목표와 같아야 한다는 것이 전부라면 당신은 우리가 당신의 시간을 낭비하고 있는 게 아닌가 하는 의문이 드는 것이 당연할 것이다. 그래서 이 목표들의 근본적인 차이점을 설명하고자 한다.

모든 유형의 미국 학교에서 오랫동안 훌륭한 교사들은 이런 목표를 수용해왔다. 그렇지만 미국의 시스템은 그렇지 않았다. 20세기 초 윤곽을 드러낸 현재의 대중 교육 시스템은 학생들에 대해 훨씬 평범한 수준의 목표를 설정하고 있었다. 방금 설명한 목표는 극히 일부 엘리트만을 위한 것이었다. 우리가 방금 설명한 목표의 혁명적인 점은 다음과 같다. 과거 특권층 아동들만이 좋은 교육을 받았다면 이제는 모든 아동에게 그런 교육이 절대적으로 필요하다는 것이다. 왜일까? 지금까지 평이한 기술만 필요했던 사람들의 일자리가 빠르게 사라지고 있기 때문이다. 품위 있는 삶을 보장해 줄 수 있는 직업들은 대부분 과거 사람들의 삶을 유지해 주던 직업들에서 요구하는 것보다 훨씬 높은 수준의 기술 그리고 매우 다른 유형의 기술을 요구할 것이다. 이것은 예전과 많은 차이가 난다. 현재 교육 시스템으로는 이런 기술을 습득하기 위한 지원을 충분히 받지 못한 아이들의 상당수가 실업자가 되거나, 다가올 미래 경제체제에서 매우 낮은 수준의 임금을 받게 될 것이기 때문이다. 현재의 교육 시스템에서는 모든 학생을 엘리트 수준으로 교육하는 것은 사실상 불가능하다. 그러므로 우리는 새로운 교육 시스템이 필요하다.

선별적 시스템을 폐기해야 하는 이유

현재의 시스템을 수정하여 새로운 목표를 달성할 수 없는 이유는 무엇일까? 왜 현재 시스템에서 최고의 교수 방법을 찾아내서 모든 곳에 적용할 수 없는 것일까? 그 교수 방법이 일부 학생에게 효과가 있다면, 왜 모든 학생에게 효과적일 수 없을까?

미국의 교육 시스템은 거대한 분류 시스템으로 운영된다. 그런데 분류 시스템은 미국이 현재 원하는 결과를 얻는 데 활용될 수 없으므로 유효하지 않다. 당신이 계란 사업을 하는 농부라고 해보자. 당신은 많은 농장에서 달걀을 산다. 여기에는 특대형, 대형, 중형, 소형이 섞여 있다. 농기계 회사에 가서 달걀 분류기를 구매하여 모든 달걀을 한쪽 끝에 넣으면 다른 쪽에서 같은 크기의 달걀만 분류된 상자가 나온다. 분류기에 다양한 크기의 달걀을 넣고 있다면, 특대형 달걀만 있는 상자가 나오리라고는 결코 생각하지 못할 것이다.

대량생산 시대에는 많은 전문가와 관리자가 필요하지 않았다. 장인들craftsmen 또한 많이 필요하지 않았다. 전문가 또는 관리자가 되기 위한 대학 선택 진학 트랙과 기술자가 되기 위한 직업 선택 트랙이 있었다. 그밖의 모든 사람은 일반 트랙을 선택했으며, 이런 결정은 고등학교 졸업 때 이루어졌다. 그러나 이런 선별적 분류가 고등학교 수준에서부터 시작된 것은 아니다. 훨씬 이전인 초등학교 1학년부터 학생들의 학업(주로 읽기) 능력에 따라 '파랑새bluebirds'와 '참새robins' 같은 이름을 붙여 집단을 편성하는 것에서 시작된 것이다.[2] 여기에는 나쁜 의도가 있지는 않았다. 미국 교사들은 미국 심리학자들로부터 학문적인 유전자를 지닌 아이가 있는가 하면 그렇지 않은 아이도 있다고 배웠다. 저소득층, 소수 집단 아이들에게 많은 것을 기대하지 않는 것은 그들이 할 수 있는 것 이상을 과하게 기대하지 않는 것과 같았다.

이런 학교 내 분류는 학구 간 분류와 결합되었다. 지방의 재산세에 기초한 학교 재정은 시간이 지남에 따라 부유한 학생들은 부유한 학생들끼리, 가난한 학생들은 가난한 학생들끼리 학교에 다니는 것을 의미했다. 가장 부유한 학생들이 매사에 가장 좋은 것을 얻었고, 가난한 학생들은 제일 열악한 것을 얻는다. 이것은 매우 효율적인 시스템으로 판명되었다. 이런 방식으로 미국은 교육을 위한 최고의 자원들, 즉 최고의 교사, 학교, 그리고 다른 모든 자원을 교육하기 쉬운 학생들에게 매우 높은 수준으로 집중시켰다. 최고의 교사, 최고 시설, 그 밖의 모든 것을 더 고르게 분배했더라면, 미국을 유일 초강대국으로 만든 초일류의 소수 과학자, 엔지니어, 임원, 의사, 변호사, 장군, 정치 지도자를 배출하기가 훨씬 어려워졌을 뿐 아니라 더 큰 비용이 들었을 것이다.

이 시스템은 그에 상응하는 결과로 이어졌다. 입학 첫해부터 학생들을 능력에 따라 분류하고 각 집단에 대한 기대도 달랐기 때문에 출발선에서부터 뒤처진 학생들은 점점 뒤처질 수밖에 없었다. 반면 영재라고 불리며 높은 기대를 받은 학생들은 계속 앞서게 되었다. 기대가 매우 낮은 학급과 학교로 분류된 학생들은 성적이 좋은 학생들을 배척하는 사회집단에 속하게 되었다. 기대가 높은 학급과 학교로 분류된 학생들은 성적이 좋지 않으면 따돌림을 당했다. 가장 경험 많은 최고의 교사들은 배우기를 열망하고 다루기도 쉬운 상위 트랙 학생들이 속한 학구와 학

---

2. 학업(읽기) 능력이 우수한 학생 집단에는 '파랑새'처럼 사람들이 선호하는 동물의 이름을 붙이고, 보통 수준의 학생 집단에는 '참새'처럼 평범한 새의 이름을 사용했음을 의미한다. 'robin'은 영한사전에 '울새'나 '개똥지빠귀'로 나오는데, 맥락상 매우 흔한 새의 의미로 쓰인 것이라, 한국에서 가장 흔하고 평범한 새인 '참새'로 번역했다 (역자주).

교에서 일하기를 원했다. 반면 가장 경험이 적고 능력이 부족한 교사들은 가장 훈육하기 어렵고 배움에 대한 흥미를 불러일으키기 어려운 학생들을 떠맡게 되었다. 학교에서 학생 경험의 궤적을 살펴보면, 한번 정해진 트랙은 경직되어 있어서 가장 낮은 트랙에서 출발한 학생들은 계속 뒤처져서 고등학교에 도달할 때쯤에는 몇 년이나 처지는 경우도 종종 있다. 많은 학생이 읽기 능력이 부족한 것을 필사적으로 숨기려 했으며, 너무나 부끄럽고 화가 나서 학교를 그만두고 싶어 했다.

미국이 계열화tracking에 관한 형식주의formalism를 많이 버렸다고는 하나, 그 본질은 여전히 살아 있다. 모든 사람을 높은 기준에 도달하게 하는 것이 목표라면 기준이 높고 일정해야 하며, 도달하는 데 걸리는 시간은 가변적이어야 한다. 이는 시간은 일정하게 유지되고 달성해야 할 기준이 학생마다 다른, 현재 우리가 갖춘 시스템과는 정반대다. 위대함을 향한 길은 분류할 수 없다.

새로운 시스템은 어떻게 작동하는가?

훨씬 높은 성과 시스템을 구축한 국가들에서 새로운 시스템의 윤곽들을 볼 수 있다. 이 장에서 다룰 그 시스템의 한 부분은 학생 성취기준 및 그 기준이 교육과정, 수업 시간표, 수업자료, 교수법, 학생 평가에 반영되는 방식과 관련이 있다. 이에 못지않게 중요한 것은 교육과정을 통해 학생들이 성장하기를 기대하는 방식이다. 즉, 어떤 길을 선택하든 평생 학습의 견고한 기초가 될 공통핵심 교육과정을 익히도록 보장하면서 얼마나 많은 학생이 어느 정도 속도로 얼마만큼 성장하기를 바라는 기대, 모든 학생이 뒤처지지 않게 하려고 사용하는 전략들, 그리고 시스템에서 학생에게 선택과 다양성을 제공하는 방식이 중요하다.

상위 성과 국가들이 이런 목표를 달성하는 방법을 보여주기 위해 여기서는 그들이 사용한 전략을 개괄적으로 살펴보고자 한다. 모든 나라가 여기서 언급하는 것을 모두 사용하는 것은 아니다. 이런 전략들이 어떻게 하나의 빈틈없는 시스템에서 함께 결합해 있는지 보여주기 위해 전체 구조를 사례들과 함께 설명할 것이다. 주로 싱가포르를 사례로 들어전체 디자인을 설명할 것이다.

경로와 관문으로 이루어진 하나의 시스템

상위 성과 국가들은 교육 시스템을 학생들을 위한 경로pathways와 관문gateways으로 이루어진 형태로 본다. 시스템을 통과하는 경로는 명확하고, 완벽하게 지원되는 도전적인 교육과정으로 채워진다. 어떤 경로는고등학교에서 바로 일자리로 연결되며, 모두 후속 교육으로 이어진다. 그 경로들은 높은 기준으로 설정된 관문들로 구분된다. 각각의 관문에는 선택해야 하는 사항이 있다. 관문 수는 나라마다 다르지만, 전형적인유형은 16세 또는 10학년에 첫 번째 주요 관문이 있고, 그로부터 2~3년이 지난 시점인 고등학교 졸업 시기에 또 다른 주요 관문이 학생들을기다린다.

각 관문을 통과하기 위해, 학생은 지정된 과목들에서 높은 점수를 받거나, 시험을 통과하거나, 혹은 둘 다 통과함으로써 특정 수준의 지식과기술을 갖추었다는 것을 입증해야 한다. 관문을 통과해서 이용할 수 있는 경로는 수강한 과목과 성적에 따라 달라진다. 가능한 각각의 모든 경로에서 수강 과목은 대부분 필수이며 순차적으로 수강하게 되어 있다.

관문 통과를 위한 시험은 학교 외부에서 출제되는 시험이며, 따라서 억지로 좋은 점수를 받게 만들 수는 없다.

이들 나라 대부분에서 의무 교육 첫날부터 10학년 마지막 날까지의 첫 번째 단계는 학생들이 공통핵심 교육과정을 익혀야 하는 시기다. 이 교육과정은 향후 학습할 모든 것을 위한 기초다. 그것은 국제적으로 비교 분석된 기준에 의해 설정되었다. 여기에는 학교에서 사용하는 공식 언어, 수학, 과학, 그리고 그 이상의 많은 것이 포함된다.

까다로운 공통핵심 교육과정이라는 아이디어가 중요하다. 그러나 실제로 교육과정이 모든 학생에게 똑같지는 않다. 이 점을 싱가포르의 예를 들어 설명하고자 한다. 당신은 싱가포르의 교육과정이 여러 다른 경로를 포함한다고 생각할 수 있다. 하나는 표준적인 학업 경로standard academic track라고 할 수 있고, 다른 하나는 표준적인 학업 경로의 상위 버전souped-up version으로, 학업 성취도가 높은 학생들에게 더 어려운 과제를 부과한다. 하위 경로bottom track는 표준 경로의 주제 중 일부가 생략된 형태다. 하지만 이것도 미국 대부분의 학구에서는 어려운 교육과정으로 여겨질 것이다. 그리고 표준 과정으로 간주하는 또 다른 경로로, 직업 교육에 중점을 둔 것이 있다. 다시 말하지만, 미국인은 이 경로의 학문적 과목academics들을 꽤 까다롭게 여길 것이다. 이 하위 경로에 있는 대다수 학생은 고등학교의 마지막 2년 동안 직업 교육 프로그램을 지향한다.

독자들은 당혹스러울 것이다. 조금 전에 계열화의 폐해를 비난하고 지금은 계열화 시스템을 수용하는 것처럼 말하니 말이다. 하지만 매우 중요한 차이점이 있다. 이 경우에는 가장 심각한 장애를 지닌 학생들을 제외하고, 직업 진로를 선택하는 학생을 포함하여 모든 학생이 국제적으로 비교 분석된 높은 학업 성취기준을 충족하도록 전체 시스템이 설정되었다는 점이다. 이것은 싱가포르에서 가장 성취도가 낮은 학생들이 미국 고등학교 평균 졸업자보다 지식이 많고 더 많은 일을 할 수 있다는 것을 의미한다. 싱가포르의 계열화 시스템은 거의 모든 학생이 일정 수준의 성취기준에 도달하도록 설정되어 있고, 그 기준을 피할 수 없다. 계열화 시스템의 전체적인 초점은 무슨 수를 써서라도 성취도가 가장 낮은 학생들도 그 기준에 도달할 수 있도록 시간과 지원을 투자한다는 것이다. 이는 미국에서 흔히 볼 수 있는 종류의 계열화 시스템과는 매우 다른 종류다.

상위 성과 국가의 중고등학교를 방문하면, 학교장은 학생들이 이전 학교feeder schools[3]에서의 기준에 비해 몇 년 뒤처져 입학하는 것에 걱정할 필요가 없다고 한다. 하위 25% 학생들의 성적이 좋은 것은 이런 시스템을 통과하면서 동급생에게 점점 더 처지는 경우가 발생하지 않기 때문이다.

그것을 설명하기 위해 다시 싱가포르를 집중 조명할 것이다. 하위 25% 학생들이 수강하는 교육과정은 까다롭지만, 내실이 있다. 군더더기가 없다. 반면 상위 25% 학생들은 같은 교육과정을 이수하지만, 핵심 교육과정의 부가적인 주제와 더 심화된 과제가 포함되어 풍부하다.

최하위권 학생들의 경우, 핵심 교육과정에 할당되는 시간은 고등학교의 마지막까지, 필요한 경우 연장된다. "한 명의 학생도 낙오되지 않게 하라No Child Left Behind"는 미국에서는 구호에 불과했다. 그러나 싱가포르에서는 현실이다. 전체 시스템이 거의 모든 학생이 해당 기준을 달성

---

3. 'feeder school'은 같은 지역의 특정 상급 학교에 학생들을 보내는 역할을 하는 학교를 말한다(역자주).

할 수 있도록 맞춰져 있다. 그 기준에 도달하는 데 더 많은 시간이 필요한 학생들은 여러 해가 걸려서 마침내 그 기준에 도달한다. 그뿐만 아니라 주말을 활용하거나, 수업을 연장하거나, 심지어 저녁까지 교사와 함께할 수 있다. 학년 전반에 걸쳐 교사들은 학생들의 진도를 분기별뿐 아니라 매일 분 단위로 밀착해서 관찰하고, 뒤처지기 시작하면 시간과 여러 자원을 투입한다. 학생들은 학점 쌓는 것에 그치지 않는다. 학생들의 학업 성취는 명확하게 정의된 공통 교육과정에 기반하여 전국 공통의 외부 측정 도구로 모니터링된다.

일반적으로 10년 동안 공통핵심 교육과정을 이수하면, 학생들은 장래 희망과 그 시점까지 파악한 자신의 특장점을 함께 고려하여 진로를 찾아간다. 이것은 실제보다 엄격한 시스템처럼 들릴 수 있다. 싱가포르에서 부모들은 자녀들이 지금까지의 성취보다 상위 트랙에 배정되도록 요청할 수 있으며, 그런 선호는 존중된다. 하지만 학생이 따라가지 못하면 원래 위치로 재배치된다. 10학년의 관문에서 학생이 과목을 추가 수강할 의향이 있고, 필요한 성적을 얻으면 다시 다른 경로로 이동할 수 있다. 이런 식으로, 학생들은 직업 교육과 훈련 경로에서 학문적 경로로 이동할 수 있다. 반대의 경우도 가능하다. 학생들이 직업적인 안정career insurance을 원한다면 두 가지 경로를 모두 선택할 수도 있다.

이 시스템에는 막다른 골목이 없다. 싱가포르 고등학교의 표준 학업 프로그램에 있는 학생들은 과학기술학교polytechnic에 진학할 수 있고, 적절한 과정을 원해서 수강하면 그곳에서 4년제 대학이나 대학원으로 진학할 수 있다. 아니면 전문대학에 진학하여 바로 대학교로 갈 수도 있다. 고등학교 수준의 직업 프로그램에 있는 학생들은 원하는 과목을 듣고 적합한 성적을 받으면, 바로 취업 시장에 진출하거나 과학기술학교,

4년제 대학, 대학원에 진학할 수 있다. 이 시스템에서 하위 25%는 평균 미국 학생보다 높은 성과를 내며, 상위 25%는 평균 미국 학생보다 2~3년 먼저 고등학교를 졸업한다.

제록스를 앞질렀던 일본 기술자들이 월등하게 특별한 사람이 아닌 것처럼 싱가포르 사람들도 특별하지 않다. 어떻게 그들이 이런 일을 할 수 있을까? 첫 번째 답은 방금 설명한 경로와 관문 시스템이다. 그러나 이것이 전부는 아니다. 이들 국가가 학생들이 이런 자격을 갖도록 보장하기 위해 무엇을 하는지 궁금하기도 하다. 이는 긴밀하게 조율된 기준, 교육과정 틀, 수업 계획서, 수업자료 및 평가로 구성된 세심하게 설계된 교육 시스템을 필요로 한다. 이제 상위 성과 국가의 전형적인 교육 시스템에 대한 설명으로 넘어가려 한다.

우수한 성취기준quality standards과 이에 기반한 교육과정과 교수요목

미국에서 '학업 성취기준academic standards'이라 하면 떠오르는 것이 영어, 수학의 공통핵심 국가 교육과정 기준과 차세대 과학 기준이다. 상위 성과 국가들에서도 매우 비슷한 것을 발견할 수 있다. 그러나 기준은 모국어, 수학, 과학에만 한정되지 않는다. 일반적으로 외국어, 기술, 국사, 세계사, 지리, 음악 및 예술을 포괄한다.

미국에서, 학업 성취기준은 일반적으로 학생들이 알아야 하고, 할 수 있는 것에 대한 서술적 진술narrative statements로 여겨진다. 하지만 전형적인 상위 성과 국가에서는 그 이상이다. 거기에는 기준을 충족한, 즉 좋은 점수를 받은 학생 활동의 사례와 그러한 성적을 얻은 학생 결과물student work의 특징을 나타내는 명확하고 상세한 진술이 포함된다. 학생 결과물의 사례는 일반적으로 국가시험 문항에 응답한 실제 결과물이다.

그것은 전형적으로 긴 에세이 형식이다. 이는 특히 저소득층과 소수 집단 학생들에게 더 중요하다. 이들이 더 나은 배경의 학생들보다 좋은 작문, 좋은 수학적 추론, 좋은 역사적 분석의 사례들에 접근하기가 더 어려울 수 있기 때문이다.

이런 유형의 수행 기준 사례는 뉴질랜드에서 찾을 수 있다. 뉴질랜드의 국가 교육과정은 1학년부터 13학년까지의 학습 진도를 나타내는 성취 수준 및 기준에 부합하는 학생 결과물 사례들, 그리고 그 학생 결과물의 질을 설명하는 주석을 함께 제시한다.

뉴질랜드 국가 교육과정, 4학년 작문 기준

4학년 말까지 학생들은 교육과정 전반에 걸쳐 경험, 아이디어, 정보를 생각하고 기록하고 소통하기 위해 다양한 텍스트를 작성해야 한다. 이 성취기준에 도달하기 위해 학생들은 4학년 수준의 학생들을 위한 *문해력 학습 발달*the Literacy Learning Progressions에 서술된 작문 지식, 기술, 태도에 관한 내용을 활용한다.

영어 학습의 일환으로 올해 4학년 학생들은 중요한 개인적 경험을 바탕으로 아이디어를 형성하고 표현하기 위해 글을 쓴다. 개별 학생은 독자의 흥미와 참여를 유발하리라 생각하는 무서웠던 경험에 대한 회고담을 쓴다.

이 사례는 과제와 텍스트의 양상을 나타내며, 학생이 교육과정의 작문 요구를 충족하기 위해 과제와 텍스트 모두에 참여하는 방법을 보여준다. 이와 같은 많은 예시는 이 학생에 대한 교사의 전반적인 판단을 알려주는 데 사용될 것이다.

"마라이아, 토끼 밥 줘!" 엄마가 복도에서 불렀다. "알았어요." 나는 말하고는 아오하(내 토끼)를 위해 풀을 조금 담을 양동이를 가져왔다. 그리고 그곳에서 아오하에게 줄 풀을 뜯고는 막 떠나려는데 숫양 한 마리를 보았다. 숫양은 내게 다가오고 있었다. 나는 그것이 해칠 것 같은 무서운 눈빛으로 나를 응시하는 것을 보았다. 나는 양동이를 떨어뜨리고 달렸다. 흘낏 뒤를 돌아보니 그것이 나를 쫓고 있었다. 나는 울타리에 가까이 있었고 거기를 오르기 시작했다. 거의 다 올랐을 때 숫양이 내 바지를 잡았다. 나는 그것을 땅으로 끌어당기며 비명을 질렀다. 결국 숫양이 나를 놓아주었고, 나는 뛰어올라 양동이를 잡고 담장 너머로 그것을 던졌다. 그리고 숫양이 나를 잡기 전에 담장을 넘었다. 나는 무사하다는 데 안도하며 풀밭에 누웠다. 양동이에 아무것도 없는 것을 보았다. "오 그래", "토끼는 오늘 밤 풀을 먹지 못하고 견뎌야 해."라고 나는 말했다. 집으로 걸어오면서 뒤를 돌아보았다. 숫양을 보았다. 숫양은 나를 노려보고 있었다. 나는 재빨리 몸을 돌렸다. 나는 안전했다.

주석
- 이 학생은 처음부터 상황에 대한 독자의 관심을 끌기 위해 직접 화법으로 회고담을 시작한다.
- 회고담에서 학생은 다양한 단순 접속사('as', 'so', 'when')를 사용하여 주요 행동, 생각, 감정을 명확하게 순서대로 기록한다.
- 이 학생은 독자에게 상황에 대한 명확하고 매력적인 그림(특히

숫양이 그녀를 쫓아와서 붙잡을 때 화자가 취하는 행동)을 제공하기 위해 간단한 세부 사항으로 회고담의 요점을 뒷받침한다. 이 학생은 명료한 표현을 위해 정확한 동사(예: '다가오는approching', '응시하다stare', '흘낏 보다glance')를 사용한다. 몇 가지 철자 패턴(예: stare, scary)은 잘 알고 있지만, 일부 단어에서 철자 오류(예: approching, droped, buket)를 보여 다른 일반적인 철자 패턴에 대한 지식을 보완할 필요가 있다.

• 이 학생은 다양한 문장 구조를 구사하고 문장 길이를 변화시킴으로써 텍스트를 좀 더 흥미롭게 하고 생동감을 느끼게 한다. 회고담에 개인적인 목소리를 입히기 위해 구어적인 말투와 내면의 성찰을 활용한다.

좋은 성취기준과 그에 기반한 교육과정 및 교수요목은 학생들에게 성공에 필요한 활동에 대한 직관적인 느낌visceral feel을 제공한다. 상위 성과 국가들은 학년이 올라갈 때, 때로는 학년별로, 때로는 학교급grade span에서 일반적으로 각 과목에서 순차적으로 학습 주제의 진도를 자세히 설명하는 교육과정 틀을 개발하는 데 이 성취기준을 활용한다. 교육과정 틀은 과목의 논리와 해당 과목을 공부하는 학생들의 일반적인 발달 궤적을 모두 반영한다. 교육과정 틀의 개발은 일반적으로 10학년 말에 첫 번째 자격을 얻기 위해 무엇을 알아야 하고 무엇을 할 수 있어야 하는지를 상세화하는 것에서 시작한다. 그 후 학년을 하나씩 내리면서 초등학교 1학년까지 각 학년에서 달성해야 할 수준을 상세화해간다. 이를 통해 각 학년 수준 혹은 각 학교급에서 학생들이 교육과정 발달의 다음 주제 또는 단계를 숙달하는 데 필요한 것을 확인한다. 주제와 무관한 것은 포함되지 않으며, 필수적인 내용은 하나도 빠지지 않는다. 교육과정 개발자는 모든 학생이 다음 단계로 넘어가기 전에 각 주제를 숙달할 충분한 시간이 있는지 확인하여, 아무도 뒤처지지 않도록 한다. 앞서 말했듯이 일부 학생들은 해당 주제에 할당된 정규 수업 시간 외에 더 많은 시간과 지원이 필요할 수 있다. 그래서 모든 학생이 수업을 따라갈 수 있도록 여분의 시간과 지원이 제공된다.

많은 국가에서 이 교육과정 틀은 각각의 과정에 대한 수업 계획서를 순차적으로 작성하는 데 사용된다. 수업 계획서는 좋은 수업 계획서가 갖추어야 할 것들, 즉 교과목에서 배워야 할 내용에 대한 설명, 다뤄야 할 주제들, 학생이 읽어야 할 책과 기타 자료들, 학생이 작성할 것으로 기대하는 논문, 프로젝트 및 기타 산출물, 학생을 평가하는 방식을 포함한다. 많은 경우 개별 시험, 프로젝트 혹은 산출물이 최종 성적에 어떤 비율로 반영되는지도 나타낸다._{호주 뉴사우스웨일스주의 예를 참조하라}

> ### 호주, 뉴사우스웨일즈주, 역사 과목의 교수요목
>
> 호주 교육과정은 영어, 수학, 과학과 기술, 역사 및 지리 교과를 위해 BOSTES(뉴사우스웨일즈주 교육청)에서 개발한 새로운 교수요목을 통해 뉴사우스웨일즈에서 시행되고 있다. 새로운 K-10 교수요목은 합의된 호주 교육과정 내용과 유치원부터 10학년까지 학습을 명확히 하는 내용을 담고 있다. 초기 단계1Early Stage1에서 단계5Stage5까지의 단계별 진술들은 호주 교육과정 성취기준의 의도를 반영한다.

교수요목에서는 유치원에서 10학년까지 각 단계에서 학생들이 계발해야 하는 지식, 이해, 기능, 가치, 태도를 명료화한다. 교사들은 학습 순서, 특정 영역 내용 강조, 학생들의 요구와 흥미와 능력에 기반하여 필요한 조정에 대해 계속 유연하게 결정할 것이다. 교수요목은 학기의 전형적인 한 주 동안 각 주요 학습 영역에 대해 주 교육청이 권장하는 비율 내에서 가르치도록 고안되었다. 학습을 위한 평가Assessment for learning는 계속해서 K-10 교수요목의 필수 요소다.

초기 단계1: 단계3

초기 단계1 개인 및 가족의 역사	단계1 현재와 과거의 가족 생활 현재 속 과거
단계2 공동체와 기억 외부 세계와의 첫 만남	단계3 호주의 식민지들 국가로서의 호주

단계4: 고대 세계 [50시간의 최소 교육시간]

개요: 이 개요는 고대 세계를 다루는 전체 교육 시간의 약 10%에 해당한다. 개요의 내용은 심화 학습 1-3에 대한 전반적인 소개에 사용되거나, 심화 학습 1-3과 통합되어 제시할 수 있다.

심화 학습 1	심화 학습 2	심화 학습 3
고대 시기 조사하기 (고대 오스트레일리아 포함)	지중해 세계 선택 학습(아래 항목 중 하나) – 이집트 – 그리스 – 로마	아시아 세계 선택 학습(아래 항목 중 하나) – 인도 – 중국

개요: 이 개요는 고대 세계에서 현대를 다루는 전체 교육 시간의 약 10%에 해당한다. 개요의 내용은 전반적인 소개에 사용되거나, 심화 학습 4-6과 통합되어 제시할 수 있다.

심화 학습 4	심화 학습 5	심화 학습 6
서양과 이슬람 세계 선택 학습(아래 항목 중 하나) - 바이킹 - 중세 유럽 - 오스만 제국 - 이탈리아 르네상스	아시아-태평양 세계 선택 학습(아래 항목 중 하나) - 앙코르/크메르 제국 - 쇼군 시대의 일본 - 태평양 전역에서 폴리네시아 확장	접촉의 확대(아래 항목 중 하나) - 몽골의 확장 - 아시아, 유럽 및 아프리카의 흑사병 - 스페인의 아메리카 정복 - 원주민과 토착민, 식민지화, 접촉의 역사

모든 학생은 단계4에서 현장 학습을 마쳐야 한다. 적절하다면, 가상 현장 학습을 할 수 있다.

단계5: 현대 세계의 형성 [50시간의 최소 교육시간]

단계5에서는 2개의 개요와 6개 심화 학습 중 4가지를 공부해야 한다. 핵심연구인 심화 학습 3과 4는 모든 학생에게 필수다.

개요: 이 개요는 현대 세계의 형성을 다루는 교육 시간의 약 10%에 해당한다. 개요의 내용은 심화 학습 1~3에 대한 전반적인 소개에 사용되거나, 심화 학습 1~3과 통합되어 제시할 수 있다.

심화 학습 1	심화 학습 2	핵심 연구-심화 학습 3
더 나은 세상 만들기? 선택 학습(아래 항목 중 하나) - 산업혁명 - 인구 이동 - 진보적 사상과 운동	호주 및 아시아계 선택 학습(아래 항목 중 하나) - 국가 건설하기 - 아시아와 세계	전쟁에서의 호주인들 (제1차 세계대전 및 제2차 세계대전) - 필수 학습

개요: 이 개요는 현대 세계와 오스트레일리아를 다루는 교육 시간의 약 10%에 해당한다. 개요의 내용은 전반적인 소개에 사용되거나, 심화 학습 4~6과 통합되어 제시할 수 있다.

핵심연구-심화 학습 4	심화 학습 5	심화 학습 6
권리와 자유 (1945년-현재) - 필수 학습	지구촌화되는 세계 선택 학습(아래 항목 중 하나) - 대중문화 - 환경 운동 - 이주 경험	아래 개요 중 하나에서 도출한 학교-개발 주제 School-developed topic - 베트남 전쟁 시대의 호주 - 홀로코스트 - 여성사 - 유엔 평화유지군 - 10년 동안의 연구 - 걸프전과 아프가니스탄 전쟁

모든 학생은 단계5에서 현장 학습을 완료해야 한다. 적절하다면, 가상 현장 학습을 할 수 있다.

위 사례에서 볼 수 있듯이 상위 성과 국가의 교수요목은 모든 학생이 매일 같은 교과서의 같은 페이지를 공부할 것을 명령하지 않는다. 모든 학생이 매일 같은 내용을 공부해야 한다고 생각하는 고정관념은 많은 미국인이 '국가 교육과정'에 대한 부정적 이미지를 갖게 했다. 사실, 미국에서 최고 성과를 내는 매사추세츠 같은 주들은 교사들에게 중요한 지침을 제공하는 교육과정 틀을 개발했다. 교수요목은 한 단계 더 나아간 지침이긴 하지만 교사들을 제약하지는 않는다.

교수요목은 수업 계획을 포함하지 않는다. 6장에서 살펴보겠지만, 실제로 교사는 학생과 개인의 선호에 맞는 수업 계획을 설계할 수 있는 광범위한 재량이 있다. 성취기준, 교육과정 틀, 교수요목, 수업자료가 연계되는 구조를 통해 부자와 빈자, 주류 집단 및 소수 집단과 상관없이 모든 학생이 동일하고 풍부한 교육과정, 동일한 높은 성취기준, 그리고 그 성취기준에 도달하게 하는 강력한 지원 시스템에 접근할 가능성이 미국보다 훨씬 높다.

상위 성과 국가 중 많은 국가에서 이런 난도 있는 교과목들에 대하여 내용을 심화하거나 추가적인 학습 지원 등을 포함하는 버전들을 다양하게 제공한다.[4] 학생들이 성취기준을 향해 잘 나아가고 있다면, 교사는 교과목 설계에서 자유롭게 벗어날 수도 있다. 그러므로 우리가 방금 설명한 지원 내용은 이를 필요로 하는 모든 학생을 위한 것이다.

또한 교육과정 틀이 모든 장소에서 동일하기 때문에 다른 학교로 전학 가는 학생들은 그들이 멈췄던 부분에서 다시 시작할 수 있다. 6학년 담당 교사는 5학년에서 진학한 학생들이 자신이 설계하는 수업 계획에 참여할 준비가 되어 있을 거라고 확신할 수 있다. 학교는 각 학년 및 과목 교사들이 알아야 하고 가르칠 수 있어야 하는 내용을 알고 있다. 이 모든 세부 요소가 함께 작동하여 매우 어렵고 힘든 프로그램을 공부하는 모든 유형의 학생들에게 강력한 지원망을 제공한다.

상위 성과 국가에서의 학생 평가

상위 성과 국가들은 교수요목뿐만 아니라 교수요목에 내포된 강좌 디자인을 기반으로 하는 시험도 만든다. 이 시험은 학기 말 평가로, 교육과정과 연계되지 않고 중립적 형태를 띠는 일반적인 미국 시험과는 다

---

4. 일반적으로 'enrichment program'은 학습에 어려움을 겪는 학생들을 지원하기 위해 학습 방법이나 매체를 달리하는 프로그램일 수도 있고, 혹은 우수한 학생들이 심화 학습을 할 수 있게 하는 것 모두를 가리킨다(역자주).

른 종류의 시험이다. 일부 국가에서 큰 예외이자 주요 쟁점은 대학 입시다. 대학 입시는 초·중등 교육의 국가 목표 달성의 걸림돌로 널리 인식된다.

이런 시험에는 객관식 문항이 포함될 수 있지만 일반적으로는 에세이 유형의 질문과 응답이 주를 이룬다. 객관식과 컴퓨터 채점 방식 시험이 훨씬 저렴하겠지만, 이 국가들은 객관식 시험이 정확히 측정할 수 있다고 생각하는 내용보다 훨씬 광범위한 복잡한 역량을 측정하기를 원하므로 사람이 채점하는 에세이 기반 시험을 선택한다. 국가는 시험 출제와 채점에 책임을 진다. 채점은 주로 교사가 하는데, 시험 구성 및 채점에서 신뢰성과 타당성의 전문적 기준이 충족되는지 확인하는 시험 당국 testing authority의 감독하에 이루어진다. 이런 시험을 채점하는 일은 일반적으로 교사 업무의 일부로 여겨진다. 그리고 교사는 이 채점 경험이 전문성을 높이는 강력한 학습 경험이 됨을 깨닫는다. 학생이 성공하기 위해 어떤 일을 해야 하는지 교사가 더 잘 이해할 수 있게 되기 때문이다.

이런 시험의 결과로 앞서 언급한 학생 과제의 모범 예시들이 생겨난다. 이것들은 일반적으로 시험 후 교육부 웹사이트에 게시된다. 좋은 점수를 받은 이유를 설명하는 시험 당국의 논평이 종종 함께 적힌다.

미국 학생들이 응시한 시험에 제공되는 피드백은 정답을 맞힌 문항에 따른 점수이자, 때로는 다른 학생들의 점수와 비교한 자신의 상대적 점수에 대한 정보다. 그것은 학생들이 무엇을 잘했으며, 무엇을 더 노력해야 하는지에 대해서는 아무것도 알려주지 않는다. 학생들이 목표로 삼아야 할 대상에 대해 알려주는 바가 전혀 없다. 그것은 눈 감고 하는 술래잡기 놀이와 같다.

학교 교육의 목적이 덧셈을 하여 정답을 얻거나, 주어와 목적어가 올바른 위치에 있는 문장을 만드는 것이라면, 문제 될 것이 없다. 그러나 학생이 실제 상황을 수학적 용어로 구성하는 방법을 알고 그렇게 구성된 문제를 일련의 개별 수학적 연산으로 해결하거나, 정책 입안자가 직면한 선택들을 서면 분석하고 그중 하나의 선택을 설득력 있게 주장하기를 요청받을 때, 이는 중요한 문제가 된다.

앞에서 설명한 큰 관문을 통과하기 위한 시험은 종종 국가가 학생에게 학교 생활 전반에 걸쳐 유일하게 요구하는 시험이다. 핀란드에서 모든 학생에게 필요한 유일한 시험은 대학입학시험이다. 핀란드는 6학년과 9학년 과정에서는 표집標集에 기반하여 학생들을 평가한다. 많은 국가에서 유일한 필수 시험은 일반적으로 공통교육과정의 마지막인 10학년 말에 있거나 그 이후 프로그램의 마지막에 실시한다. 이들 프로그램은 대학 졸업장 취득이 목적인 대학 준비 프로그램 혹은 산업체가 인정하는 자격증 취득이 목적인 직업교육과 훈련 프로그램이거나, 둘 다이다. 일부 국가에서는 중학교 말에 추가로 국가시험이 있으며, 우수한 고등학교에 입학하기 위한 시험으로 활용된다.

그러나 초등학교 1학년부터 모든 과정에 걸쳐, 교사는 이런 자격을 향해 나아가는 학생 성취를 평가하기 위해 형성 평가와 총괄 평가를 조합하여 학생을 평가하고 그 결과를 교육 관계자와 학부모에게 보고해야 한다.

상위 성과 시스템을 만들기 위한 국가 기준 구축하기

미국 대부분 주는 공통핵심기준 또는 이와 매우 유사한 기준들을 채택했다. 일부는 차세대 과학 기준도 채택했다. 본 장에서 설명한 교육과정 및 교육 지원의 전체 범위를 개발하기 위해 아무도 이 성취기준들을 사용하지 않았다. 그러나 여러분이 소속된 지역에서 독자적으로 또는 생각이 같은 다른 지역과 연계하여 이와 같은 작업을 하지 못할 이유는 없다. 이 작업을 할 때 다음 두 가지가 중요함을 명심하라. 첫째, 매우 심각한 장애가 있는 학생들을 제외하고 모든 학생을 위해 높은 최소 수행 기준을 설정하는 것, 둘째, 모든 학생이 거기 도달하는 데 필요한 완전한 지원망web of support을 개발하는 것이다.

또한 상위 성과 국가에서는 핵심 교육과정에 모국어, 수학 및 과학만 포함되는 것이 아님을 기억하라. 일반적으로 적어도 기술, 역사, 예술 및 음악이 포함된다. 핀란드에서는 이 밖에도 철학을 포함하여 훨씬 많은 과목을 포함한다. 그리고 교육과정 틀, 교수요목, 강좌기반 시험의 전체 시스템은 이런 과목들에도 적용된다. 이 모든 것을 한꺼번에 실행할 필요는 없다. 그러나 이 방향으로 빠르게 변화할수록 학생의 성취도는 더 향상될 것이다.

대학 및 취업 준비 기준

현재 많은 주에서는 그들이 생각하는 대학과 취업 준비 기준college-and career-ready standards이 있거나 마련하려고 노력하고 있다. 그러나 이 기준들은 종종 SAT 또는 ACT 점수, 누적 학점, 일련의 직업 및 기술 교육과정 이수career and technical education course sequences, 산업계 인증 자격 취득, 대학 입시 점수 또는 이들의 조합으로 미로처럼 표현된다. ACT 또는 SAT 점수는 하나의 '점수'일 뿐이다. 이 점수는 기준에 도달하기 위해 학습자가 무엇을 해야 하는지 학생이나 교사에게 말해주지 않는다. 어떤 종류의 일을 해야 기준을 충족하는지 안내하지 않고, 기준 충족에 도움이 되는 특정한 교육과정도 알려주지 않는다. 대부분 주에서는 3개, 때로는 4개의 직업 및 기술 교육과정을 일련의 직업 및 기술 교육 프로그램으로 인정한다. 대개 이것은 1년에 한 강좌다. 상위 성과 국가 중 어떤 나라도 이것을 가족을 부양할 수 있는 직업을 진지하게 준비할 수 있는 것으로 인식하지 않을 것이다. 그리고 수행 평가와 합격 등급을 정하지 않고, 그 단계를 마치는 것만으로는 충분한 자격 조건이 될 수 없다. 대학 배치 시험은 대학 준비도를 측정하는 수단으로서 불신의 대상이 된 지 오래다. 그 시험에 떨어진 많은 학생이 대학에서 좋은 성적을 얻는 반면, 시험을 통과한 많은 학생은 그 반대다. 이런 시험들을 활용하는 일반적인 대학에서 이 시험이 수학 능력을 측정하는 데 형편없는 방법으로 여길 만한 이유들이 있으며, 따라서 많은 고등교육기관은 이것들을 사용하지 않으려고 한다.

많은 주에서 대학 및 직업 준비 여부를 결정할 때 학력 대신 직업 자격 증명을 사용하기로 전환하는 듯하다. 하지만 이런 직업 자격 증명은 산업 직군에 기반을 둔 경우가 많아 특정 분야에 입문하여 성공적으로 일하는 데 필요한 지식과 기술을 지녔음을 입증하는 것으로서 고용주에게 널리 인정받지는 못한다. 더 중요한 점은, 고등학교를 졸업하는 학생이 일반적인 2년제 대학community college[5]에서 성공할 준비가 되었다는 점을 보여주는 대체 자격 증명은 평생 경제적으로 어려움을 겪을 학생을 졸업시키는 수단이 된다는 것이다. 일반적인 2년제 대학에 필요한 학문적 지식과 기술이 없는 학생은 가까운 장래에 취업 시장을 지배할 직업에 필요한 읽기, 쓰기 및 수학을 할 수 없는 학생이다. 일반적인 2년

---

5. 미국에서 대학교육 확충계획의 하나로 지역사회의 필요에 부응하여 단기대학 정도의 교육을 제공하기 위해 설립한 대학. 주에 따라 다양한 형태로 운영되며, 각 지역의 산업과 연결된 직업교육 코스가 많다. 주·야간의 다양한 코스가 개설되어 있으며, 4년제 대학의 3학년으로 진학할 수 있는 코스도 있다(역자주).

제 대학에서 성공하는 데 필요한 기준보다 낮은 졸업 기준을 설정하는 것은 직업 및 기술 교육이 학업에 소질이 없는 학생들을 위한 것이라는 생각을 확고히 하는 것이다. 대부분 상위 성과 국가에서는 이런 생각을 찾아볼 수 없다. 그러나 상위 성과 국가들의 교육 시스템이 자격 시스템 이상이라는 점을 이미 언급했다.

이미 말했듯이, 미국은 현재 영어, 수학, 과학에 대한 성취기준이 있다. 그러나 나머지 핵심 교육과정의 다른 과목들은 대부분 그러한 성취기준이 충분히 개발되어 있지 않다. 이런 영역에서 성취기준을 충족하는 몇 가지 학생 결과물 사례는 있다. 그러나 상위 성과 국가에 존재하는 학생 결과물의 수와 다양성에는 크게 미치지 못하며, 학생 결과물이 기준을 충족하는 이유에 대한 논평을 제공하는 경우는 거의 없다. 결론적으로 좋은 성취기준을 구비한 교과subjects가 적다고 할 수 있다. 이미 있는 성취기준들도 일반적으로 상위 성과 국가의 성취기준들이 지닌 풍부함, 특히 취약한 학생들이 가장 필요로 하는 종류의 풍부함이 부족하다. 그에 못지않게 중요한 것은 그러한 성취기준이 거의 단순 서술이라는 것이다. 기준을 충족하는 학생 작업의 예시와 그 기준이 실제로 요구하는 것을 이해하려 할 때 교사와 학생에게 유용할 수 있는 학생 작업에 대한 논평이 빠져 있다.

일반적으로 미국에는 성취기준에 부합하는 강력한 교육과정 틀이 부족하다. 우리가 보유한 틀은 경로와 관문의 구조와 일치하지 않는다. 예를 들어, 공통핵심 수학 기준의 어떤 부분이 필수 사항이고, 어떤 부분이 선택 사항이며, 어떤 것을 고등학교 상위 학년에서 가르쳐야 하는지 불명확하다. 현재의 교육과정 틀은 학생들이 실제로 자료를 학습하는 방식에 대한 연구 결과와도 부합하지 않으며, 학습할 주제들을 논리적인 순서로 배열하고 있지도 않다. 10학년 말에 학생들이 도달해야 할 성취기준의 달성에 필요하지 않은 것들을 포함하고 있기도 하다.

미국은 경로와 관문들의 명시적 구조에 부합하는 강력한 교육과정 틀, 그리고 그에 부합하는 강력한 교수요목 세트가 없다. 그리고 교육과정 틀은 일반적으로 높은 성취기준의 집합체로 이루어져 있다. 일부 주와 지역구에는 교수요목이 있지만, 질이 고르지 않으며, 높은 수준의 교육 시스템의 다른 요소와도 거의 일치하지 않는다. 미국은 기준에 맞는 교수요목 시스템이 잘 개발되어 있지 않기 때문에 가르칠 과정에 적합한 교사 교육과 훈련의 강력한 시스템을 개발할 수 없다.

미국에서 시험은 일반적으로 학생들이 수강한 과목이 아니라, 성취기준을 기반으로 한다. 따라서 학생들은 수강한 적이 없는 교육과정에서 시험을 치르게 될 가능성이 높다. 두 개의 컨소시엄 테스트—대학 및 진로 준비도 평가를 위한 파트너십Partnership for Assessment of Readiness for College and Careers: PARCC[6]과 스마트 균형 평가 컨소시엄Smarter Balanced Assessment Consortium: SBAC[7]—은 논술형이 아닌 객관식 문항에 큰 비중을 둔다. 그래서 학생도 교사도 어떤 종류의 학생 작업이 높은 점수를 받을지 명확하게 알지 못한다. 이는 저소득 학생, 소수자 학생 및 특수교육 대상 학생에게 특히 심각한 문제다. 이런 학생에 대한 기대치가 일반적으로 훨씬 낮기 때문이다.

개별 연구자들은 동의하지 않지만 교과서 회사들은 자신들이 성취기준에 부합하는 교과서를 제작해왔다고 주장한다. 이로 인해 교육과정

---

6. 미국의 공통핵심 교육과정에 기반하여 영어와 수학 성취를 매년 측정하기 위해 컬럼비아 지역구(District of Columbia)에서 개발한 평가다(역자주).

7. 2010년 결성된 컨소시엄으로, 디지털 기술에 기반하여 교사들에게 미국의 공통핵심 교육과정과 관련된 컴퓨터 기반 평가도구를 제공한다(역자주).

성취기준에 부합하는 상업용 자료에 대한 교사들의 접근을 차단하게 된다. 주 정부와 비영리 단체는 교사가 만든 교육과정으로 공백을 채우려 한다. 그러나 상위 성과 국가에서 일상적으로 개발되는 일류 교육과정 개발에 필요한 시간 여유가 있는 교사는 거의 없으며, 미국에서 교사가 생산한 자료와 수업 중에서 적절히 검증된 것은 거의 없다. 뉴욕은 공통핵심 교육과정과 일치하는 자료를 개발하는 좋은 시작점을 마련했다. 다른 주체들도 그 도전을 충족하기 위해 노력하고 있다. 그러나 공통핵심 교육과정에서 다루는 과목이나 1학년에서 10학년을 위한 확장된 핵심 교육과정의 다른 과목에서도 상위 성과 국가의 고도로 일관되게 잘 개발된 교육 시스템에 필적할 수 있는 것을 여전히 보지 못했다.

미국의 대부분 주에는 방금 설명한 구조의 일부가 있다. 하지만 상위 성과 국가에서 일상적으로 사용할 수 있는 많은, 아마도 대부분의 교육 시스템 지원 구조는 미국에서는 사용할 수 없다.

잘 발달된 교육 시스템에 의해 교사와 학생에게 제공되는 지원에 대한 이런 설명은 다소 기계적으로mechanical 들리며, 그것을 만드는 기법 mechanics은 매우 중요하다. 그러나 해당 시스템의 구성 요소를 개발하는 정신은 그것들을 만드는 것만큼 중요하다. 차세대 과학 성취기준은 상위 성과 국가들의 정신을 잘 포착하고 있다. 그것은 핵심 아이디어의 중요성뿐만 아니라 과학계 전반에 걸쳐 가장 중요한 사고를 식별할 필요성을 언급하고 있다. 또한 그것은 지식뿐만 아니라 그 지식의 활용에 초점을 두는 교육과정, 그리고 과학이 산출한 결과뿐만 아니라 그러한 지식 산출을 가능케 한 탐구의 정신과 방법에 초점을 둔 교육과정의 필요성에 대해 말한다. 학생들의 핵심 수행을 측정하려고 노력하는 평가에서도 같은 정신이 반영되어야 한다. 예컨대, 역사에서 두 시대의 주요 차이점과 유사점을 포착하는 긴 에세이 쓰기, 장면의 본질을 표현하는 유화 그리기, 현실 세계의 복잡한 문제를 이해하여 수학적 용어로 표현하는 방법을 알아낸 후 실제적 문제 해결에 필요한 일련의 수학적 절차를 설정하고 실행하기, 특정 소우주의 실제 작동 방식을 이해하기 위해 가설을 생성하고 자료를 통해 가설을 검증함으로써 과학자가 사용하는 수단으로 또 다른 실제적 문제에 접근하기 등을 들 수 있다.

독자 중 일부는 왜 지금까지 교육 공학에 대해 아무 언급도 하지 않는지 궁금할 것이다. 확실히 우리는 학생들을 더 높은 수준으로 교육하고, 여전히 사용하는 19세기 방법보다 효율적인 방식으로 교육하기 위해 디지털 기술을 사용할 수 있는 방법을 상위 성과 국가로부터 배울 수 있다. 하지만 사실은 그렇지 않은 것으로 드러났다.

미국은 다른 어떤 선진국보다 학생 1인당 교육 공학에 많은 예산을 지출한다. 그러나 OECD-PISA 데이터는 교육 공학에 대한 지출과 학생 성과가 아무런 관계가 없음을 보여준다. 더욱 경각심을 일깨우는 것은, PIACC 조사 결과 미국 밀레니엄 세대 노동자가 OECD에서 조사한 다른 나라 밀레니엄 세대 노동자보다 공학 기반 문제 해결 점수가 낮다는 것이다. 이것은 디지털 기술이 변화를 만들 수 없음이 아니라, 아직 그렇게 되고 있지 않다는 것을 말한다. 당신의 목표가 학생 성취도를 개선하는 것이라면 이런 자료들로부터 예산을 공학에 투자할 것이 아니라 일류 교사를 양성하고 양질의 교육 시스템을 위해 투자해야 한다는 결론을 얻을 수 있을 것이다.

상위 성과 국가에 기반한 새로운 틀은 어떤 모습일까?

이 부분에서는 우리가 협력하고 있는 주들에 권장하는 시스템에 관해 설명한다. 이를 여러분의 주가 직면한 상황에 어떻게 적용할 수 있을지 생각해 보라.

자격 인정 시스템

이 과정은 당신의 졸업생들이 가장 가까운 2년제 대학community college이나 대학들colleges에서 성공하기 위해 무엇이 필요한지 알아내는 것에서 시작된다. 그 기준을 대학들에 묻지 말라. 1학년 강좌들을 성공적으로 수강하는 데 실제로 필요한 것보다는 대학들이 원하는 것을 알려줄 것이다. 그들에게 일반적인 1학년 교과서를 보고, 그 읽기 수준을 분석할 수 있는지 물어보라. 1학년 학생들이 수강해야 하는 가장 어려운 수학 과정이 무엇인지 물어보고 그 내용을 분석하라. 강사가 채점한 학생들의 작문을 볼 수 있는지 요청하여, 실제 쓰기 기준을 결정하는 데 이런 표본을 사용하라.

당신이 분석한 자료를 활용하여 대학 및 취업 준비 기준을 설정하라. 그러면 그 기준이 실제로 얼마나 낮은지 놀라게 될 것이다. 그런데도 현재 고등학교 졸업생 대다수가 보충 과정을 이수해야 하며, 그 과정을 수강하는 대다수 학생이 학위를 받지 못한다는 점을 유념하라. 모든 학생을 이 기준에 맞출 수 있다면, 당신 졸업생의 장래에 엄청난 변화를 가져올 것이다.

이 새로운 대학 및 취업 준비 기준을 10학년 말까지 당신의 학생 중 점점 더 많은 비율의 학생이 도달하기를 원하는 기준으로 설정하라. 그리고 가장 많이 지체되는 학생은 예외로 하고 그 외의 모든 학생이 고등학교 졸업까지 도달하기를 원하는 기준으로 설정하라.

이 대학 및 취업 준비 기준은 시스템에 있는 학생들에게 첫 번째 큰 자격 인증이 될 것이다. 일단 기준을 충족하면, 학생들은 다음 경로 중에서 선택할 수 있다. 즉, (1) 세계적으로 선별된 대학에 입학하도록 고안된 국제적으로 인정받는 까다로운 학위 프로그램(예: AP 국제 학위AP International Diploma 프로그램, 국제 바칼로레아International Baccalaureate 프로그램, 케임브리지 학위Cambridge Diploma 프로그램), (2) 높은 급여를 받는 직업으로 직결되는 까다로운 직업 및 기술 교육 프로그램, (3) 졸업 시 고등학교 졸업장과 함께 학생에게 수여되는 준학사 학위로 마무리되는 완전한 2년제 대학 학위 프로그램 등을 준비할 수 있다.

학생들이 달성해야 할 목표로서 2년제 대학의 첫 학년을 성공적으로 마치는 것을 12학년이 아닌 10학년 말까지의 기준으로 삼음으로써, 모든 개별 학생의 성공을 위한 목표를 설정하게 된다. 학생들의 목표는 하버드나 스탠포드 대학교 입학이거나, 컴퓨터 시스템 관리 분야의 직업을 갖는 것이거나, 가족의 비용 부담 없이 2년제 학위를 얻고 고등학교를 졸업하면서 좋은 직장에 취직할 준비를 하거나, 대학의 마지막 2년을 마무리하는 것이 될 수 있다.

이런 방식으로 구성된 자격 인정 프로그램은 졸업률을 크게 높일 것이다. 그리고 세계 유수의 대학교universities, 대학colleges, 다른 공개 입학 기관에서 성공할 준비가 되어 있는 고등학교 졸업생의 비율을 높일 것이다. 또한 더 많은 고등학교 졸업생들이 보수가 좋은 보람 있는 경력으로 이어지는 첫 직업에의 입문을 준비할 수 있게 할 것이다. 이 구조를 통해 고등학교 졸업 때까지 2년제 준학사 학위를 무료로 취득할 수 있으므로, 학부모와 학생 및 국가에 막대한 비용 절감 효과를 가져다줄 것이다.

이런 결과는 방금 설명한 자격 인정 시스템의 구조뿐만 아니라 이 장과 다음 장에서 설명하는 다른 모든 정책 및 실천과 연계된 체계적 실행의 산출물일 것이다.

수업 밖에서 일어나는 일

이런 새로운 모델 학습 시스템new model learning system은 수업에서 일어나는 일에만 관련되는 것은 아니다. 일류 자격 인정 시스템과 세계적 수준의 교육 시스템을 만드는 것 외에도 다른 두 가지가 중요하다. 첫째는 우리가 비교과 프로그램으로 간주하는 것이고, 다른 하나는 우리가 가장 핵심적인 것으로 여기는 것이다.

비교과 프로그램. 이전 장들에서 디지털 기술이 학생들에게 명백히 인간적인 것, 즉 가치관, 도덕적 책임, 사회적/정서적 기술, 창의력, 리더십 능력, 팀의 노력에 이바지할 수 있는 능력 등과 같이 가장 위대한 교육자들이 늘 우선시했던 것들을 어느 때보다 중요하게 만들 것이라고 했다.

좋은 교육의 이런 요소들 대부분은 직접 가르칠 수 없다. 그것은 숙련되고 헌신적인 멘토의 지도하에 모델링이나 경험을 통해 가장 잘 배울 수 있다. 합창단, 학교 밴드, 축구장, 그리고 한밤중에 학교 신문을 정리하거나 학교 거버넌스를 위한 선거 운동을 하거나 무대 단원으로 일하거나 양로원에서 노인들을 도우면서, 혹은 법률 사무소에서 인턴을 하거나 보트 제작의 달인에게 견습을 받는 동안 가장 잘 배우게 된다.

대부분 고등학교에서 이런 활동은 자발적이다. 학생이 의무적으로 참여할 필요가 없다. 그런 활동 대부분은 소수 학생만 수용한다. 이마저도 해당 활동에 가장 적합해 보이는 학생들만 참여한다. 많은 학교에서 이런 활동에 대한 비용을 청구하기 때문에 많은 학생이 참여할 수 없다. 마찬가지로 방과 후 일해야 하는 학생들은 자주 참여할 수 없으며, 활동 후 집으로 가는 교통편이 없는 학생들도 참여할 수 없다.

이런 활동을 통해 가장 잘 개발되는 자질이 최소한 수업에서 배우는 것만큼 중요하다는 것이 사실이라면, 국가 간 경쟁의 성패가 교실보다 요양원과 학생회에서 결판날 가능성이 더 크다면, 교육자는 무엇이 핵심이고 무엇이 선택인지 다시 생각해야 할 것이다. 교육자는 이런 활동을 통해 개발하고자 하는 자질을 명확히 하고, 학생들이 이런 자질을 발달시킬 기회를 충분히 가질 수 있도록 함께 협력해야 한다. 모든 학생이 자질 개발에 도움이 될 수 있는 활동에 등록하게 하고, 그러고 나서 진행 상황을 추적하여 아무도 낙오되지 않게 할 필요가 있다.

이 교육 모델에서 교실 학습은 중심에 있지 않고 비교과 활동 또한 주변에 있지 않다. 두 가지 모두 하나의 학습 시스템으로 연계되어 있다. 그 목적은 학생들이 성공에 필요한 가치, 태도, 기능, 지식—인지적 및 비인지적—을 습득할 수 있게 하는 연계 학습 경험의 실타래를 만들기 위해서다. 교사는 이런 경험 중 일부를 직접 구성, 개발, 제공하게 된다. 또는 그것을 조직하고 조정하고 추적하는 역할을 한다. 어느 쪽이든, 교사는 개별 학생의 성공에 필요한 학습 경험을 얻게 한다.

상위 성과 국가는 그러한 학습 시스템 구축에 중점을 두며, 두 가지 방법을 활용한다. 첫째, 성취기준, 교육과정 틀, 교수요목, 평가를 이끄는 교육의 목표는 광범위하며, 인지적 기능과 지식뿐 아니라 가치와 태도를 포괄한다. 예를 들어, 2009년 캐나다 앨버타주 교육부는 2030년에 졸업할 교육받은 앨버타 사람의 모습을 정의하는 것을 목표로 주의 교육 시스템을 광범위하게 점검했다. 그 결과 등장한 비전은 다음과 같다: "포용적 교육 시스템에서 기업가 정신을 지닌 참여적 사고자이자, 윤리적 시민으로서 학생들이 성공과 성취를 얻도록 영감을 주고, 그것을 가능하게 하는 것 [Alberta Education, 2010, p. 7] "

둘째, 상위 성과 국가는 학생들에게 좋은 학습자이자 좋은 사람이 되는 데 필요한 경험과 지원을 제공할 수 있도록 학교와 교사에게 많은 자유를 허용한다. 이런 특징은 동아시아 국가들에서도 찾아볼 수 있는데, 이는 학생들을 시험 치는 기계로 만든다는 이들 국가에 대한 (부당한) 평판이 잘못되었음을 보여준다. 홍콩과 싱가포르의 다음 사례는 학교가 이런 유연성을 어떻게 활용할 수 있는지 보여준다.

"마음이 먼저, 머리는 그다음". 이제 우리가 문제의 핵심이라고 부르는 것에 이르렀다. 용접공은 기술력 하나만으로도 성공할 수 있다. 그러나 교사는 그럴 수 없다. 자신이 실패할 운명이라고 생각하는 학생은 배움에 흥미가 없다. 어떤 어른도 신뢰할 수 없다고 생각하게 만든 경험이 있는 학생은 교사를 믿지 않을 것이다. 계속된 두려움이나 지속적인 고통 속에 사는 학생은 긴 나눗셈 수업을 받을 유망한 후보자가 아니다.

미국의 많은 교사는 이런 사실을 알고 있으며, 때로는 가장 열정적인 비평가들을 놀라게 할 수 있는 상황에서도 이런 문제를 해결하기 위해 무엇이든 할 준비가 되어 있다. 그러나 많은 교사가 해야 할 일을 하는 것은 학교 관리자나 지역구에서 그들을 격려하거나 인센티브를 제공하기 때문이 아니다. 그들이 당면한 저해 요소에도 불구하고 그들은 그렇게 한다. 우리가 살펴본 최고의 교육성과를 내는 많은 국가, 주state, 지방provinces, 특히 아시아에서 흥미로운 점은 이런 행동을 기대하고 장려하며 축하하는 정도다.

싱가포르, 상하이, 홍콩에서 "마음이 먼저, 머리는 그다음"이라는 말을 자주 듣는다. 이 문구는 매우 가난한 지역사회, 종종 많은 어려움을 겪는 소수인종과 소수민족 가족들이 있는 지역사회의 어린이를 대상으로 하는 학교에서 특히 두드러진다.

홍콩 호 유 대학Ho Yu College과 초등학교

란타우섬의 도심에서 멀리 떨어져 있는 호 유 학교는 오랫동안 홍콩의 가난한 사람들이 거주해 온 지역에 위치하며, 건물은 별다른 특징 없이 실용적으로 지은 것이다. 리쑤엣잉Lee Suet Ying 교장이 약 15년 전 이곳에 부임했을 때, 그녀는 거리의 갱단이 학교를 통제하고, 교직원들은 겁을 먹고 사기는 땅에 떨어졌으며, 학생들은 자신들을 버린 것처럼 보이는 세상에 두렵고 화가 나 있는 것을 발견했다. 졸업하는 데 성공한 사람들 거의 모두는 트럭이나 택시를 운전하거나, 공장에서 일자리를 얻거나, 수많은 길가 포장마차와 상점에서 요리하고 설거지하고 손님을 접대하는 일에 종사했다.

오전 8시가 조금 넘은 시각에 출근하여 교장은 다른 교직원들과 운동장에 서서 학생들을 맞이했다. 호 유는 초등학교에서 대학까지 연결되어 있으며, 이는 1학년부터 12학년까지 학생들이 등록한다는 것을 의미한다. 우리는 소그룹으로 농구공을 던지고 있는 나이 많은 학생들과, 포옹과 웃음을 기대하며 교장과 다른 선생님들을 향해 환히 웃으며 달려가는 어린 학생들을 지켜봤다. 달려간 아이들은 교장 선생님의 치마 속에 몸을 숨겼고, 그녀는 애정으로 아이들의 얼굴을 감싸주었으며, 이 장면은 학생들의 눈에 담겼다.

종종 학생들의 부모는 문맹이었다. 가정은 폭력적이며 학생들의 미래는 암울했다. 이 교장이 처음 부임했을 때, 많은 학생은 통제되지 않은 갱단 세력 때문에 학교에 오기를 두려워했다. 교사들에게 기대하는 바가 거의 없이, 학생들은 침울하고, 반응하지 않고, 배우려는 의지가 거의 없는 상태로 그저 수업 시간에 앉아있었다.

이 교장은 자신의 첫 번째 과업은 학생을 교육하는 것—그것은 나중 일이다—이 아니라, 학생들이 교직원을 신뢰하게 하는 것이라고 했다. 최우선 과제는 학생들에게 다가가고, 개인적인 관심을 가지고 학생들이 일상생활에서 직면하는 문제를 해결하도록 도우려는 열망과 기술을 모두 갖춘 직원을 찾는 것이었다. 직원들은 한 번도 가본 적 없는 곳으로 학생들과 견학을 하고, 학생의 개인 생활에 관심을 기울이고, 법적 문제가 발생했을 때 학생을 위해 법정에 출두하고, 가능하면 취업할 수 있도록 학생들을 도왔다. 그들은 밤낮으로 학생들을 위해 함께 있었고, 그 과정에서 학생들의 신뢰를 얻었다.

이 과정은 매우 더뎠다. 이 교장은 5년이 걸렸다고 했다. 그녀는 이 학교의 관리자가 된 후 5년 동안 학업 성취도에는 거의 신경 쓰지 않았다고 했다. 학교가 매우 힘든 세상의 피난처가 되고, 학생들이 교사들을 안전한 사람으로 여기고, 실제 사랑받고 있다고 느낄 수 있기 전에는 학업 성취도를 높일 수 없음을 그녀는 알고 있었다. 학생들은 자신을 믿어주는 어른이 생기기 전까지는 스스로에게 자신감을 가질 수 없고, 투자할 가치가 있는 미래가 오리라고 기대할 수 없었다.

오늘날까지 교사들은 무엇이든 학생들을 위해 함께 있다. 오전 8시에 문이 열리고, 오후 4시 30분에 수업이 끝난다. 그때 스포츠 및 비교과 프로그램이 시작된다. 학생과 교사 대부분은 오후 6시가 되어야 집으로 간다. 그러나 그 후에도 많은 사람이 남아 있다. 그들이 남아 있는 이유 중 일부는 자신이 하는 일에 매우 깊이 몰두하기 때문이다. 이 교장은 최근 저녁 8시 30분에 학교 문을 잠그려 했다. 그러나 학생들이 숙제할 곳이 없고, 집에 아무도 없는 경우가 많아서 학생들의 안전을 보장해야 한다며 많은 교사가 반대했다. 우리가 교사들도 집에 가서 가족을 돌보아야 한다고 하자, 이 교장은 저녁 8시 30분에 학교 문을 닫는 데 반대하는 사람들은 아직 자녀가 없는 젊은 교사들이라고 했다.

학생들의 신뢰를 얻었다고 판단한 적절한 때가 되었을 때, 이 교장은 본격적으로 학업 면에 공을 들이기 시작했다. 아시아 학교에서 흔히 그렇듯이, 우리는 교장에게 이 학교 교사들이 초등학교 수학과 과학 혹은 언어와 사회 과목을 전공했는지 물었다. 교장은 모든 교사가 1~2개 과목을 전공했다고 했다. 심지어 초등학교 단계 교사들도 전문화되어 있다. 교장은 대학원 수준에서 열심히 공부하지 않으면 초등학교 수준에서조차도 교과를 제대로 가르칠 수 없다고 했다. 그녀는 말했다. 학생들이 어려움을 겪을 때, 교사는 오해의 본질을 정확히 짚을 수 있어야 한다고. 그러려면 교과에 대한 깊은 이해가 필요하다.

우리는 교장에게 직원을 어떻게 선발했는지 물었다. 그러자 교장은 방에 있던 두 직원을 바라보았다. 15년 동안 함께 일해 온 두 교감이었다. 한 사람은 호 유에 오기 전에 홍콩 최고 명문고 중 하나인 디오세산Diocesan 남자고등학교에서 근무했다. 그녀에게 왜 근무지를 바꾸었는지 물었더니 "이 학생들이 나를 더 필요로 했기 때문"이라고 했다. 교장에게 그녀를 선택한 이유를 묻자 그녀의 미소 때문이었다고 했다. 교장은 교감이 매우 높은 학문적 기준을 모두 충족시켰다고 설명했다.

그것은 교장이 타협하지 않는 기준이다. 하지만 그것으로 충분하지 않았다. 그녀는 학생들의 신뢰를 얻을 수 있는 교사를 채용하기로 했다. 교장은 '학생들의 삶에 햇빛을 가져다줄 수 있는 교사'를 원했다. 햇빛을 가져오는 능력은 가르칠 교과에 대한 깊은 지식만큼이나 중요했다. 그녀는 학생들을 사랑하고 학생들의 성공을 돕는 데 필요한 것은 무엇이든 할 수 있는 교사를 원했다.

우리는 학교를 둘러보았다. 마지막으로 방문한 교실은 자부심과 기쁨이 넘치는 생명공학 실험실이었다. 몇 년 전, 한 부유한 사업가이자 과학자가 유전 연구에 중점을 둔 최신 생명공학 실험실을 지역 대학에 기증했다. 그는 실험장비를 기증하면서 대학의 생명공학과 유전학 연구에 초·중·고 학생들도 참여시키도록 했다. 그러나 대학은 더 넓은 지역 사회를 교육하는 데 관심이 없음이 드러났다. 늘 기민한 이 교장은 이 기회를 포착했고, 기증자도 기뻐했다. 이 교장은 그와 교사들과 협력하여 교육과정, 자료, 교사들을 위한 연수 프로그램을 개발했다. 학생들은 믿기 어려울 정도로 열심히 참여했다!

연구소에 들어갔을 때, 우리는 일련의 인상적인 장비뿐만 아니라 공학과 생물학의 다소 복잡한 주제들을 단순한 언어로 잘 설명한 세심하게 구성된 자료들도 발견했다. 전체 교육 시스템은 프로젝트 기반이었다. 이런 종류의 장비에 접근할 수 있게 하는 것은 학생들로 하여금 필요한 기술을 습득하고자 열심히 노력하면 불가능한 일이 없을 것이며, 교직원뿐 아니라 더 넓은 지역사회 공동체에 의해 인정받고 있다고 느끼게 할 수 있을 거라고 교장은 설명했다.

교장은 노란색 선들이 조심스럽게 칠해진 주차 공간으로 우리를 데려갔다. 버스 한 대가 그 선 안에 기하학적으로 정확하고 완벽하게 주

차되어 있었다. 그녀는 모든 비용을 댄 기증자와 협력하여, 차체와 볼보 동력 전달 장치를 제외한 버스의 모든 면을 맞춤 설계했다고 설명했다. 아주 멋있었다. 내부에는 이동식 실험실이 있는데, 아주 어린 아이부터 나이 많이 든 사람까지 모든 사람이 생명공학에 대해 읽거나 비디오를 보는 것뿐 아니라 직접 *해보면서* 배울 수 있도록 장비를 갖추었다. 그곳은 방문자가 조직 샘플에서 DNA를 분석할 수 있는 장비를 갖춘 현대 범죄 연구소와 약간 비슷했다. 우리는 학생들이 이 버스를 방문한 후 생명공학이 무엇인지, 어떻게 작동하는지, 무엇을 성취할 수 있는지 등 생명공학에 대해 열광하지 않고 그냥 나갈 수 없으리라 생각했다. 버스는 기부자의 꿈을 실현하며 홍콩 전역을 누비는 순회 교육 시설로 활용되고 있다.

오늘날 호 유 대학과 초등학교Ho Yu College and Primary School는 학생의 80%를 어떤 형태로든 중등 교육 이후까지 보낸다. 미국에도 낮은 학업 성취 순위에 있는 학교를 훨씬 높은 성과로 끌어올린 헌신적인 교직원이 있는 학교가 있다. 그러나 호 유 학교는 다음과 같은 질문을 생각하게 했다. 우리 책무성 시스템은 학업 성취도에 눈을 돌리기 전에, 교사에 대한 신뢰 구축에 5년을 보낸 교장을 용인할 수 있나? 우리 초등학교 교장 중에는 모든 교사가 자신이 가르치는 과목에서 전문화되고 모두 학사 학위를 소지해야 한다고 주장할 사람이 몇이나 될까? 교장이 저녁 8시 30분에 문을 닫으려고 하면 얼마나 많은 초등학교 교직원들이 화를 낼까? 얼마나 많은 지역 사업가들이 도시의 가장 열악한 지역에 있는 학교에 생명공학 연구실을 지원할까? 저소득층 학생들을 주된 대상으로 하는 학교 중 얼마나 많은 학교가 학생들의 80%를 어떤 형태든 중등 교육 이후까지 보내고 있나?

싱가포르 노스브룩스 중등학교

노스브룩스 중등학교Northbrooks Secondary School는 주로 저소득층 및 소수자 학생을 대상으로 하는 일반학교다. 교훈은 "땅에 뿌리를 내리고 도약하라Soaring Yet Rooted"이다. 학생들이 확고한 가치관에 뿌리를 두고 위대한 일을 성취할 수 있도록 돕겠다는 뜻이다. 학교의 비전은 "모든 브룩스 학생은 공동체에 영향을 미치는 챔피언이다Every Brooksian a Champion, Impacting the Community"이다. 그들은 "배우고 개선하고 역경에 맞서 다시 일어서려는 강한 열망"을 키우기를 원한다. 노스브룩스 중등학교는 학생들이 "선도함으로써 섬기고 섬김으로써 선도하는" 사람이 되기를 원한다. 그들은 "학교와 학교를 넘어서 심층적인 학습 경험과 풍성한 양질의 상호작용"을 촉진하는 교육과정을 원한다.

학교 안으로 들어서서 우리가 처음 본 교실은 체육관이지만 체육 수업 중은 아니었다. 거기에는 교사가 설정한 사양에 따라 설계하고 만든 비행기를 발사하는 학생들로 가득했다. 교사는 발사를 도와주고 각각의 시험 비행에 관한 대화에 학생들이 참여하게 했다. 이 수업에서 학생들은 비행기가 동력을 잃고 떨어질 때 머리나 꼬리 쪽이 수직으로 처박히지 않고 서서히 미끄러지듯이 착륙할 수 있도록 무게추를 비행기의 특정 지점에 전략적으로 부착해 보는 과제를 하고 있었다. 어떤 학생은 과제를 수행하지 못했다. 어떤 학생은 성공했으며, 때로는 눈부신 효과가 나타났다. 매번 비행이 끝나고 나서, 교사는 모든 학생에게 비행기가 왜 그런 형태로 날았을지 질문했다. 비행 준비 및 비행 후에 이루어진 대화에서는 비행기의 공기역학적 특성과 파생된 무게가 이런 특성을 변화시킨 방식에 초점을 맞추었다. 그 토론의 정교함이 방문객들을 놀라게 했다.

전 교장 헬렌 총Helen Chong은 이 수업뿐만 아니라 학교의 항공 우주 프로그램 전체를 설계했다. 누구도 "항공우주 연구는 학생들이 결코 도달할 수 없는 수학 성취 수준을 요구한다"고 하지 않았다. 아무도 "그들과 같은 배경을 지닌 학생들이 대학에 진학하여 공학 학위를 받는 것은 거의 불가능하다"고 하지 않았다. 총 교장은 나사NASA에 연락하여 자신의 항공우주 프로그램에 참여한 학생들이 휴스턴 우주 비행센터를 방문할 수 있도록 주선했다. 우리는 이 학생들이 그들의 꿈을 실현하는 데 필요한 수학과 과학 교육을 받고 있음을 알게 되었다.

항공우주 프로그램은 학생들이 목표에 도달할 수 있을 만큼 열심히 일할 의지만 있다면, 마음만 먹으면 무엇이든 할 수 있다는 것을 보여주었다. 이런 생각은 헬렌 총 교장이 운동장에 설치한 등반용 암벽에 의해 강화되었다. 그것은 학생들이 멀리 갈 수 있는 용기, 결단력, 자신에 대한 믿음을 기르는 데도 도움을 주었다.

학생들에 대한 헬렌 총 교장의 이런 접근 방식은 우리가 홍콩에서 본 것과 동일한 '마음이 먼저, 머리는 그다음' 전략에 바탕을 두었다. 먼저 학생들의 신뢰를 얻어라. 그러면 높은 수준의 학업 성취가 뒤따라올 수 있다. 교사들 역시 이후 교수와 학습의 바탕이 되는 신뢰를 쌓는 데 필요한 것이라면, 법원에 가서 학생들을 구제할 준비가 되어 있었다. 이 학교 학생들은 가정 배경이 더 나은 학생들이 희망하는 것과 자격을 추구하기 때문에, 교장 역시 담당 교과를 철저하게 이해하고 높은 수준에서 학생을 가르칠 수 있는 훌륭한 교사를 유치하려고 최선을 다했다.

싱가포르와 홍콩 두 나라와 미국의 차이점은, 전자는 우리가 방금 설명한 것을 장려하고 지원하는 시스템을 개발하여 어디서나 같은 것을 기대하고 실천할 수 있는 반면, 미국은 그런 시스템을 갖추지 못해서 그런 학교를 만나기가 기적과 같다는 점이다.

홍콩과 마찬가지로 싱가포르에서도 자격 인정 제도는 학교 프로그램을 정의하는 교육과정과 코스를 구성하지만, 앞서 본 사례에서처럼 항공 프로그램 구성에 필요한 자유를 여전히 교사에게 부여함으로써 학생들의 관심을 끌어내고 그들이 위대한 꿈을 꾸게 했다. 홍콩의 사례처럼 이 경우에도, 자격 인정 시스템이 높은 기준을 설정하고 교육 시스템의 지원으로 학교에 일류 교사가 충분히 배치되기 때문에, 저소득층과 사회적 소수자인 대다수 학생에게 기대감이 낮거나 약화된 교육과정이 적용되지 않았다. 이런 학교들은 우연이 아니고, 기적도 아니다. 잘 설계되고 관리되는 시스템이 일상적으로 만들어내는 종류의 학교다.

요약

이 장의 핵심 아이디어는 매우 쉽게 요약할 수 있다. 소수 엘리트에게만 제공하던 종류의 교육을 이제는 모두에게 제공해야 한다는 것이다. 기초적인 기술만 배워서 학교를 졸업한 사람들이 이용할 수 있었던 비숙련, 반숙련 작업의 대부분이 이제는 다양한 종류의 디지털 장치를 통해 더 안정적이고 저렴하게 행해질 것이기 때문이다. 최근까지 미국은 학교를 대형 분류 시스템처럼 운영하여, 아이들을 목적지에 따라 미숙련 직업, 반숙련 직업, 숙련된 기술 및 교역, 그리고 전문직과 관리직 등으로 다르게 분류했다. 이런 분류 작업은 1학년부터 시작하여 고등학교 3학년까지 계속되었다. 일반적으로 소수의 학생만이 심오한 학문적 성취를 이룰 수 있다고 생각했기 때문에 나머지 학생들에 대한 기대 수준은 낮았다. 숙련된 장인을 제외한 대부분 직업이 학문적 기술이나 지식이 별로 필요하지 않았으므로 이것은 문제로 인식되지 않았다. 그러나 이제는 모든 학생에게 높은 학문적 성취를 기대하는 것이 매우 중요하다. 그들이 첨단 탄소 섬유 기술을 사용하는 선박 제작자가 되든, 농장 사무실에서 무인 트랙터를 제어하는 농부가 되든, 혹은 신체 외부 장치와 통신하는 무선 기술을 사용하는 작은 센서를 심장이나 뇌에 이식하는 의료 기술자가 되든.

이제 미래의 지도자를 양성하는 예비 학교에서 늘 가르쳤던 기능과 자질들을 모든 학생에게 갖추게 할 필요가 있다. 확고한 윤리적 판단, 용기, 투지, 목표를 위해 독립적으로 일하는 것, 해결책을 파악하는 것뿐만 아니라 문제를 분석하는 능력, 언젠가는 훌륭한 팀원이 되고 다음에는 위대한 지도자가 되는 것, 자기주도적인 사람이 되는 것, 뛰어난 분석력과 종합력, 공감과 배려, 창의성, 상상력 등을 갖추는 것이다. 지능형 장치가 언젠가는 이런 역량들도 구현하게 되겠지만 이들은 구현 순서상 보다 나중에 등장하게 될, 심오한 인간의 고유한 특성이다. 이런 특성 중 일부는 교실에서 학습하지만, 운동장, 작업장, 혹은 다른 사람을 도우면서 배우게 되는 것들도 있다. 교사는 지식의 전달자라기보다는—그것은 여전히 매우 중요할 것이지만—경험의 관리자로 자신을 인식해야 한다.

상위 성과 국가들이 이런 일을 어떻게 하고 있는지 살펴보며 다음과 같은 것을 관찰했다.

1. 전문가들 그리고 더 넓은 공동체가 공통의 비전을 구축하기 위해 쏟은 시간과 노력, 그로 인해 이전에는 소수의 선택된 사람들에게만 제공되었던 종류의 교육과 양질의 교육을 모두에게 제공하는 목표에 모든 사람이 헌신하며, 그런 목표 달성에 필요한 변화를 기꺼이 만들어낸다.

2. 각자의 진로로 나아가기 전에 모든 학생이 어떤 교육을 받을지에 대한 명확한 아이디어를 도출하는 것과 학생 대부분이 언제 보편 교육common education을 이수해야 하는지에 대한 합의(일반적으로 10학년이 끝날 때까지).

3. 공통 교육과정의 학습궤적을 정하는 학년 범위와 중요 단계들, 가르쳐야 할 과목의 중요한 측면들, 그 과목들에서 학습해야 하는 주제와 그 순서, 그리고 각 단계에서 달성되어야 하는 성취기준을 포함하는 명확한 교육과정 틀을 개발하기

4. 학교를 졸업할 때 얻을 수 있는 자격 인증의 상세화. 각각의 자격 인증은 이전 단계의 성공적인 종료와 다음 단계에 필요한 지식과 기술의 성공적인 습득을 의미한다. 필요한 자격 인증이 없으면, 직업이든 학업이든 다음 단계로 나아갈 수 없다.

5. 교육과정 틀에 상응하는 수업 계획서 개발. 그것은 공통 교육과정의 모든 교사가 사용하며, 과목에서 배울 내용, 핵심 자료(사용할 책, 수행할 프로젝트, 작성해야 할 논문), 채점 기준(수업 계획은 아니지만, 개별학교에서 교사가 팀으로 작업하여 개발해야 함) 등을 명시한다.

6. 기준, 교육과정 틀, 수업 계획서에 부합하고, 우수한 성적으로 기준을 충족시킨 학생 작업의 사례와 함께 제공되는, 과

정 종료 시험 및 자격 인정 시험 개발.

　7. 가르칠 때 교수 활동을 조정할 수 있도록, 학급 구성원 전체와 개별 구성원이 현재 가르쳐지고 있는 내용을 제대로 알고 있는지를 파악하기 위해 교사가 사용할 수 있는 교과목기반 평가 혹은 형성형 평가를 위한 기술 개발.

　이 시스템이 잘 작동한다면 공통핵심 교육과정에 도달하기 위해 고군분투하는 학생들에게 더 많은 시간과 지원이 제공될 것이다. 한편, 사회·경제적으로 더 나은 위치에 있는 학생들에게는 더 풍부한 교육과정이 제공되고, 더 일찍 상위 자격을 획득하기 위해 나아갈 수 있게 된다. 자격 인정 기준은 고정되어 있다. 그러나 이것을 달성하는 데 필요한 시간과 지원은 학생마다 다를 수 있다. 이것은 분류 시스템과는 정반대다.

　앞서 요약한 것은 10학년을 마칠 때 학생 대다수가 도달해야 할 것, 혹은 첫 번째 자격 조건이 될 수 있는 공식 핵심 학문적 교육과정formal core academic curriculum에 대한 접근법이다. 그 후 학생들은 까다로운 진로 및 기술 교육 프로그램에서부터 고등학교 준학사학위 프로그램, 그리고 AP, IB, 혹은 케임브리지 자격 프로그램 등에 이르기까지 다양한 고등학교 상급 과정을 선택할 수 있다. 고등학교에서 최소 3개의 직업기술교육Career and Technical Education: CTE 과정만 이수하면 직업기술 교육생 자격을 부여하는 현재 미국의 일반적인 방식은 대부분의 상위 성과 국가에서 통용되지 않을 것이다. 이들 나라에서 직업기술교육 자격 인증은 매우 까다로운 수행 시험을 통과해야 하는 높은 기준에 따라 여러 해에 걸친 교실 학습과 현장 교육의 결합을 요구하기 때문이다. 이들 국가에서는 직업기술 교육을 학교에서 어려움을 겪는 학생들이 더 이상 어찌할 수 없어서 선택하는 것으로 여기지 않는다. 핵심 교육과정에서 높은 역량을 입증해야만 직업기술교육 프로그램에 들어갈 수 있기 때문이다.

이 장에서 설명하는 교육 시스템은 대학을 목표로 하는 학생만을 위한 것이 아니다. 비록 전지구적 학업 기준global academic standards으로 정해져 있지만, 그것은 모두를 위한 것이다. 그것은 서로 다른 미래로 학생들을 선별하기 위해서가 아니라 모든 학생이 높은 수준에 도달하도록 설계되었다. 여기에는 두뇌뿐만 아니라 심장과 손도 포함된다. 단순히 교실에서 일어나는 일이 아니라 운동장, 작업장, 현장 견학, 식료품 저장고 등에서 학생들이 경험하는 것에 관한 것이다.

요약 : 교육 시스템

요소	상위 성과 국가	미국
경로와 관문	- 자격 인증은 학생이 교육의 다음 단계를 시작할 자격이 있는지, 특정 경력을 시작하기 위한 '여행자journeyman' 자격을 얻는 데 필요한 수행 시험을 통과했는지, 국가에서 설계한 특정 필수 과정을 이수했는지, 그리고 외부에서 채점되는 국가시험에서 필수 등급을 얻었는지를 증명한다.	- 졸업장은 종종 출석 증명서일 뿐이다. 어느 곳에서도 8학년 문해 수준 이상을 인증하지 않는다. - 고등학교 요건은 출석 시간을 명시하지만, 배운 내용이나 달성한 기준은 인증하지 않는다.
학업 성취 기준	- 모든 학생이 학습해야 하는 지식과 기능에 대한 진술문 - 일반적으로 기준을 충족하는 학생 결과물 사례와 함께 제시한다. - 일반적으로 모국어, 수학, 과학뿐만 아니라 역사, 사회과학, 외국어, 기술, 미술, 음악 및 교육 핵심으로 간주되는 다른 교과도 포함한다.	- 모든 학생이 학습해야 하는 지식과 기능에 대한 진술문(예: 영어와 수학을 위한 공통핵심 기준, 차세대 과학 기준 등) - 기준을 충족하는 학생의 결과물 사례를 함께 제시하는 경우는 드물다.

교육 과정 틀	- 성취기준과 일치하거나 성취기준을 통합하는 전체 공통 교육과정이 되도록 각 교과목에서 주제의 진행과정을 명확하게 기술한다. - 교수요목은 과정별 진행 상황 관련 내용, 읽을 책, 완료해야 할 프로젝트, 학생 평가 방법 등을 상세화한 진행 과정과 일치한다.	- 때로 주제의 진행 과정을 포함한다. 그러나 수업 계획서를 필수로 요구하는 경우는 드물다. 교사가 만든 교육과정 자료는 종종 포함하는데, 주 당국에서 검토하거나 승인한 예도 있고 그렇지 않은 예도 있다. 전체 강의나 강의 순서에서 사용할 수도 있고 하지 않을 수도 있다. - 많은 교사가 목적에 맞게 제작되지도 않고 기준에도 부합하지 않는 교과서를 교육과정의 기초로 활용한다.
평가	- 수업 계획서에 기반한 평가 - 일반적으로 에세이 형식 또는 수행 기반. 컴퓨터가 채점하는 선다형 문제는 거의 없다. - 일반적으로 교사가 채점한다.	- 특정 교육과정과 수업 계획서에 따라 평가하도록 설계된 경우는 거의 없다. - 대부분 선다형이며, 기계로 채점하는 경우(예: PARCC, SBAC)가 많다.

강력하고 일관성 있는 교육 시스템을 만들기 위해 교육감은 무엇을 할 수 있는가?

여러분이 교육감이고 이 장에서 설명한 내용이 타당하다고 믿는다면 무엇을 해야 할까?

1. 모든 학생을 위한 공통핵심 교육과정 만들기를 고려하라. 교육과정은 10학년 말까지 이수할 수 있으나, 일부 학생들은 고등학교 졸업 때까지 도달하지 못할 수도 있다. 여기서 설명하는 대학 및 취업 준비 자격 인증 시스템의 핵심으로서 그 교육과정을 구축하는 것을 고려하라. 10학년이 끝나기 전에 대학 및 취업 준비 기준에 도달하는 학생 비율을

꾸준히 높이면서, 심각한 장애를 지닌 학생 외에는 모든 학생이 기준에 도달하게 해야 함을 교원들이 알게 하라. 이것은 모든 학생을 향한 여러분의 목표이며, 그 목표 이하에는 당신이 만족하지 않을 것임을 알게 하라.

2. 당신의 주에서 공통핵심 교육과정을 채택하고 있다면, 최고의 교사들에게 학년별 또는 학교급별로 성취기준에 명시된 주제의 순서를 보여주는 교육과정의 틀을 작성하게 하라. 이 과정은 10학년 말에 주어지는 시험에서 마무리될 것이다. 공통핵심 교육과정 수학과 기준에는 필수 주제가 포함되며, 일련의 과정 마지막에 추가 기준을 포함하고 있음을 유념하라. 이 추가 기준은 최소한 일부 학생에게는 고등학교 마지막 2년 동안 배우기에 적절하리라 생각하는 기준들이다. 필수 기준은 10학년을 끝내기 전에 모든 학생이 알아야 할 지식이라고 작성자들이 생각하는 것들이다. 당신은 공통핵심 교육과정의 10학년 말 기준이 지역의 2년제와 4년제 대학 1학년에서 필요한 것보다 높다는 사실을 알게 될지도 모른다. 그리고 두 극단 중 어디에 기준을 맞추어야 할지 결정해야 한다.

3. 교육과정 틀을 정했다면 지역구의 수업 계획서를 만드는 것을 고려하라. 그것은 그 기준들을 실행하기 위해 지역구 전체에서 사용될 일련의 명확한 교과목 설계를 의미한다. 당신은 이런 교과목 설계를 필수로 할 수도 있고 권장 사항으로 할 수도 있다. 학생 전부 혹은 대다수가 교육과정 틀을 통해 잘 성장하고 있는 학교에서는 권장 사항으로, 그렇지 못한 학교에서는 필수로 할 수 있다. 또는 표준 교과목들의 채택이 필요한지 정하기 위해, 학교를 방문하여 학생들이 제대로 성장하고 있는지 관찰하는 학교 장학팀을 구성할 수 있다. 일단 공통핵심 교육과정을 실

행할 수 있는 교과목 설계가 이루어지면, 주에서 더 포괄적인 핵심 교육과정을 위한 기준, 교육과정 틀, 수업 계획서를 만들고 싶을 것이다. 충분히 큰 지역구라면, 필요한 전문 인력을 모두 보유하고 있을 수 있다. 그렇지 않은 경우, 주의 다른 지역구와 파트너 관계를 맺어서 이 일을 할 수 있다.

4. 주에서 공통핵심 교육과정을 사용하는 경우, 주에서 정한 학년(초·중학교 6개 학년, 고등학교 1개 학년)에서 주 컨소시엄 테스트(PARCC 또는 SBAC) 중 하나를 사용할 수 있다. 이 시험들은 새로운 교과목 설계와는 부합하지 않지만, 교과목 설계의 기초가 되는 성취기준과 부합할 것이다. 평가 문항 제작자들은 구성된 반응 항목에 대한 짧은 문장 샘플들과 높은 점수를 받은 학생의 응답에 대한 주석이 달린 사례를 제공할 수도, 그렇지 못할 수도 있다. 그들은 선다형 시험 문제와 몇몇 컴퓨터가 만든 문제에 대한 학생 작업의 사례를 보유하고 있지 않을 것이다. 이와 같은 것들을 얻을 수 없을 때, 여러분은 성취기준에 부합하는 학생 작업의 사례와 그것이 기준을 충족하는 이유를 설명하는 주석을 만들려고 할 것이다. 그리고 최고의 교사들로 구성된 팀을 꾸려서 공통 기준이 없는 교과를 포함하여 교육과정의 모든 교과에 대한 일련의 기준과 관련 자료를 개발하려고 할 것이다. 학생 작업의 예시가 이런 목적을 위해 가공된 것이 아니라 실제적인지authentic 확인하라. 비실제적인 예시는 한눈에 식별할 수 있다. 그리고 실제적인 학생 결과물은 교사와 학생 모두의 지지를 얻을 것이다.

5. 6장에서는 지금 설명한 교육 시스템을 지원하기 위한 최고의 수업과 자료를 개발하려는 진지한 노력에 교사들이 참여하게 하는 설계를 제시한다. 6장에 설명된 시스템을 이용하여 지역구의 모든 혹은 거의 모

든 학생이 10학년 기준에 도달하도록 교육과정을 가르칠 때 교사들이 활용할 수 있는 최고의 자료와 수업lessons을 구비한 도서관을 만들고 확장해 갈 필요가 있다.

6. 교사들이 개발하는 자료는 교육과정에 밀접하게 연관된 광범위한 형성평가 도구와 방법을 포함해야 한다. 이런 자료들이 개발됨에 따라, 여러분은 최고의 교사들이 학생들을 면밀하게 관찰하는 데 형성평가 도구들을 활용하는 방법을 다른 교사에게 교육하기를 원할 것이다. 이는 교육과정 틀이 상정하는 성장 곡선에서 뒤처지기 시작하는 학생들을 너무 늦기 전에 붙잡기 위함이다. 그들이 너무 처지지 않게 하는 것이 목적이다. 일부 시험 출제 기관은 형성평가 도구를 개발했다. 이 중 일부는 매우 잘 만들어졌고, 주 기준에 부합한다. 그러나 단순히 학년 말 시험의 축약판이며 교사들에게 의미 있는 정보를 거의 제공하지 않는 것들도 있다. 따라서 이런 평가도구를 구매하기 전에 주의해서 살펴보아야 한다. 6장에서는 교사들이 함께 이러한 설계를 실행하는 데 필요한 강좌와 수업들을 설계하고, 구축하고, 평가하는 데 더 많은 시간을 할애할 수 있게 하는 학교 조직 방법을 설명할 것이다. 그 시간은 진도를 따라가기 위해 추가적인 도움이 필요한 학생들을 교사가 일대일 혹은 소규모 집단으로 가르치는 데도 활용될 수 있다. 또한 학교 시작 전, 방과 후, 토요일 및 여름 방학 동안 시간을 할애하여 교육과정 틀에서 설정한 곡선에서 뒤처지게 될 학생들을 도울 필요가 있다. 이 모든 것을 다 해도 일부 학생들은 뒤처질 것이다. 그래도 그들이 고등학교 2학년과 3학년 동안, 혹은 더 많은 시간을 들여서라도 성취기준을 충족할 수도 있을 것이다.

7. 이 시스템이 가동되면 점점 더 많은 학생이 고등학교 2학년이 끝날

때쯤이면 단과 대학 1학년을 이수할 만한 준비가 될 것이다. 상위 성과 국가들이 정립한 패턴을 따른다면, 10학년 말 기준이 학생들이 매우 다른 방향으로 나아가는 지점이 될 것이다. 일부는 국제 바칼로레아IB 프로그램에 들어갈 것이며, 다른 학생들은 고급 이수Advanced Placement 과정 전체를 이수하거나 케임브리지 IGCSE[8] 프로그램을 수강할 것이다. 이것들은 세계적 수준의 유수 대학을 위해 학생들을 준비시킨다. 지금보다 훨씬 많은 학생이 이 방향으로 나아갈 것이다. 10학년 기준을 충족하는 학생들은 지역 단과 대학과 4년제 주립대학뿐 아니라 매우 까다로운 조건을 요구하는 이런 상급 대학에서도 성공적으로 학습할 준비가 되기 때문이다. 그러나 많은 학생은 그 길을 가고 싶지 않을 것이다. 그들은 좋은 직업으로 바로 이어지는 높은 수준의 기술 훈련을 제공하는 근처의 직업 프로그램에 등록하기를 원할지도 모른다. 혹은 당신의 학군에 그런 프로그램이 있을 수도 있다. 학생들은 고등학교를 졸업할 때 무료로 2년제 대학 학위를 취득할 수 있는 중학교와 고등학교 프로그램에 등록하고 싶어 할 수도 있다. 이 학위는 좋은 직업과 훌륭한 경력으로 직접 연결되는 고급 기술 분야일 수도 있다. 혹은 2년을 더 다녀서 학사 학위를 위해 4년제 대학으로 편입할 수도 있다. 이와 같은 시스템에서는 이런 모든 옵션이 가능하게 된다.

---

8. IGCSE(The International General Certificate of Secondary Education) 과정은 영국의 중고등 과정인 GCSE를 케임브리지대학Cambridge University에서 국제 학생을 위한 국제 교육과정으로 개조한 것이다. IB와 마찬가지로 국제 공인 성격의 교육과정이다(역자주).

자격 인정 시스템: 서프라이즈의 상상준비학교[9]

2010년 애리조나주 의회는 고등학교 교육에 관해 아주 새로운 접근법을 시도할 기회를 학교에 제공하는 법안을 통과시켰다. 이 법안은 학생들에게 재학 기간을 기준으로 졸업장을 수여하는 대신, 대학과 직업에 필요한 지식과 기술을 습득했음을 입증하는 학생들에게 학교가 졸업장을 수여하도록 권한을 부여했다. 학생들은 10학년 말에서 12학년 말 사이의 어느 시점에나 이 수준에 도달할 수 있다. 12학년이 끝나기 전에 자격을 취득하면, 학교에 남아 고급 과정을 수강하거나, 단과 대학의 이중 등록 과정을 수강하거나, 고등교육에 직접 등록할 수 있다.

6~12학년 대상인 피닉스의 차터 스쿨 '서프라이즈 시 상상준비학교Imagine Prep at Surprise'가 여기에 도전했다. 크리스 매컴Chris McComb 교장은 "우리는 정체성을 찾고 있습니다", "우리는 대학, 직업, 삶에 관해 이야기합니다. 그러나 그것이 무엇을 의미할까요? 이것은 의미 있는 일, 그리고 아이들을 위해 해야 할 올바른 일과 우리 자신을 연결하여 주는 기회였습니다."라고 말했다.

상상준비학교가 도입한 시스템은 자격 인증 시스템이다. 이런 시스템은 상위 성과 국가에서는 일반적이지만, 미국의 전통적인 고등학교와는 근본적으로 다르다. 이것을 성공적으로 운용하려면 학교 교육의 거의 모든 측면을 재고해야 한다. 학생들이 핵심 교육과정에서 실제 수행 목표를 달성해야 하기 때문이다.

자격 인정 시스템의 핵심은 학생들의 대학과 취업 준비도를 입

---

9. Imagine Prep(상상준비학교)라는 대안학교. 애리조나 피닉스 부근 서프라이즈 시에 있다(역자주).

증할 수 있는지를 파악하는 데 쓰이는 평가다. 국립교육경제센터의 권고에 따라 자격 인정 시스템 도입을 추진하는 전국 학교 네트워크가 결성되었으며, 상상준비학교는 케임브리지 국제 시험Cambridge International Examinations에서 개발한 시험을 채택했다. 그 기관은 영국에서 명문대학 진학 자격 인증에 사용되는 국제 중등교육 인증 IGCSE: International General Certificate of Secondary Education을 개발한 바 있다.

120개 이상의 국가에서 사용하는 케임브리지 프로그램은 고도로 훈련된 시험관이 채점하는 시험일 뿐 아니라 시험의 기반이 되는 전체 교과목의 교수요목도 제공한다. 교수요목은 체계적으로 구성된 교육과정의 틀에 따라 주제들을 논리적인 순서로 배열함으로써 학생들이 이를 체계적으로 열심히 학습하면 시험에 합격할 수 있도록 안내한다. 케임브리지 시험은 에세이 기반이다. 이것은 객관식 시험으로 측정할 수 없는 것은 아니지만 까다로운 학생 성취도를 측정할 수 있음을 의미한다. 이 교과목 기준과 시험은 국제적으로 비교 분석의 대상이 되고 있다. 이 시험에서 높은 점수를 받은 학생은 세계 유수의 대학에 입학할 수 있는 최고의 후보자다.

매콤 교장에게 시험이란 시스템을 규정한다. 즉, 시험은 학생들에게 분명한 기대치를 설정하고, 그러한 목표에 학생들이 도달할 수 있도록 교직원들이 학습 프로그램을 개발하게 해주는 역할을 한다. "이 평가들은 학생들이 알아야 할 것과 할 수 있는 것을 명확하게 해줍니다", "그 목표에서 시작하면 9학년과 10학년까지 무엇을 해야 할지 역으로 추산하며 알 수 있습니다."라고 교장은 말한다.

미국에서 사용되는 많은 시험과 달리 케임브리지 시험은 학생들이 자신의 능력을 제대로 입증할 수 있게 했다. "그 시험은 짧은 답의 에세이 형식입니다". "그것은 시나리오에 가장 적합한 답변을 클릭하는 것과는 다릅니다. 학생들이 글로 자신을 표현하게 하는 것이 그들이 무엇을 할 수 있는지를 더 잘 측정할 수 있습니다."라고 교장은 덧붙였다.

상상준비학교는 고등학교에 학생들을 배정하기 위한 8학년 말 시험 문항을 개발했다. 그래서 그들은 9학년에 입학하는 학생들이 까다로운 케임브리지 프로그램을 들을 준비가 되었는지 파악하고, 뒤처진 학생들이 속도를 낼 수 있게 도움을 줄 수 있다. 또한 그들은 한 해 동안 학생들의 진도를 추적하기 위해 형성평가를 만들었다.

수업 계획서 중 일부는 꽤 상세했으나, 그렇지 않은 것도 있었다. 그러나 이것들은 모두 교사들에게 상당한 융통성을 부여했다. "우리는 매주 수요일에 이른 공지를 합니다.", "교사들은 콘텐츠 팀 단위content teams로 일합니다. 그들은 4주 교육 주기로 작업합니다. 교사들은 어느 부분을 담당할지 밝히고, 다음 단계를 계획하기 위해 데이터를 활용한 대화를 나눕니다. 그리고 끊임없이 조정합니다."라고 교장은 말했다.

학교 교원들은 주 정부 요구 사항과 학생 일정을 수용하기 위해 약간의 조정을 해야 했다. 공립학교로서 상상준비학교는 주에 대한 책무성이 있으며, 주 정부 시험을 실행한다. 케임브리지 프로그램 수업 계획서의 수학 순서는 주 정부의 순서와 달라서, 학교는 그 수업 계획서를 일부 변경했다.

또 학교는 60분 길이의 시간표로는 학생들이 교육과정의 생물학 내용을 모두 배우기에 충분하지 않음을 발견했다. 그래서 학교는 생물학을 수강하는 학생들이 실험실 기술을 배울 수 있는 '추가적 시간'을 추가했다.

수년에 걸쳐 학교는 계속 조정해왔다. 수학 성적이 문제임을 데이터가 보여주자, 교원들은 데이터를 검토하고 교수 전략을 개선했다. 그런 노력의 일환으로 학교는 결함 있는 교사를 해고했다.

매콤 교장은 학교가 이룬 발전에 만족한다. "여전히 나는 모든 학생에게 그들의 목표가 정확히 무엇이어야 하는지, 그랜드캐니언 [디플로마]¹⁰가 무엇인지, 왜 특정 코스에 참여하는지, 그리고 이런 코스들에 능숙하다는 것이 무엇을 의미하는지를 교육하는 데 더 많은 일을 해야 한다고 생각합니다. [그러나] 2012년에 비해 지금은 완전히 다른 환경입니다."

8. 지금까지 설명한 것은 상위 성과 교육 시스템 중 하나에서 볼 수 있는 것과 매우 유사한 학생의 학문적 프로그램 구성을 위한 시스템이다. 최고 성과를 내는 대부분 시스템에서 학생 프로그램은 학업보다 훨씬 포괄적이다. 그것은 미국식 표현에 따르면 '전인全人'에 관한 것이다. 이 장의 시작 부분에서, 우리는 아시아 교육 시스템이 미국보다 적어도 명시적인 목표로서 학생의 가치와 인성에 훨씬 더 중점을 두고 있다고 언급했다. 일반적으로 서구 국가들과 마찬가지로 그들도 이른바 21세기 역량을 더욱 강조한다. 전통적인 학업 목표 외에도 그들은 서구 국가보다 학생의 신체 발달—스포츠와는 별개로—에 더 중점을 둔다.

---

10. 애리조나 주법에 따라 주어지는 고등학교 졸업장(졸업자격증)이다: https://azleg. gov/ars/15/00792-03.htm(역자주).

미래의 일에 대한 지능형 기계의 영향에 대한 분석에서 말했듯이, 이런 모든 분야—학문을 넘어서는 분야, 지성뿐만 아니라 인간성에 영향을 미치는 분야—는 과거보다 미래의 학생들에게 훨씬 중요한 목표가 될 것이다. 가장 앞선 국가에서 관찰할 수 있는 것은 이런 모든 목표가 학생 성장을 위한 통일된 비전으로 융합된 학교를 설계하려는 일치된 노력이다. 다음은 당신과 당신의 학교 시스템을 위해 시사하는 점이다: 학교의 장기 계획에 학교 교원과 지역 공동체가 참여할 때, 교사라는 직업이 그 용어의 일반적 의미에서 가르치는 일을 포함하지만, 그것을 뛰어넘는 학교에 대해서도 함께 생각할 수 있도록 하라.

교원의 임무는 학교 안팎에서 학생들을 위한 경험을 만들고, 조직하고, 감독하는 책임이 있는 사람들의 업무를 재구성하는 것이다. 이것들은 모두 이런 확장된 목표에 이바지한다. 이런 목표 중 일부는 스포츠 프로그램에서, 일부는 학교 동아리와 활동에서, 일부는 현장 견학에서, 일부는 수습 기간에, 일부는 학교 안팎에서 학생들이 다른 학생들을 이끌 수 있도록 만든 기회를 통해 달성될 것이다.

당신은 지금 이런 기회를 많이 제공한다. 그러나 사람들은 대부분 그것을 학교 교육의 주목적인 학업에 부수적인 것으로 본다. 여기서는 이전에 부차적인 것으로 여겨지던 학교 교육의 목적—가치, 인성, 21세기에 필요한 역량 개발—이 이제는 중심이 되었다는 아이디어다. 그렇다면 그런 기회들이 모든 학생에게 제공되도록 해야 하고, 개별 학생들이 학업 능력뿐만 아니라 중요한 자질을 갖추고 학교를 졸업할 수 있도록 관련 활동에 정기적으로 꾸준히 참여하고 있는지 주의를 기울여야 한다.

9. 지금 필요한 교육과정은 학생들이 수업에 집중하고, 필기 잘하고, 숙제하고, 필수 과제를 풀고, 시험 치르는 것만으로 성공할 수 있는, 그

런 교육과정이 아니다. 우리가 예전에 직업교육이라고 부르던 것이 미래에는 훨씬 강력한 학문적 기반 위에 세워져야 하듯이, 학문적 교육은 지금보다 훨씬 더 응용적이어야 한다. 교사들이 학교 교육과정 틀을 만들고, 교수요목을 작성하고, 수업을 설계할 때, 학생들이 배우는 내용을 실세계의 문제에 어떻게 응용할 수 있는지 끊임없이 생각하며 이론과 실제를 끊임없이 오가야 한다.

전체 교육과정의 목적은 학생들이 학교를 모두 마치고 시험을 통과하게 하는 것이 아니다. 교육과정의 목적은 그들이 사는 세상에 대해 무수히 많은 방법으로 그들에게 유용할 많은 것을 배우는 것이다. 이것은 새로운 아이디어가 아니다. 알프레드 노스 화이트헤드Alfred North Whitehead는 그의 고전인 『교육의 목적The Aims of Education』에서 한때 축적되었지만 사용되지 않은 지식을 '비활성화' 지식이라고 불렀다. 그는 비활성화 지식에 대해 깊이 생각하지는 않았다. 인간의 뇌는 뉴런 사이의 연결을 통해 작동한다. 사용하지 않으면 이런 연결은 약화된다. 무엇인가 이해했지만 어떻게 사용하는지 모른다면 이해하지 못한 것이다. 무엇인가를 유지하고 싶다면, 그것을 사용해야 한다. 더 깊은 수준으로 배우고 싶다면 더 복잡한 방식으로 자주 사용해야 한다. 그러므로 당신이 교육 시스템을 구축하려 할 때 우리의 마지막 제안은 학생들이 생각과 행동을 훨씬 잘 연결하도록 학교가 돕는 방법을 생각하라는 것이다.

10. 싱가포르의 경우처럼, 매우 까다로운 기준과 덜 까다로운 교육과정 시스템을 구축하면 일부 학생들은 다양한 관문에서 어떤 종류의 자격 인정도 얻지 못할 수 있다. 이런 문제를 해결하는 가장 간단한 방법은 법이 허용하는 범위에서 학생들을 빨리 자퇴하게 하는 것이다. 다음으로 쉬운 문제 해결 방법은, 까다로운 기준을 충족할 수 없을 것으로

보이는 학생들이 노동 시장에서 전혀 가치가 없는 자격증 취득을 기다리는 동안 그들에게 뭔가 해야 할 일을 주는 것이다. 가장 어려운 길은 점점 많은 상위 성과 국가들이 하는 일을 따라 행하는 것이다. 그것은 무슨 수를 써서라도 최하위권에 있는 학생들이 다른 학생들처럼 동일한 높은 기준을 충족할 방법을 발견하는 것이다. 미국에도 좋은 모델들이 있다. 이 도전 과제를 해결하는 효과적인 방법이 당신 계획의 일부가 되게 하라.

5장

우수한 교사가 넘쳐난다고요?
정말입니까?

이전에 우수 학생들에게나 적용되던 기준으로 모든 학생을 교육하는 것이 우리가 해야 할 일이라면, 모든 학생에게 아주 우수한 교사를 배정해주어야 한다. 이는 불가능해 보인다. 적어도 학교 시스템이 감당할 수 있는 비용면에서는 그렇다. 그러나 불가능한 것만은 아니다. 상위 성과 국가들은 그것을 해냈다. 이 장에서 그 방법을 알려주고자 한다. 또한 상위 성과 국가들이 사용하는 전략을 미국 내 학구들이 어떻게 실행할 수 있는지 제안한다. 주 정부가 실행하지 않더라도 말이다.

4장에서 우리는 학교가 얼마나 잘하고 있는지 평가하려면 학교가 통상적으로 하던 일을 얼마나 잘하고 있는지를 볼 것이 아니라, 과거 우리가 고등학교를 졸업했을 때와 전혀 다른 세상을 살아갈 학생들이 그들의 삶에서 성공할 수 있도록 학교가 얼마나 잘 준비시키는지 보아야 한다고 했다. 미래의 교사는 세상과 세상 속 모든 것에 대한 더 깊고 넓은 이해를 제공해야 한다. 또한 학생들에게 학교 안팎에서 다양한 경험을 제공하여 현재 고등학교 졸업생 대부분이 할 수 있는 일을 지능적 디지털 장비가 해내는 시대에 필요한 인성과 가치관을 습득하게 해야 할 것이다.

많은 이들이 이렇게 생각할 것이다. "여기서 설명하는 것을 할 수 있는 교사들을 어디서 찾아야 할까요? 최고 사립학교independent school[1]와 가장 인기 있는 학구의 당국조차 그런 교사를 찾기가 쉽지 않습니다. 그런데 당신은 그러한 학교 학생들이 현재 교육받는 것과 같은 기준으로 우리 학생 모두를 가르칠 필요가 있다고 합니다. 그러려면 최고 사립 및 엘리트 공립학교 교사들만큼 훌륭하거나 더 나은 교사들이 필요하지요. 농담하는 거죠. 그런 교사들은 어디서 온답니까?"

이 질문에는 두 가지 답이 있다. 하나는 기존 교사들의 역량을 크게 향상할 수 있다는 것이다. 6장에서 이 문제를 다룰 것이다. 다른 하나는 교사 양성 대학에서 배출되는 교사의 질을 높이는 것인데, 본 장에서는 이 주제를 다룰 것이다.

당신이 고용하는 교사의 질을 개선하는 것은 많은 사람에게 매우 힘든 일처럼 보인다. 특히 대학교 내 공인된 교사 교육 기관의 졸업생들을 당신이 고용해야 할 가능성이 크기 때문이다. 따라서 교사들은 당신이 통제할 수 없는 고등 교육 기관에 입학하는 고등학교 졸업생 집단에서 온다. 여러분은 그 기관들이 제공하는 교사 양성 프로그램에 대한 통제권도 없다. 당신이 채용하려는 초임 교사의 자질에 실망하더라도 할 수 있는 일은 별로 없다고 결론 내릴지 모른다. 상위 성과 국가들이 일류 교사를 많이 양성하기 위해 무엇을 하든 상관없이 말이다. 그러나 그렇게 결론 내리는 것은 잘못된 것일 수 있다. 여러분이 할 수 있는 일이 많다. 그 전에 상위 성과 국가들이 무엇을 하고 있는지 말하고자 한다. 비록 그 국가들이 하는 일은 대부분 국가나 주의 정책을 통해 이루어지

---

1. 'independent school'은 정부 보조를 받지 않는 사립학교로, 재정과 학교 경영 측면에서 독립적인 학교를 의미한다(역자주).

지만, 그래서 당신과 상관이 없다는 뜻은 아니다. 인내하며 들어보라. 이 장 끝부분에서 상위 성과 국가들이 개발한 전략들을 이용해 어떻게 성과를 낼 수 있는지 설명할 것이다.

시간이 갈수록 교사의 지위가 하락하는 이유는 무엇인가?

19세기 후반과 20세기 초에는 교사들은 지역 사회에서 가장 잘 교육받은 사람 중 하나로 인식되었다. 그 시기에는 초등학교 졸업 후 상급학교로 진학하는 학생이 거의 없었다. 19세기가 끝나고 20세기가 시작되면서 중등교육은 의무화되었다. 그러나 고등교육은 그 이전의 중등교육과 마찬가지로 엘리트만을 위한 것이었다. 그래서 고등학교 졸업 후 2년 더 사범학교normal school에서 교육받아야 하는 현재의 시스템이 제도화되자, 교사는 지역의 몇몇 전문가들과 관리자들을 제외하고는 가장 많이 교육받은 직업군이 되었다. 지역 사회 구성원들은 교사를 존경했다. 시간이 지나면서 교직이 점차 여성화되고, 여성의 일이 그다지 가치 있거나 지력을 요구하는 것으로 여겨지지 않던 시대에도 말이다.

그 후 학사 학위를 주는 대학들이 전국에 세워졌다. 그리고 2년 동안 교육받는 교사들은 4년제 학사 학위를 받는 사람들에 비해 더 이상 지역 사회에서 최고 교육을 받은 구성원이 아니었다. 이즈음 사범학교들도 4년제 교육 기관이 되었다. 그러나 기존 사범학교들은 고등교육 지위 서열에서 상당히 낮은 등급으로 인식되었다. 시간이 지남에 따라 학사 학위 이상의 전문 학위를 요구하는 직업이 점점 더 많아졌다. 그리고 점점 더 많은 직업에서 소속 대학의 일반적인 학사 입학 기준보다 엄격한 기준을 요구했다. 따라서 점차 교사는 지역 사회에서 가장 잘 교육받은 사람에서 학사 학위가 필요한 직업 중 가장 낮은 지위에 속하는 직업이 되고 말았다.

이런 과정이 진행되는 동안 미국의 공교육 제도는 빠르게 확장되고 있었다. 그래서 신규 교사가 대규모로 필요했다. 당시 대다수 학생은 보통 수준의 학업 능력만으로도 중산층으로 진입할 수 있었다. 그런 상황이어서 미국은 이 임무를 위해 잘 교육받은 교사들이 필요하다고 생각하지 않았다. 그리고 건축사, 의사, 수의사, 회계사, 기술자들을 육성할 비용을 교사를 위해 지불할 이유가 없었다. 학문적 위계에서 사범대學school of education의 지위는 계속 추락했다. 재정적으로 어려움을 겪던 많은 대학이 그리 비싸지 않은 교사 양성 프로그램을 제공하고 여기서 벌어들인 재원을 활용하여, 그 재원이 없으면 운영할 수 없었을 좀 더 평판이 높은 다른 전문직 전공 학위 과정을 운영할 수 있게 되었다. 엄선된 단과대학들이 있는 일부 명문대는 소규모 교사 양성 프로그램을 유지했지만, 대다수는 교사 양성 프로그램을 아예 없애버렸다. 대부분의 교사 지망생은 규모가 매우 큰 공립 주립대학에 다녔다. 시간이 지나면서 이런 기관들에 소속된 교사 양성 기관은 다른 전문 과정professional school[2]에 입학하는 것이 어려울 때 진학할 수 있는 보루로 여겨지게 되었다. 교사 양성 대학 입학 기준이 낮고 학생들에게 요구하는 학업 능력이 높지 않았기 때문이다. 성적이 우수하고 유능한 고등학교 졸업생들은 입학하기 쉽다고 널리 인식되는 전문 과정인 교사 양성 대학을 선택하고 싶어 하지 않았다.

---

2. 'professional school'은 약대, 의대, 경영, 사회복지 등과 같은 특정 직업을 준비시키는 종합대학 내의 단과대학을 주로 의미한다(역자주).

여기에는 정기적으로 우수한 교사를 배출하는 소규모 사립대학, 교사 양성 분야에서 중요하게 이바지할 의무가 있다고 결정한 주요 연구중심 종합대학, 교사가 되기로 한 우수한 고등학교 졸업생 등 예외들이 있다. 하지만 이는 말 그대로 예외적이고, 일반적으로 교사 양성 기관에 입학하는 학생들의 성적은 높지 않다.

이 모든 것에도 불구하고, 아주 오랫동안 미국은 이러한 형편에서 기대할 수 있는 교사들보다 훨씬 우수한 교사들을 확보할 수 있었다. 교직은 대학 교육을 받은 소수민족과 여성에게 개방된 몇 안 되는 직업 중 하나였기 때문이다. 이들 중 상당수가 지금도 학교에서 가르치고 있다. 그러나 직업 선택에 대한 과거의 제약은 대부분 사라졌다. 그리고 한때는 효과가 있었지만, 이제는 작동하지 않는 정책의 결과를 미국은 곧 경험하게 될 것이다.

상위 성과 국가들은 실행하고 있지만 미국은 하고 있지 않는 것

상위 성과 국가들이 만들어낸 역사와 그로 인한 결과는 미국과는 다르다. 상위 성과 국가들은 수준 높은 교사들을 중심으로 시스템을 구축했다. 반면 미국은 저렴한 교사들을 중심으로 시스템을 구축해 왔다. 상위 성과 국가들은 예외 없이 학생들의 성적을 크게 높이기 위한 노력의 주요 초점을 교사의 자질에 맞추었다. 이들은 모두 미국보다 높은 수준의 고등학교 졸업생이 교사를 지망하도록 각별한 노력을 기울여왔다. 모두가 교사를 양성하고 훈련하는 기관의 입학 기준을 높이는 정책을 펴왔다. 이 국가들은 모두 교사가 교단에 서기 전에 가르칠 교과와 교수법

양쪽에서 확실한 역량을 함양하는 것을 매우 강조한다. 여기서는 교원 충원, 초기 교육 및 훈련의 각각의 주요 단계를 살펴보고, 상위 성과 국가와 미국에서 우리가 관찰한 것을 비교한다.

우수한 고교 졸업생 유치하기

교사의 질을 결정하는 첫 번째이자 아마도 가장 중요한 요소는 교사를 지망하는 고등학교 졸업생의 질이다. 고등학교 졸업생이 미래 교사가 배출되는 인력 풀pool이기 때문이다.

미국에서 교사가 되는 사람들은 대부분 고등학교에서 대학에 진학하는 학생들 중 중간 성취 수준에 해당한다.[Goldhaber & Walsh, 2014] 이와 대조적으로, 상위 성과 국가의 교사는 고등학교 졸업생 중 상위층에 속한다. 초등학교 교사의 경우, 싱가포르는 상위 30%[Stewart, 2010], 핀란드는 상위 25%[OECD, 2010], 한국은 상위 5%[Barber & Mourshad, 2007]에 해당한다. 캐나다에서는 교사가 되기를 희망하지만 고등학교 졸업 성적이 충분하지 않아서 자국 교사 교육 프로그램에 입문하기 어렵다고 판단한 고등학생들이 국경 남쪽의 미국으로 향한다.

여기서 말하는 성적 분포 상·중·하는 각 국가의 학업 성취도가 똑같은 수준이라는 의미는 아니다. 이 중 많은 국가에서 성적 분포의 중간에 있는 학생들이 미국의 상위 학생들과 거의 같은 수준의 성취도를 보인다. 이 국가들의 하위 절반의 학생들은 미국의 중간 수준 학생이나 그에 가까운 성취도를 보인다. 바꿔 말하면, 상하이나 일본에서 고등학교를 졸업한 평균적인 학생들은 미국의 상위 1/3에 속하는 평균적인 학생들보다 수학을 훨씬 잘할 가능성이 크다. 따라서 미국에서는 주로 성적 분포의 중간 정도에 있는 사람들이 교사가 되고, 상위 성과 국가에서는 성적 분포의 중간에서 상위에 위치한 사람들이 교사로 충원된다는 것은 그들의 수학, 과학 또는 역사 교과의 실력에 큰 차이가 있음을 의미한다. 상위 성과 국가들은 미국보다 글쓰기 비중이 훨씬 높은 시험들을 치기 때문에, 교사들의 글쓰기 능력이 훨씬 높다. 이 이야기가 계속되다 보면 이 점이 매우 중요해질 것이다.

따라서 상위 성과 국가의 교사 질이 높은 것은 고등학교 졸업생의 평균적 수준이 미국보다 훨씬 높고, 그 졸업생들 중에서도 상위권 집단에서 교사를 충원하기 때문이다. 이런 국가들에서 전반적인 고등학교 성취도 수준이 더 높다는 사실은 이 책 전체에서 반복하여 다루는 내용이다. 이 사실은 잠시 접어두고 미국에서는 왜 그 국가들보다 낮은 수준의 고등학교 졸업생 집단이 교사를 지망하는지 살펴본다. 첫째 이유는 미국에서는 실제로 교사를 전혀 선발하지recruit 않기 때문이다. 만약 그렇게 했다면, 미국은 교직을 높은 지위의 직업만큼 매력 있게 하는 정책을 통해 유능한 고등학교 졸업생들을 교직으로 유인했을 것이다. 그것이 상위 성과 국가들의 정책이다.

하지만 미국은 그렇게 하고 있지 않다. 미국은 부실하게 교육받고 평균적으로 교직에 오래 머물지 않는 저렴한 노동력의 교사들을 채용한다.U.S. Department of Education, 2015b 교직에 입문한 첫날이나 마지막 날이나 같은 일을 한다. 가족을 부양해야 하는 우수한 교사들은 교실을 떠나 관리자가 된다. 불가피하게 교사가 부족한 상황이 되면 이미 충분히 낮은 그 교사 자격 기준마저 포기한다. 가르칠 교과를 잘 알든 모르든 혹은 교수법에 숙달했든 아니든 상관없이, 대학 교육을 받은 성인이 교단에 서고자 한다면 거의 누구에게나 임시 자격증emergency certificates을 부여한다.

이런 정책들로 인해 학생의 성적이 좋지 않으면, 정책보다는 교사들을 탓한다. 학교 교사들은 자기 자녀나 자신이 가르치는 우수한 학생들에게 교직을 택하지 말라고 한다. 교사 양성대학 지원자는 감소한다. 그럴수록 교사 양성대학들은 정원 미달을 염려하여 입학 기준을 더 낮추고, 그로 인해 입학하는 학생들의 수준 저하는 더 빨라진다. 앞서 설명한 것을 볼 때 교직이 과연 우리 자녀들이 갖기를 원하는 직업 혹은 뛰어난 졸업생들이 매력을 느낄 만한 직업으로 보이는가?

저렴한 교사로 시스템을 운영하면 높은 보수를 주는 교사로 시스템을 운영하는 것보다 비용이 훨씬 절감된다고 생각할 수도 있지만, 결과적으로는 비용이 훨씬 많이 든다. 국제 비교 데이터에 따르면, 미국의 접근법은 높은 보수를 받는 교사들로 시스템을 운영하는 것보다 비용이 더 많이 든다. 교사들의 지속적인 이직으로 인한 비용이 매우 크기 때문이다. 수준 높은 교사들로 운영되는 시스템에서는 이런 비용이 크게 절감된다.[Haynes, 2014] 소수의 유능한 교사들은 우수하지 않은 다수의 교사들보다 더 나은 일을 할 수 있고, 이로 인해 비용을 크게 절약할 수 있다. 또한 우수한 교사들은 감독해야 할 필요가 적으며, 많은 컨설팅이 필요하지도 않으므로, 이런 비용도 많이 절감할 수 있다. 교사의 질과 학생의 성취의 관계를 고려하면 그림은 더욱 선명해진다. 전반적으로 미국 학생들은 재학 중에 상위 성과 국가 학생들보다 점점 처진다.[Mullis, Martin, Foy, & Hooper, 2016; OECD, 2016b] 미국 교사들이 상위 성과 국가의 교사들만큼 학교나 대학, 대학교에서 잘 교육받지 못했거나, 학교 현장에서 제대로 지원받지 못한 것을 가장 중요한 이유 중 하나라고 의심해 볼 수 있지 않을까?

이 절은 교사를 지망하는 학생이 배출되는 미국과 상위 성과 국가의 고등학생 집단을 비교하는 것으로 시작했다. 그런 다음 상위 성과 국가들이 매우 우수한 고등학생 풀로부터 어떻게 교사를 충원할 수 있는지

자문해 보았다. 이를 통해 높은 지위의 직업 분야로 진학할 수 있는 고등학생에게 교직을 매력적인 직업으로 만드는 것이 무엇인지 생각하게 되었다. 답은 간단하다. 적절한 보상을 제공하고 성취감을 느끼게 하며 존경받는 직업으로 만드는 것이다. 이에 비해 미국에서는 교사의 보수가 낮고[Allegretto & Mishel, 2016], 직업의 매력도 점점 떨어지게 만들었다.

미국이 상위 성과 국가들처럼 급여가 낮은 교사가 아니라 고도로 교육받고 매우 잘 훈련된 전문가들, 즉 상위 전문직에 버금가는 수준으로 보상을 받는 교사들을 갖춘 시스템을 원한다고 해보자. 그런 시스템을 구축하려면 어떻게 해야 할까?

상위 성과 국가들에서는 교직을 매력적인 직업으로 만들기 위해 무엇을 하는지에 관한 이야기는 6장에서 다룬다. 급여를 더 높이고, 가르치는 일을 실질적인 전문 직업real careers[3]으로 만들고, 학교가 조직되는 방식을 재설계하여 19세기 공장이 아닌 현대 전문직의 업무 수행과 더 유사하게 만드는 것에 관한 이야기다. 하지만 그것 자체로는 교사 양성 대학에 입학하는 학생들의 수준을 끌어올리지는 못할 것이다. 그리고 입학생들의 질을 변화시키지 못한다면, 더 높은 급여와 근무 환경이 큰 성공을 이루어내지는 못할 것이다.

교사 양성 프로그램의 입학 요건 강화

상위 성과 국가들은 높은 학업 성적, 학생들과 공감하고 소통하는 능력, 교육에 대한 열정을 지닌 지원자들로 입학을 제한한다. 반면, 미국에

---

3. 'career'라는 단어는 지속적인 성장 혹은 전문성 개발이 가능한 분야라는 의미를 지닌다. 여기서는 '경력', '경로' 등으로 번역했다. 'real careers'는 문맥에 따라 '실질적인 전문 직업' 혹은 '승진 경로' 등으로 번역했다(역자주).

서는 거의 모든 수준의 대학에 입학할 수 있는 거의 모든 사람이 교사를 양성하는 대학에 입학할 수 있다.

핀란드

초등교육이나 중등교육에 관심 있는 많은 미국인은 핀란드가 교사들을 신뢰하는 나라라고 생각한다. 핀란드에서 교직이 가장 존경받는 직업이라는 말을 들었을 것이다. 이런 많은 지표로 볼 때, 핀란드의 교사는 미국의 교사보다 지위가 훨씬 높다. 그리고 많은 사람은 핀란드가 국제학업성취도 비교에서 매우 우수하다는 점을 익히 알고 있다.^{OECD, 2016b} 그래서 많은 미국인은 그럴듯해 보이지만 전혀 부정확한 결론에 이르게 된다. 즉, 사회가 교사를 더 신뢰하고 더 높은 지위를 부여하면 학생들의 성적이 매우 우수해지리라는 것이다. 하지만 그렇게 단순하지 않다. 핀란드에서 교사들은 오랫동안 존경받았다. 그러나 그 기간 내내 학생들의 성적이 항상 높지는 않았다.

많은 관찰자의 판단에 의하면 전환점은 1970년대에 찾아왔다. 이때 핀란드에서는 교사 교육 프로그램을 통폐합하고 8개 기관만 남기는 고통스러운 과정을 시작했다. 모두가 연구중심 대학인 이들 기관은 교사 양성을 위해 특별히 고안된 프로그램을 운영했다. 핀란드의 교사 양성 프로그램에 입학하려는 지원자들은 교육에 관한 연구 논문을 분석하고 해석하는 바카바VAKAVA라는 3시간짜리 시험을 통과해야 했다. 시험 전에 응시자들에게는 6주 동안 논문을 읽을 시간이 주어진다. 그 이전까지 핀란드에는 40개에 가까운 교사 교육 프로그램이 있었다. 핀란드 인구는 약 5백만 명으로, 미국의 전형적인 한 주州 규모다. 전형적인 미국 주에도 40개 정도의 교사 양성 기관이 있다.[4]

핀란드는 그렇게 해서 교사 교육 기관들이 교사에게 석사 학위를 수여할 수 있는 프로그램을 개설하게 하고, 5년제 교사 교육과 훈련 프로그램을 만들게 했다. 그리고 장차 교사가 될 사람들은 모두 석사 학위를 소지해야 한다고 했다. 동시에 (형평성과 일관성을 위해) 교사 교육 기관들에 유사한 수준과 내용의 프로그램들을 제공할 것을 요구했다. 이 모든 것은 국가가 가르치기를 희망하는 것을 교사들이 가르칠 준비가 되도록 국가가 명시한 것들이다. 이런 방식으로 교사 양성 기관은 핀란드 교육 개혁을 위한 대규모 설계의 핵심이 되었다.^{Hammerness, Ahtiainen, & Sahlberg,}

Hammerness, Ahtiainen, & Sahlberg, 2017

핀란드 정부는 교사 교육 프로그램을 제공할 권리를 연구중심 종합대학교에 한정함으로써 많은 주요 목표를 달성했다. 첫 번째이면서도 아마도 가장 중요한 것은 그들이 교사 양성 시스템을 입학하기 쉬운 넓은 관문에서 아주 촘촘한 관문으로 바꾸었다는 점이다. 그때부터 핀란드 최고 명문대 입학 기준에 맞는 학생들만 교사가 될 수 있게 되었다. 이는 핀란드 아이들을 가르칠 미래 교사들의 내용 숙달content mastery 수준을 일거에 크게 높였다. 둘째, 고등교육계와 대중의 마음속에 있는 교직의 이미지를 바꾸어 핀란드에서 교사의 위상을 높였다. 셋째, 고등학교 졸업생들의 눈에 보이는 교사 교육의 위상을 높여, 핀란드에서 가장 우수한 대학에 입학할 자격을 얻을 수 있는 재능 있고 뛰어난 졸업생들이 선택할 만큼 교직을 훨씬 매력적인 직업으로 만들었다. 이들은 이전에는 가르치는 것을 직업으로 생각하지 않았을 젊은이들이다. 넷째, 대

---

4. 미국교사질관리위원회National Council on Teacher Quality는 50개 주와 수도 워싱턴에 약 2,000개의 교사 교육 기관이 있는 것으로 추산한다. 참조: http://www.nctq. org/ teacherPrep/2016/home.do.

학에서 이루어지는 교사 교육에 대한 기준을 높였다. 다섯째, 미래의 교사들이 탄탄한 연구 능력을 갖추고 교직에 들어갈 가능성을 높였다.

미국의 대학 관계자들은 교사 양성 프로그램의 입학 기준을 높이면 지원자가 급감할 거라고 종종 우려한다. 핀란드에서는 교사 양성 프로그램에 입학하는 기준을 연구중심 종합대학교 수준으로 제한했지만, 지원자가 급감하는 일은 일어나지 않았다. 이런 정책 변화가 있기 전이라면 지원했을 수 있는, 준비가 덜 된 많은 학생이 교사 교육 프로그램에 더는 지원하지 않게 되었다. 반면 이런 변화 이전에는 교사 양성 프로그램에 지원할 생각을 하지 않았을 수도 있는 준비가 잘 된 학생들이 이제는 많이 지원한다. 입학 기준을 높인 바로 이 조치로 핀란드는 최고 수준의 젊은이들이 많이 선택할 만큼 교직을 훨씬 매력적인 직업으로 만들었다.

이런 점이 매우 중요하다. 핀란드에서 교사의 급여 수준은 동일한 수준의 교육을 받은 다른 근로자들의 급여 중간값에 미치지 못하기 때문이다. 그렇지만 교사를 지망하는 사람은 줄지 않았다. 제도가 안착하자 핀란드 초등학교 교사 양성 프로그램에 빈 자리가 하나 생길 때마다 10명의 젊은이가 지원했다. 헬싱키대학교에서는 2013년 120명 정원에 1,800명이 지원했다. 지원자 수는 2010년 이후 18%나 증가했다. 전반적으로, 교사 양성 프로그램 입학 지원자 4명 중 1명만 합격한다. 2016년에는 헬싱키대학교 교사 양성 과정 합격률(6.8%)이 법대 합격률(8.3%)보다도 낮았다. 이 두 프로그램 모두 헬싱키대학교에서 가장 인기 있는 학위 과정에 속한다.[Hammerness et al., 2017]

이 정책들의 결과로 일류 교사가 풍부하게 양성되었다. 일류 교사라 할 때, 핀란드의 매우 까다로운 대학 입학시험에서 보이는 학생들의 뛰어난 성적만 말하는 것이 아니다. 정부는 교사 양성 대학에 지원자들이 학생들과 공감하고 소통하는 능력, 그리고 가르치는 일에 대한 열정을 평가하도록 요구한다. 핀란드 사람들은 자기가 가르칠 교과 지식이 많아도 자기가 가르칠 연령대의 아이들을 잘 이해하지 못하는 사람은 좋은 교사가 될 수 없음을 매우 잘 알고 있다. 직업의 안정성을 보고 교직에 입문하지만 가르치는 데 진정한 관심이 없는 사람들은 좋은 교사가 될 수 없다는 점도 알고 있었다. 아무리 교과를 잘 알고 아동들과 관계를 잘 맺는다 해도 말이다. 일부 기관에서는 훨씬 많은 것을 요구한다. 예를 들어, 헬싱키대학교에서는 지원자들이 집단 면접을 하게 하고 거기서 교육 시나리오를 토론하게 한다. 이 과정은 면접관들이 지원자의 팀워크 능력을 판단하는 데 도움이 된다. 이 이야기는 핀란드에만 국한되지 않는다.

싱가포르

국립교육대학National Institute of Education: NIE은 인구 약 550만의 싱가포르에 있는 유일한 교사 양성 기관이다. 이 기관은 교육부와 긴밀히 협력하여 운영되는데, 21세기 교직 전문성 틀의 속성들Attributes of a 21st Century Teaching Professional framework그림 5.1 참조을 활용하여 교사의 교육 및 훈련 방식을 전체 시스템의 설계 및 목표, 그리고 그 시스템의 진화하는 정책들과 밀접하게 연계시킨다. 국립교육대학은 싱가포르의 주요 연구중심 대학 중 하나인 난양공과대학교Nanyang Technological University에 속해 있다. 국립교육대학 지원자들은 먼저 성적증명서(학업성적 상위 25% 이내)로 심사를 받는다. 지원자들은 아이들과 교육에 대한 진정한 관심을 보여야 한다. 필수 문해력 시험에 합격하면 면접을 본다. 그리고 얼마간의 시범 수업을 해야 한다.[5] 지원자 8명 중 1명만 이 절차를 통과한다. Darling-Hammond, Goodwin, & Low, 2017

[그림 5.1] 싱가포르 국립교육대학 V3SK 틀

21세기 교직 전문성 속성		
V1 학습자 중심 가치관	V2 교사 정체성	V3 직업과 지역 사회에 대한 봉사
• 공감 • 모든 학생은 학습 능력이 있다는 신념 • 개별 아동의 잠재력 함양 책무 • 다양성에 대한 가치 부여	• 높은 수준 지향 • 탐구 본성 • 학습 추구 • 개선 노력 • 열정 • 적응력 및 복원력 • 윤리성 • 전문성	• 협력 학습과 실천 • 도제 및 멘토십 구축 • 사회적 책무성·참여 • 관리자 자질
S 기능		K 지식
• 반성적 기능 및 사고 기질 • 교육 기능 • 인간관리 기능 • 자기관리 기능 • 관리·운영 기능 • 의사소통 기능 • 촉진 기능 • 기술활용 기능 • 혁신·모험 기능 • 사회적·감성적 지능		• 자아 • 학생 • 공동체 • 교과 내용 • 교육학 • 교육적 기초와 정책 • 교육과정 • 다문화 소양 • 글로벌 인식 • 환경 인식

출처: 국립교육대학, 싱가포르(2009)

상하이

인구 약 2,500만의 대도시 상하이에서는 두 기관이 교사 양성 분야

---

5. 교사 양성 프로그램 지원 절차는 싱가포르 교육부 웹사이트(https://www.moe.gov.sg/careers/teach/teacher-training-schemes/diploma-in-education) 참조.

를 이끌고 있다. 하나는 상하이 사범대학Shanghai Normal University으로, 상하이 시교육협의회Shanghai Municipal Education Commission의 긴밀한 파트너로 운영된다. 상하이 사범대학은 다른 대표적인 교사 교육 기관인 화동 사범대학East China Normal University과 마찬가지로 연구중심 대학이다. 예비 수학 교사들은 졸업하기 위해 미적분이나 선형대수학 같은 고등 수학 교과에 숙달했음을 증명해야 하며, 수학 학위논문을 작성해야 한다.

캐나다

세계적으로 유명한 온타리오 교육 연구원Ontario Institute for Studies in Education은 캐나다에서 가장 큰 주 온타리오와 가장 큰 도시인 토론토 정부의 교육에 대한 긴밀한 자문으로 운영되며, 교사의 대부분을 배출한다.

핀란드가 본보기를 만들었다. 그 점이 이제는 분명하다. 상위 성과 국가들은 교사를 양성할 수 있는 권리를 연구중심 대학에만 허용하여 교사 수준을 크게 높이고, 교육과 훈련을 개선하며, 최상위 수준의 젊은이들을 교직으로 끌어들이기 위해 차근차근 움직이고 있다. 동시에 그들은 교사 양성 기관들의 교육과 훈련을 교육 정책과 더 긴밀하게 연계하기 위해 교사 양성 기관들이 하는 일을 더 많이 통제할 필요가 있다고 주장한다.

호주는 교사의 질에 직접 영향을 미치는 광범위한 기능에 영향을 미치는 높고 사려 깊은 기준 개발의 가장 좋은 사례를 제공할 것이다.[Burns & McIntyre, 2017] 호주에서 학교 교육은 주 정부와 지역 정부의 기능이지만, 중앙 정부가 고등교육 예산을 지원하기 때문에 교사 양성은 중앙 정부의 기능이다. 그러나 전반적으로 호주의 초등교육과 중등교육은 중앙 정부와 주 정부 및 지역 정부 모두가 관리하는 협력 시스템으로 운영된다고 보는 것이 더 정확할 것이다. 이런 협업 틀은 모든 교육 당국의 교육 관리들이 서명한 2008멜버른 선언문Melbourne Declaration of 2008에 명시되어 있다. 이 선언문의 초석은 전국의 모든 학생에게 수월성秀越性과 형평성을 모두 보장하겠다는 약속이다.

이 말들은 실질적 의미가 있었다. 두 개 주는 학생과 교사에 대한 기준들이 높았다. 그러나 호주 전역을 놓고 보자면 미국처럼 주마다 기준이 매우 다양했다. 선언문 발표 이후 기준들에 관한 모든 문제가 전면에 등장하고 중심에 놓이게 된 것은 놀라운 일이 아니다. 이 선언을 이행하기 위한 중요한 조치로 호주 교육 및 학교 리더십 연구원Australian Institute for Teaching and School Leadership; AITSL이 설립되었다. 호주 교육 및 학교 리더십 연구원은 미국의 국립교원전문성표준위원회National Board for Professional Teaching Standards에서 부분적으로 영감을 얻어서 교사와 교장에 대한 합의된 기준 개발을 주도했다. 정부와 전문직 대표자들이 모여 학교 현장의 교육과 학생 성취도에 관한 연구 결과를 분석하여 다음과 같이 교사와 교장에 대한 합의된 기준들을 마련했다: (1) 학생과 그들의 학습 방식 알기, (2) 내용과 그것을 가르치는 방법 알기, (3) 효과적인 교수·학습 계획과 실행, (4) 학습을 지원하는 환경 조성과 유지, (5) 학생 학습의 평가, 피드백 제공 및 보고, (6) 전문적 학습에 참여, (7) 동료, 학부모/학생, 공동체와 함께 전문적으로 참여하기. 호주 교육 및 학교 리더십 연구원은 네 가지 경력 수준(초임Graduate, 능숙Proficient, 높은 성취Highly Accomplished, 선도Lead)에 따라 각 수준의 교사들에게 적합한 기준들에 대한 세부 버전을 개발했다.

호주는 이 기준 체계를 만들어 어떤 고등 교육 기관이 교사 양성 프로그램을 제공할 수 있는지, 어떤 학생이 입학할 수 있는지, 교사 양성 기관에서 수강한 교과의 학점 취득에 필요한 성취 수준은 어느 정도인지, 어떤 학생들에게 졸업 자격을 부여할지, 어떤 학생에게 예비 자격증 provisional certifcation을 부여할지, 예비 자격증을 받은 사람 중 누구에게 정규 자격증을 부여할지, 신규 교사자격증 취득자 중 누구에게 경력 사다리를 올라가게 하여 승진에 따른 급여 인상을 할지 등을 결정하는 데 사용한다.

호주만 이와 같은 목적으로 기준들을 사용하는 것은 아니다. 캐나다, 싱가포르, 상하이, 핀란드에서도 이와 유사한 발전이 이루어지고 있다.Darling-Hammond, Burns et al., 2017

내용과 기법craft에 대한 철저한 준비 요구

우리는 상위 성과 국가들의 교사들이 미국보다 교사가 가르칠 내용을 더 잘 숙달하고 있음을 확인했다. 이 국가들에서는 더 잘 준비된 고등학교 졸업생이 대학에 입학하고, 대학 입학과 교사 양성 프로그램에 대한 요구 조건들도 더 높기 때문이다.

하지만 그 외에도 더 많은 것이 있다. 상위 성과 국가 중에는 초등학교 교사들도 가르칠 교과를 전공 또는 부전공으로 이수하게 하는 경우가 많다. 이런 국가들 중 일부에서는 초등학교 교사들이 모국어와 사회 교과 또는 수학과 과학을 전공해야 한다. 이 교사들은 최소한 자신이 가르칠 교과를 부전공해야 하며, 자신이 선택한 교과에서 대학원 수준의 강좌들을 많이 이수해야 한다.

이것이 미국에 미칠 영향을 생각해 볼 필요가 있다. 미국에서는 많은 초등학교 교사들이 고등학교 때 필수로 이수해야 하는 수학이나 과학 교과 수준을 넘어서는 공부를 하지 않는다. 그 교과들의 성적도 좋지 않았으며, 충분히 잘 이해하지도 못하고, 이 두 교과 모두 심하게 싫어한다. 하지만 미국의 초등학교 교사들은 초등학교 교육과정의 모든 교과를 가르쳐야 한다. 국제 비교에서 미국 학생들의 수학 성적이 저조하고 과학 성적도 별로 좋지 않은 것은 전혀 놀랄 일이 아니다. 모든 상위 성과 국가들이 초등학교 교사들에게 이런 방식의 전문화를 요구하는 것은 아니지만, 전반적으로 이 국가들의 교사는 교과 내용 면에서 미국보다 준비가 더 잘 되어 있다.

교과 내용만큼이나 수업 기법craft of teaching에서도 준비도의 차이가 심각하다. 대부분의 상위 성과 국가에서는 교사 지망생들이 교직에 입문하기 전에 5년간 고등교육을 받는다. 보통 그중 한 해는 수업 기법을 배우는데, 여기에는 두 가지 측면이 있다. 하나는 교사가 담당할 특정 교과를 가르치는 방법—내용 교수 지식pedagogical content knowledge이라고 함—을 배우는 것이고, 다른 하나는 교사가 다양한 종류의 학교에서 다양한 종류의 학생들을 관리하고 조직하고 가르치는데 필요한 범교과적 교수 지식non-content-specific craft knowledge을 배우는 것이다.

상위 성과 국가들에서는 의과대학이 병원과 연계해 운영하는 것과 같은 방식으로 공립학교와 교사 양성 대학을 연계하는 사례가 늘고 있다. 미국에서는 이런 방식이 간헐적으로 시행되고 있다. 반면 핀란드에서는 이런 방식이 광범위하게 시행되었으며, 그 후 많은 상위 성과 국가들로 확산했다. 대학 교수진은 학교 교수진과 협력하여 새로운 실천을 개발하고, 실행하고, 주의 깊게 연구한다. 그리고 이런 학교의 교사진school faculty은 종종 대학에서 교수진의 지위faculty rank를 갖고 있다. 교사 지망생들은 이 학교들에서 가르치는 것을 관찰하고 실습하는데, 이것은 일반적으로 수석 교사의 주의 깊은 지도하에 이루어진다.

공통핵심기준과 차세대과학기준과 유사한 학생 수행 기준을 두고 있는 국가에서 교사 지망생들은 다양한 배경의 학생들이 그러한 기준들에 도달하게 하는 방법을 배운다. 이런 기준들에 맞게 교육과정 틀과 교수요목을 개발한 국가들에서 현장 교사들은 다양한 배경의 학생들이 성공할 수 있도록 교과목을 가르치는 방법을 배운다. 다시 말해, 교사 양성 프로그램의 교육과정은 학교 수업 프로그램과 완전히 부합한다. 교사들은 이런 과정을 통해 학교에서 사용하고 학생들이 경험하는 교육과정을 가르칠 준비가 된다.

상위 성과 국가의 교사들은 기존 연구를 활용하고 실행 연구를 수행하는 데 더 많은 책임을 지기 때문에 그들이 다니는 대학들은 이런 기능을 잘 수행하는 데 필요한 연구 방법을 가르친다. 예를 들면, 핀란드에서는 교사가 양적 연구 방법과 질적 연구 방법 강좌를 하나씩 수강해야 한다. 또한 이런 기능들을 활용하여 학사 학위 논문과 석사 학위 논문을 모두 작성해야 한다. 많은 핀란드 교사들은 대학원에 진학하여 박사 학위를 취득하고 학교에서 계속 가르친다.

구체적인 연구 기법을 가르치는 것 외에도 연구중심 대학의 교사 양성 프로그램 교육에서는 교사 지망생들이 좋은 수업에 대해 예리한 관찰자와 분석가가 될 수 있도록 돕는 데 점점 더 초점을 맞추고 있다. 여기서 특별히 중요한 측면은 교사 지망생들이 형성 평가를 활용하도록 돕는 것이다. 형성 평가는 수업 자체에 내재된 평가로, 매분·매시간의 관찰과 확인을 기반으로 어떤 학생이 배운 것을 이해하고 활용할 수 있는지, 어떤 학생이 이해하지 못하는지, 그러한 이해를 방해하는 것이 무엇인지 파악하는 것이다. 가르치는 기법에서 이보다 더 중요한 것은 없을 것이다. 교육과정 틀이 제대로 구조화되고, 수업이 잘 설계되어 실행된다면, 학생들 대부분은 교육내용을 이해하고 활용할 수 있어야 한다. 그러나 다양한 이유로 수업 내용을 이해하지 못하고 활용하지 못하는 학생이 있을 수 있다. 많은 미국 학생들이 뒤처지는 것처럼, 학생들이 뒤처지지 않게 하려면 교사가 문제를 신속하게 인지하고 진단한 뒤 실시간으로 바로잡아 주는 것이 필수적이다.

교원 부족이 보고되는 현실에서 미국의 많은 주는 교사가 되기 위해 충족시켜야 하는 것으로 설정해 놓은 이미 낮은 기준들을 버리고 임시교사 자격증 취득을 허용한다. 이것은 미국이 교사 부족에 대처해 온 오래된 방식이다. 많은 주에서 교사에 대한 기준을 만들고 시행하기 위해 전문성표준위원회professional standards board를 만들었지만, 교사 부족 현상이 심해짐에 따라 그러한 기준들은 높아지기는커녕 더 낮아졌다.

상위 성과 국가 중 어느 나라도 교사 양성을 위한 대안적인 경로를 허용하지 않는다. 어떤 국가에서는 다른 직업에 종사하다 교직에 입문하기로 한 사람들을 위한 5년제 프로그램fifth-year programs[6]을 운영한다. 한 해 동안 이들은 대학에서 터득한 교과들을 가르치는 방법을 배우며, 다른 모든 교사가 충족해야 하는 교과 숙달 기준과 똑같은 기준들을 충족해야 한다. 그 5년제 과정을 마칠 즈음에는 해당 교과를 가르치는 기법에서도 동일한 기준들을 충족해야 한다. 교직 입직 과정에 지름길은 없다.

---

6. 5년제 프로그램fifth-year programs은 다른 대학 학부 4년을 졸업하고 교사 양성 대학에서 1년을 더 수학하는 프로그램을 말한다(역자주).

요약

이 장은 수준 높은 교사들을 넘치도록 확보하는 것이 가능하다고 언급하며 시작했다. 여기에 '주와 지역구가 감당할 수 있는 비용으로'라는 말을 추가할 수 있다. 이 말은 많은 주가 전례 없는 교사 부족을 겪는 상황에서 공상처럼 들릴 수 있다. 하지만 이 장에서 상위 성과 국가들이 어떻게 이런 일을 하는지를 보여주었다.

다른 나라들에서 교직의 길은 고등학생들이 어떤 직업을 택할지 결정하는 단계에서 시작된다. 역사적으로, 대학 교육을 받은 젊은 여성이 교사나 비서나 간호사 중 하나를 선택해야 할 때, 이들은 자녀가 등교하지 않을 때 함께 집에 있고 싶은 희망과 직업 안정성을 고려하여 종종 교사를 선택했다. 단지 더 매력적인 대안이 없었기에 학업성적이 우수한 고등학교 여성 졸업자들이 교직을 선택했다. 결과적으로, 학교는 높은 지위의 직업에 견줄 수 없는 근무 여건을 제공하면서도 유능한 여성들을 낮은 급여로 유치할 수 있었다. 그 후 젊은 여성들과 소수자들의 선택지가 극적으로 바뀌었으나 교직 여건은 바뀌지 않았다. 당연히 예상할 수 있는 것처럼 이는 극심한 교사 부족을 초래했다.

이 분야에서 다른 나라들의 전략은 미국과 크게 달랐다. 미국이 교사의 급여 하락 현상을 방치했지만, 상위 성과 국가들은 교사에게 고위 공무원이나 기술자와 같은 수준의 급여를 지급하는 법안을 통과시켰다. 미국은 어떤 수준의 대학이든 교사 양성 프로그램을 운영하도록 계속 허용하고, 이런 프로그램을 대학의 다른 프로그램 운영을 위한 자금원으로 활용하는 것을 허용했지만, 상위 성과 국가들은 그러한 프로그램 중 상당수를 폐쇄하고 교사 양성 권한을 연구중심 대학교들로 제한했다. 이런 변화에 따라 그들 나라에서는 연구중심 대학에 입학 허가를 받은 수준 높은 고등학교 졸업생들만 교사로 양성되는 체계가 만들어졌다. 이 나라들은 교사들에게 고소득 전문직에 견줄 만한 초봉과 근무 여건을 제공할 준비가 되어 있었기 때문에 이렇게 할 수 있었다.

상위 성과 국가들은 가르칠 교과 내용을 심층적으로 이해하고 그 교과목을 가장 잘 가르칠 수 있는 교수 방법도 잘 이해할 수 있도록 교사의 초기 입문 과정을 바꾸었다. 거기서는 수석 교사가 예비교사와 신임 교사들에게 견습을 한다. 그리고 미국 대부분 주들과 달리 이들은 교사가 되기 위한 기준을 실질적으로 낮추는 '대안적인 경로alternative route'를 허용하지 않는다. 그뿐만 아니라 이런 국가들에서는 교사 부족 현상이 발생하지 않으므로 교사 부족 상황에 대응하기 위해 교사 임용 기준 면제 혜택emergency waivers을 허용하지 않는다.

문제는 대학 입학에 대한 통제권도, 대학 교육과정이나 프로그램에 대한 결정권도, 교사자격증에 대한 권한도 없는 학구들이 무엇을 할 수 있느냐 하는 것이다. 대부분의 학구 입장에서 교사 채용은 주어진 졸업생의 질적 수준을 넘어설 수 없다. 이어지는 부분에서 다른 견해를 소개할 것이다.

요약: 교사 채용 및 준비

요소	상위 성과 국가 시스템	미국 시스템
우수한 고졸자 모집	- 대학 입시 준비에 드는 모든 비용을 면제하는 경우가 많다. - 일부 국가에서는 대학 재학 동안 급여를 제공한다. - 상위 지위 직업에 버금가는 수준의 보수를 포함한 기타 유인책이 있다.	- 우수 고졸자를 모집하려는 노력이 거의 또는 전혀 없다.
교사 양성 과정 입학	- 일반적으로 고졸자 분포의 상위 절반(일부 국가에서는 연구중심대학에 입학한 사람만), 교육에 대한 열정, 젊은 세대와 소통할 수 있는 능력이 있는 사람들로 제한한다.	- 입학 기준이 매우 낮은 대학을 포함하여 거의 모든 종류의 대학에 입학할 수 있는 사람들에게 개방되어 있다. - 전형적으로 고졸자 분포에서 중간층의 학생이 입학한다.
양성 과정	- 대부분 국가에서 초등학교 교사를 포함한 모든 교사는 가르칠 교과에 대해 대학원 수준의 엄격한 과정을 이수하고, 보통은 적어도 1년 이상 수석 교사의 긴밀한 지도하에 임상 경험을 통해 가르치는 기술을 배운다.	- 교과 내용 준비 기준이 낮다. 특히, 초등학교 수준의 수학 및 과학에서 기준이 낮다. - 교수법 강좌들은 교과와 분리되어 있는 경우가 많다. - 임상 준비가 열악하고, 수석 교사로부터 견습하는 과정이 적거나 없다. - 현장 학교와 연계성이 별로 없다.
대안적 경로	- 교사 임용 기준을 면제하는 대안적인 경로가 사실상 없다.	- 점점 일반화되고 있다. 일반적으로 교사 임용 기준을 면제하는 것을 포함한다.

교육청이 우수 교사진을 확보하기 위해 무엇을 할 수 있는가?

이 장 첫머리에서 언급했듯이, 학구에서 우수 교사진을 확보하기 위해 자체적으로 할 수 있는 일은 많지 않다. 이 장에서 공유하는 모든 이야기는 지역, 주, 국가가 교사의 질을 높이기 위해 한 일이지 학구가 자체적으로 한 일은 아니다. 여러분 중 일부는 운 좋게도 당국이 비슷한 대책을 채택한 주에 거주할 수도 있다. 그렇지 않더라도, 운 좋게도 당신은 이 방향으로 가는 것이 옳다고 생각하여 그렇게 교사를 양성하는 어떤 대학의 영향권에 있을 수도 있다. 그러나 대부분의 독자는 어느 쪽에도 속하지 않을 것이다. 그렇다면 고용할 교사의 자질과 관련하여 여러분이 할 수 있는 일이 전혀 없을까?

우리는 그렇게 생각하지 않는다. 일반적으로 그래왔듯이 학구들은 인근 교사 양성 기관 출신의 교사를 채용한다. 대부분의 미국 교사는 그들이 자라난 인근의 교사 양성 대학에 진학하고, 그곳에서 멀지 않은 학교에서 가르친다. 이런 패턴에서 벗어난다면, 이는 대개 교사의 배우자가 거절할 수 없는 일자리를 제안받았기 때문일 것이다.

그러나 이 패턴은 법제화된 것이 아니다. 학구에서 지역 교사 양성 기관 졸업생들을 고용하라고 아무도 강요하지 않는다. 사실 규모가 큰 학구는 교사 양성 대학의 중요한 고객이다. 그런 고객들이 없으면 대학들은 학생을 충원하지 못할 것이다. 졸업생을 취업시키지 못하는 대학에는 아무도 입학하려 하지 않을 것이기 때문이다. *학구는 거대한 시장 지배력을 가지고도 이를 거의 사용하지 않고 있다.*

교사 양성 과정 개선을 위한 권한 활용

펜실베이니아 중앙지역 연합회Capital Area Intermediate Unit를 구성하는 24개 학구는 2000년대 중반 2년에 걸쳐 주 기준에 맞는 교육과정을 개발하고 그러한 교육과정을 지원하기 위한 연구 기반 교육전략에 따라 교사들을 준비시켰다. 그러나 학구 지도자들은 연계성이 취약한 부분이 있다는 것을 발견했다: 고등 교육기관에서 배출된 신입 교사들을 살펴보니, 학구의 모든 교사가 갖춰야 할 기능 중 일부가 결여되어 있었다. 당시 이 단체의 전무이사였던 에이미 모튼Amy Morton은 "우리에게 오는 예비교사들은 학구에서 교사들에게 기대하는 배경지식을 갖추고 있지 못하다는 사실에 주목하게 되었습니다."라고 말했다.

그래서 학구들이 모여 지역에 교사를 공급하는 19개 교사 양성 기관들과의 파트너십을 제안했다. 모튼은 "우리가 무엇을 하고 있는지 언급함으로써 그들이 우리가 무엇을 필요로 하는지 알 수 있게 할 것"이라고 말했다. "결국, 3개의 가장 큰 교사 양성 기관이 이 일에 진지하게 참여하게 되었습니다."

하지만 학구들은 더 나아갔다. 교육감들은 총 19개 교사 양성 기관에 서한을 보내 교사 후보생들이 교수 기준을 충족하기 위한 2일간의 교육에 참석하지 않으면 실습생을 학교에 배치하지 않겠다고 밝혔다. 모튼은 첫해에 19개 기관 중 18개 기관이 이 변화를 진지하게 받아들였다고 회상했다. 하지만 한 기관은 이를 수용하지 않아 그 기관의 교육실습생들은 실습에 참여할 수 없었다.

결국, 학구와 교사 양성 기관은 현재까지 이어지는 파트너십을 구축했다. 합의에 이르는 협상 과정에서 종종 긴장이 감돌았다. 그녀는 "초기 회의에 참석한 교사 양성 기관의 교수진은 방 뒤쪽에서 도전적인 자세로 팔짱을 끼고 앉아 있었다."라고 했다. "비난이 아니라 파트너십을 통해 그들이 더 나은 서비스를 얻을 수 있다는 것을 깨닫기까지는 시간이 좀 걸렸습니다."

학구 지도자들은 자신들의 '구매력purchasing power'을 활용하여 학구 교사들이 더 준비되게 할 수 있다는 사실을 잊지 않았다. 그녀는 "교육감들은 교사 양성 기관들에 책무성을 부여함으로써 신규 교사 후보자들의 책무성을 강화할 수 있는 권한이 있음을 인식했습니다. 사람들은 자신이 지닌 힘을 긍정적인 방식으로 사용할 수 있음을 깨달아야 합니다."라고 말한다.

여러분의 학구가 전통적으로 교사를 임용하는 교사 양성 대학을 방문하여 학장에게 이렇게 말했다고 해보자:

우리는 지난 몇 년간 귀 대학과 맺은 관계를 정말 소중히 여겼고, 귀 기관은 우리에게 좋은 교사를 많이 배출했습니다. 하지만 우리는 오랫동안 고용해 온 교사들보다 훨씬 우수한 교사들이 필요합니다. 우리는 그런 교사를 얻기 위해 급여를 올려 주고, 보람 있는 교직 경력을 제공하며, 상위 전문직에 종사할 수 있는 젊은이들에게 더 매력적인 직장이 되도록 학교를 재설계해야 한다는 것을 알고 있습니다. 우리에게는 교사들이 동의하고 교육위원회가 승인한 계획이 있습니다. 그 계획을 귀 기관과 기꺼이 공유하려 합니다.

대학이 해야 할 필요가 있는 일에 관해 얘기하고 싶습니다. 귀 대학에서 우리에게 졸업생을 계속 보내기 원한다면, 입학 기준을 크게 높여야 합니다. 우리는 그들이 어떤 사람이 되어야 하는지 알려드리고, 학업 성취뿐만 아니라 지원자들이 젊은 세대와 관계를 맺는 능력과 교육 열정까지 고려하는 몇 가지 선별 메커니즘을 귀 기관과 협력하여 개발하고자 합니다. 원하시면 그러한 선별 작업을 도와드릴 수 있습니다. 귀 기관이 지금까지 우리에게 보낸 졸업생들보다 귀 기관의 향후 졸업생들이 가르칠 교과들에 대해 훨씬 깊이 이해하도록 해야 할 것입니다. 귀 기관에서 배출하는 모든 교사가 중등학교에서 가르칠 교과를 전공했거나, 초등 수준에서는 전담 교과에서 부전공 이상 이수했는지 확인하고자 합니다. 신규 초등 교사들은 모두 수학과 과학 혹은 영어와 사회 교과를 전담할 것이므로, 그에 대한 전문성을 함양할 수 있는 교육 프로그램이 필요합니다. 우리는 의과대학이 병원과 맺고 있는 것과 같은 관계를 귀 교사 양성 기관과 구축하고 싶습니다. 우리 학구에서 그런 학교를 선정하는 데 협력할 수 있습니다. 그 학교 수석 교사들이 귀 기관의 임상 교수로 임명될 수 있는지 확인하고 싶습니다.…

이제 어디로 가고 있는지가 보일 것이다. 상위 성과 국가들이 무엇을 하고 있는지 모든 것을 다시 살펴볼 필요는 없다. 그러나 상위 성과 국가들이 교수 역량을 갖춘 교사 양성을 위해 무엇을 하는지에 대한 우리의 설명에서 미국의 교사 양성 대학이 여러분을 위해 구체적으로 무엇을 하기를 원하는지 생각을 전환해 보라. 그런 다음 대학 학장과 대화를 시작할 필요가 있다. 당신이 원하는 모든 것을 얻지는 못할 것이다. 그러나 큰 변화를 일으킬 만큼 충분히 얻을 수는 있을 것이다. 결국, 그들은 고객인 여러분을 잃고 싶어 하지 않을 것이다. 그렇게 하는 것이 옳은 일이고 미래의 흐름이라고 생각하기 때문에, 학장은 누군가가 이 일을 하기를 여러 해 동안 기다려왔을지도 모른다.

여러분이 작은 시골 지역 교육감이라면, 찾아갈 곳이 없을 수도 있다. 만약 그렇다면, 같은 생각을 하는 지역의 다른 교육감들과 연대하는 방안을 고려해볼 수 있다. 찾아갈 수 있는 곳이 마땅치 않지만 다른 기관들을 찾아보겠다는 생각이 확고하다면, 주 내의 다른 곳을 방문할 수도 있다. 예를 들면 교사 교육 프로그램을 운영하지 않거나 규모가 작지만 우수한 교사 교육 프로그램을 운영하는 주요 대학을 찾아갈 수도 있다. 심지어 주의 대표 대학flagship university을 찾아갈 수도 있다. 당신 같은 사람이 찾아와 주기를 기다려온 총장이나 학장을 그런 대학교에서 만날 수도 있다. 이런 일 또한 다른 교육감들과 힘을 합쳐 시도하는 것이 좋을 것이다.

그리고 학교들이 이런 종류의 주도권을 가지고 이런 일을 선도하기를 기다려온 주 정부—고등교육위원회, 고등교육 최고위 공무원, 교육부 장관, 또는 하원·상원 교육위원회 위원장 등—가 있다.

우리가 여러분에게 보낸 메시지는 무엇인가? 여러분이 교직을 더 매력적으로 만드는 역할을 할 준비가 되어 있다면, 여러분은 여러분 학구의 거대한, 그리고 아마도 사용한 적이 없는 시장 지배력market power을 활용할 수 있다. 그 가능성을 알면 놀랄 것이다.

이 모든 것은 우수한 고등학생이 교육계에 입문할 수 있도록 강력한 인센티브를 창출하기 위해, 지역구에서 여러분이 할 수 있는 모든 일을 하는 것을 전제로 한다. 최상의 지원자들이 약정 기간 동안 교직에 남기로 동의할 경우, 학비를 전액 면제하거나 학자금 대출을 상환해줄 준비가 되어 있는가? 많은 상위 성과 국가들이 그렇게 한다. 상위권 학생들이 졸업 후 교직을 택하는 데 관심을 두도록 교사 양성 대학에 다니는 동안 실습생에게 약간의 급여를 제공하는 것은 어떠한가? 상위 성과 국가 중에는 이렇게 하는 국가들이 있다. 이 모든 것은 전반적으로 보상을 늘리고, 실질적인 전문 직업으로 만들고, 학교 조직과 관리 방식을 재설계하는 것에 달려 있다. 이것이 다음 장의 주제다.

6장

역량 있는 전문 교사 중심의 학교 재구조화

5장에서 우리는 학생들에게 최고의 교사들이 없으면 미국 교육 시스템 재설계는 실패할 거라고 주장했다. 더불어 상위 성과 국가에서 일어나는 혁신에 관해 설명했다. 또한 월급 받고 첫 출근하는 신규 교사를 재능 있고 잘 훈련된 초임 전문가로 양성하는 방법에 초점을 맞췄다. 그러나 혁신이 거기서 멈춘다면, 5장에서 언급한 우수한 고등학교 졸업자들을 교직으로 유인할 수 없을 것이다. 그들이 지원해서 교사 양성 프로그램을 졸업하더라도 교직에 오래 머물지 않을 것이다.

향후 5~10년 뒤에도 학교에서 가르치고 있을 대부분의 교사는 이미 학교에 재직하고 있다. 재직 교사의 교수 역량을 신장시키고, 신규 채용하려는 교사를 충분히 지원하고 잘 활용하지 않는다면 학생 성취도 향상에 필요한 개선을 담보할 수 없다. 이것이 이 장의 주제다.

교사, 자신의 힘으로 학구를 개선하다

미시시피 주 매콤McComb 학구는 학생들의 읽기 부진 문제reading problem가 있었다. 초등학교 학생들이 같은 연령이라도 읽기 수준에서 몇 년이나 차이가 나기도 했다. 동학년의 모든 학생에게 똑같은 교육을 하는 것은 일부 학생들을 한참 뒤처지게 하는 방법이었다. 그래서 학구는 초등학교에서 학년 구분을 없애고 학생들의 읽기 수준에 따라 다르게 가르쳤다. 같은 나이 또래들과 함께 교실에 있더라도 어떤 학생은 2개 학년이 앞설 수 있고, 어떤 학생은 2개 학년이 뒤처질 수도 있다. 그러므로 학생들은 수준에 따라 다른 교육을 받는다. 이것은 평등에 기반한 시도였다. 모든 학생이 읽기 문해 능력을 갖추고 초등학교를 졸업하게 함으로써 중학교 교육에 대비할 수 있게 하는 것이 목표다.

매콤 학구가 이 계획을 시작했을 때 한 가지 문제가 있었다. 초등 교사들이 이 방식으로 가르칠 만한 전문성이 있지 않았다. 학구는 초등학교 교사들을 훈련하기 위해 외부 컨설턴트를 고용할 수도 있었다. 그러나 그렇게 하지 않기로 했다. 대신 학구는 교장들에게 우수교사, 즉 그들이 "본보기가 될 수 있는 핵심 교사core of examplary teachers"라고 부를 사람들을 선발해달라고 했다. 이 교사들은 새로운 접근법에 대해 훈련받고 동료 교사의 멘토와 트레이너trainers로 활동한다.

"새로운 접근법을 교육받은 교사 중 한 명이 배운 교육 방법을 학교에 전파할 것이고, 이 과정에 익숙한 교사는 다른 교사들이 새로운 방식을 파악하는 데 도움을 주는 선도 교사lead 혹은 수석 교사master teacher 역할을 할 것입니다."라고 시더릭 엘리스Cederick L.

Ellis Sr. 교육감은 설명한다.

불과 2년 만에 새로운 교육 계획은 인상적인 결과를 보여주었다. 1차 시범학교에서는 3학년생 중 92.5%가 시험을 한 번에 통과했다. 이는 2년 전 60%에 비하면 합격률이 현격히 증가한 것이다. "학생이 어디 있는지 파악하고 적절한 지원을 하면, 학생들은 더 편안하게 느낄 겁니다, 우리는 이미 성공한 것처럼 보입니다."라고 엘리스는 말한다.

엘리스는 장기적으로 핵심 교사들이 지역 교사 역량도 강화하리라 예측한다. "학구는 교실에서 성공하는 데 필요한 것을 제공함으로써 교사들을 더 오래 재직하게 할 수 있습니다."라고 그는 말한다. "또한 전통적으로 매콤의 학교에 관심을 보이지 않았던 교사들을 채용할 수 있습니다. 우리가 교사들에게 필요한 것을 지원할 수 있기 때문입니다."

교직의 지위 변화

이 장에서는 상위 성과 국가들이 교사들의 근무 환경을 어떻게 혁신하고 있는지 자세히 설명할 것이다. 그들은 교사를 블루칼라 노동자처럼 대우하는 산업화 시대의 근무 환경을 의사, 변호사, 건축가, 엔지니어들이 일하는 근무 환경처럼 느끼도록 변화시키고 있다. 이것은 세 가지 측면에서 타당하다. 첫째, 우수한 고등학교 졸업생들은 높은 지위의 전문직으로 대우받지 않는 한, 교직을 직업으로 고려하지 않을 것이다. 둘째, 교사들에게 현대적이고 전문적인 근무 환경을 제공한다면, 이미 고용된 교사들도 당신이 놀랄 만한 수준으로 직무를 수행할 것이다. 셋째, 그들의 기술과 능력을 최대한 활용하도록 설계된 곳에서 일하지 않는다면, 당신이 고용할 수 있는 최고의 신규 교사들이 최고의 성과를 낼 수 없을 것이다.

일부 독자들은 이 말에 다소 반발할지도 모른다. "우리 선생님들이 블루칼라 노동자 취급을 받고 우리 학교는 전문직 직장이 아니라는 게 무슨 말인가요? 저는 선생님들을 그런 식으로 대하지 않습니다. 우리 학구가 조직되고 운영되는 방식이 자랑스럽습니다."

우리는 여기서 학교의 약점을 파헤치려는 것이 아니다. 그러나 학교가 조직되고 운영되는 방식에 대한 다른 관점을 제시할 필요가 있다. 이런 관점 없이는 학구의 성과를 개선할 좋은 기회를 놓칠 것이다. 그러므로 이 점과 관련하여 인내를 가지고 서로의 견해를 좁힐 수 있는 몇 가지 역사적 사례를 검토해보자.

미국 학교 행정가들은 경영 원리business principles에 기반하여 학교와 학교 체제를 운영한다는 생각에 당황할 수 있지만, 미국 학교들은 한 세기 이상 엄격한 경영 모델에 기반하여 관리되어왔다. 그 모델의 기반이 된 산업계가 오래전에 그것을 폐기했다는 증거가 쌓이고 있음에도 말이다. 이 장에서 여러분과 공유하려는 학교조직 모델은 많은 블루칼라 노동자들이 아니라, 많은 *전문가professionals*를 고용하는 회사들이 사용하는 경영 모델을 기반으로 한다.

대량생산 모델의 뿌리

교사의 현재 역할은 그들이 산업 시대의 일선 노동자였을 때 정형화되었다. 20세기 초, 스탠포드 대학 사범대 학장이자 매우 영향력 있는 교육자인 엘우드 큐벌리Ellwood P. Cubberley는 교육 위원회는 은행의 이 사회와 비슷하고 교육감은 사업 경영자와 비슷하다고 생각했다. 그는 학교를 "원재료(어린이)가 삶의 다양한 요구에 맞는 제품으로 성형되고 형성되는 공장"이라고 설명했다.Tyack & Cuban, 1995, p.114

이 모델에서 경영자인 교육감과 교장은 무엇을 가르치고 어떻게 교육해야 하는지를 포함하여, 학교를 구조화하고 운영하는 방법에 대한 중요한 결정을 내렸다. 교사들, 즉 노동자들은 상관의 명령을 따르며 수행했다. 주로 남성인 경영자들은 대부분 여성인 근로자보다 많은 교육을 받았고 임금도 꽤 많이 받았다.

반세기 후, 당시 뉴욕시 교사였던 미국교사연맹 회장 앨버트 샨커 Albert Shanker는 당시 교감assistant principal의 태도를 이렇게 묘사했다. "착하게 굴어라. 순종하라. 잠자코 있어라. 괜한 풍파를 일으키지 마라. 관리자에 반하는 행동은 하지 마라. 얌전히 굴어라."Kahlenberg, 2007, p. 34. 변한 게 별로 없다.

산업현장이 바뀌었음에도 변하지 않은 학교

하지만 학교 밖은 상황이 바뀌고 있었다. 미래학자들은 이런 형태의 조직이 산업계에서 낡은 것이 되고 있다고 말하기 시작했다. 1969년 미국에서 경영리더십과 경영 분야에서 가장 영향력 있는 저자 중 한 명인 피터 드러커Peter Drucker는 『단절의 시대The Age of Discontinuity』에서 대량생산에 계속 의존하는 기업과 국가는 실패할 수밖에 없다고 예측했다. '지식 노동', 즉 새로운 지식의 생산 및 사용에 기반을 둔 노동에 초점을 맞추는 기업이 성공하는 기업이 될 것이며, 그런 기업들은 익숙한 블루칼라 모델이 아니라 전문가로서 역할을 하는 사람인 '지식 노동자'

를 고용해야만 성공할 것으로 전망했다. 드러커는 이런 일은 일선에서 많은 자율성을 요구하는 종류의 일이라고 했다. 전문적 판단이 필요한 새로운 상황이 계속 발생하기 때문이다. 주어진 순간에 경영진은 무엇이 행해져야 하는지 예측할 수 없기에, 경영진은 목표를 설정하고, 최고의 직원을 고용하고, 노동자가 필요로 하는 모든 것을 제공하고, 결과를 측정하고, 적절한 인센티브 구조를 구축해야 한다. 그러고 나서는 물러서서 노동자에게 결과에 대한 책무성을 부여하여, 그들이 어떻게 하면 최선의 결과를 낳을 수 있을지 궁리하게 해야 한다.

경영과 노동 사이의 거대한 장벽이 무너져내렸다. 대신 노동자가 매우 수평적 조직에서 종종 경영자 역할을 하면서, 경영자가 맡았던 책임을 많이 담당하는 세상이 되었다. 이 새로운 모델에서 노동자들은 늘 배우고 있다. 학습은 일하지 않을 때 하는 것이 아니다. 학습은 업무의 필수적인 요소로서 업무와 긴밀히 연결되어 있다. 새로운 아이디어와 절차에 관해 연구하지 않고서는 노동자들은 그들의 작업을 제대로 할 수 없을 것이다. 또, 통계적 방법을 사용하여 무엇이 효과가 있는지 파악하여 그 결과에 따라 작업 과정을 변화시키지 않고, 팀 내 최고 성과자들로부터 배우는 동시에 그들에게도 한두 가지를 알려주지 않고는 제대로 작업할 수 없다. 더 중요한 것은, 과거에는 노동자들이 제품과 제조 방식을 개선하기 위해 위층 사무실의 엔지니어들에게 의존했지만, 이제는 기업이 일선 노동자들에게 그 일을 맡기고 있다는 점이다. 전 직원이 연구원이고, 전 직원이 항상 학습하고 있다.

최고 성과를 내는 학교 시스템에서의 혁신

드러커는 1960년대 산업계 현장이 변화하는 방식만 묘사한 것이 아니다. 자신도 알아차리지 못했지만, 반세기 뒤인 20세기 후반에 세계를 선도하는 학교 체제들에서 학교와 학구가 어떻게 변화하고 있는지도 설명한다. 세계를 선도하는 학교 체제와 미국 학교 체제의 차이는 극명하다. 특히 교사에게 그러하다. 몇 가지 주요 차이점을 설명하려 한다.

시간이 사용되는 방식

100년 전만 해도 제철소에서 일하는 노동자들은 식사나 화장실에 가기 위한 휴식을 제외하고는 종일 작업장에서 일해야 했다. OECD 자료를 참고하면, 미국에서 교사들은 다른 선진국보다 많은 시간 동안 학생 앞에서 가르친다.Darling-Hammond, Burns et al., 2017; OECD, 2014b 미국에서는 교사들을 제철소의 일선 노동자처럼 간주해 왔기 때문이다. 오래전 제철소에서는 노동자들이 제품의 품질이나 생산 효율성을 개선할 필요가 없었다. 생산 일선의 모든 작업은 작업 현장이 아니라 사무실에서 일하는 사람들이 지휘하게 되어 있었다. 강철을 만들고 제철소의 작업 방식을 개선하는 일에 대한 책임은 연구자들과 다른 관리자들과 함께 엔지니어들의 몫이었다.

미국 학교는 이런 방식으로 조직되었으며, 이런 이유로 미국에는 어떤 상위 성과 국가보다 비대한 지역 교육행정기관local central district offices이 있다. 미국의 경우, 공교육 제도와 관련하여 고용된 사람의 절반 정도만 학교에서 일한다.U.S. Department of Education, 2017b 상위 성과 국가의 경우 학교 내 교육자의 비율이 훨씬 높으리라고 믿을 만한 이유가 있다. 미국이 이렇게 된 가장 중요한 원인 중 하나는 교사들에 대한 잘못된 생각 때문이다. '교사들이 잘 알지 못하거나 기술이 부족하므로 그들이 해야 할 일에 대해 교육청 직원들central district offces의 지시를 받아야 한다'는 것이다. 이런 생각은 한 세기 전에 형성되었다. 핀란드, 홍콩, 싱가포르, 캐나다, 일본, 한국 등 상위 성과 국가들은 교사들에게 막대한 투자를 함으로써, 필요한 전문성이 교실에서 바로 발휘되게 했다. 그래서 세부 전문 직원과 장학사들로 가득 찬 거대한 교육행정기관이 필요하지 않다.

교사 전문가를 찾기 위해 학구를 살펴라

어떻게 하면 학구가 적은 비용으로 수업 실행teaching practice을 개선할 수 있을까? 펜실베이니아주 토완다Towanda 지역 학구의 경우, 시간을 더 효율적으로 사용하고 해당 학구에 이미 존재하는 전문성을 활용하는 데서 답을 찾았다.

학구의 지도자들은 교사들이 협력할 시간이 있다면, 그들의 실행을 개선할 수 있다는 데 동의했다. "다른 나라들을 연구한 결과, 교사들이 수업을 적게 하고 전문적인 학습을 하는 데 더 많은 시간을 할애한다는 점을 발견했습니다."라고 교육감 애이미 마텔Amy Martell은 말한다. "그 방식을 적용할 수 있는지 파악하려고 우리 시스템을 살펴보았습니다."

학구 내 학교의 일과를 살펴보고 지도자들은 학교가 주에서 정한 수업 시수 기준을 초과했다는 것을 발견했다. 그래서 지도자들은 핵심 교육과정에 초점을 맞추어 시간을 조정했다. 그리고 읽기와 수학을 집중지도하는 특별 수업을 위한 시간을 추가했다. 그 결과 교사들은 정기적으로 모일 시간을 확보할 수 있었다.

다음으로 학구는 교사 학습 모임을 이끌도록 수학과 영어 교과의 전문가를 선발했다. 고등학교 수학부장이 초등학교로 이동하여, 5, 6학년 교실에서 공동 수업을 하고, 집중 지도 프로그램을 이끌 수 있게 돕는다. 영어 교과부장도 똑같은 일을 할 것이다.

"이 교사들은 내용 지식content knowledge을 갖추고 있습니다."라고 마텔은 말한다. "그들이 전문적 학습 공동체에서 교사들과 어떻게 협력하는지를 보면 흥미로울 겁니다. 교사들이 최상의 실천 결과를 도출하리라 기대합니다."

학구는 전문적 학습 공동체 모임에 얼마나 많은 시간이 필요한지 정하기 위해 교사들에게 물었다. "우리는 선생님들이 필요하다고 하는 것에 반응해야 합니다."라고 마텔은 말한다. "너무 많은 처방을 내리지 않도록 주의하고 있습니다. 교사들의 교과 지식과 그들이 협력하는 데 필요한 것에서 시작되어야 합니다.", "교사 지도자들Teacher leaders은 학교에서 능력에 비해 충분히 활용되지 않는 자원입니다."

학교 교육의 산업 모델에서는 연구와 개발이 대학, 대도시 지역, 중앙행정기관에서 이루어진다. 반면 전문가 모델에서는 연구의 많은 부분이 학교 교사들에 의해 이루어진다. 이 부분은 조금 있다가 다시 다룰 것이다. 산업 모델에서는 중앙행정기관이 어떤 전문성 개발이 필요한지 결정하고, 외부 전문가들을 참여시켜 교사들에게 워크숍을 제공한다. 전문가 모델에서는 학교의 전문가들이 그들이 필요로 하는 전문성 개발의 종류와 그것을 개발하는 방법을 결정한다. 산업 모델에서는 중앙행정기관이 어떤 교과서를 구매할지 정하지만, 전문가 모델에서는 학교 구성원 스스로 정한다.

상위 성과 국가의 교사들이 전체 시간 중 가르치는 데 쓰는 시간이 절반도 안 된다면, 교사들은 무엇을 하고 있을까? 그리고 이 국가들은 교사들이 가르치는 데 더 많은 시간을 보내는 미국보다 어떻게 더 높은 학생 성취도를 보일까?

거의 예외 없이, 대부분의 상위 성과 국가에서는 교사들이 학업이나 개인적으로 어려움을 겪는 학생들을 지원한다. 또, 대부분의 시간을 다른 교사들과 팀을 이루어 일한다. 이 팀들이 어떻게 구성되어 있는지는 이어서 설명할 것이다. 중요한 점은, 언제든지 한 교사가 한 팀에서는 지도자로서 9학년 수학 교육과정의 새로운 수업을 개발하는 팀을 이끌면서, 다른 팀에서는 팀원으로서 8학년 통합 과학의 전체 접근법을 보다 응용적이고 실습 기반으로 만드는 방법을 모색할 수 있다는 것이다. 그 교사는 또 다른 팀과는 학생 출결 자료를 함께 분석하여 문제와 해결 방안을 찾아낸다. 이런 모임에서 교사들은 장황한 대화를 나누기보다 '전문적 학습 공동체'에서 함께 시간을 보낼 기회를 얻는다. 각 팀에는 마감일이 설정되어 있는 진지하고 중요한 과제가 있다. 각각의 과제는 학생 성취도 향상이라는 결과를 기대한다. 교사들이 승진할 기회는 팀의 지도자와 구성원으로서 학교의 성과에 어떻게 체계적으로 기여했는가에 달려 있다.

상위 성과 국가들은 매우 유능한 교사 전문가를 참여시키는 것이 학생 성취도를 체계적으로 향상하는 데 크게 이바지한다는 점을 발견했다. 실제로 교사가 덜 가르치고 교육과정과 수업을 체계적으로 개선하기 위해 협력하는 학교는 교사가 더 많이 가르치고 교육과정 및 수업의 체계적인 개선에 훨씬 적은 시간을 쓰는 미국의 학교보다 훨씬 높은 학생 성취도를 보인다. 그러나 잘 교육 받고 훈련받은 교사들로 구성된 학교에서만 이것이 가능하다는 점을 명심해야 한다. 다시 말하자면 이 교육 체제를 구성하는 하위 부분들은 서로 잘 연계되어 있다.

이런 시스템이 모든 면에서 좋지만, 그렇게 할 재정적 여유가 없을 수도 있다. 교사들이 지금 가르치는 시간의 절반도 안 되게 가르친다면, 추가로 필요한 모든 교사를 고용하는 데 너무 많은 비용이 들 것이다. 이런 우려에 대한 답을 이미 떠올릴 수 있을 것이다. 적어도 대도시와 교외 지역에서는 더 많은 교사를 고용할 필요는 없을 것이다. 중앙행정 사무실에 더 적은 인원이 필요하기 때문이다. 그러나 다른 답도 있다. 보통 최고 성과를 내는 시스템에서 학생 1명당 교사의 비율이 더 높다.[OECD, 2016a] 어느 나라나 교사들은 학생 수가 적은 것을 선호한다. 그러나 연구 결과는 분명하다.

전체적으로 학생 대 교사의 특정 비율을 고려할 때, 학급 규모를 줄이는 대신 교사의 수업 시수를 줄이고, 학급 규모가 더 크더라도 수업을 체계적으로 개선하기 위해 동료 교사들과 함께 보내는 시간을 늘리는 것이 훨씬 효과적이다.[Darling-Hammond, Burns et al., 2017]

또한 상위 성과 국가에서는 수업이나 다른 교사와의 협력 혹은 참관 활동을 하지 않을 때, 추가적인 도움이 필요한 학생들을 종종 교사들이 개별 지도한다. 이것이 평균 성적은 높이면서 학생 성취도 격차는 줄이는 이 시스템들이 지닌 역량의 핵심 요소다.

경력 경로

제철소에서 청바지와 작업복에 쇠로 덧댄 작업용 장화를 신고 일하는 현장 노동자들은 일정한 단계를 밟아서 올라갈 수 있는 승진 경로를 경험하지 못한다. 철근을 생산하는 압연기를 작동시키는 노동자는 직장 생활 내내 똑같은 일을 했을 것이다. 창고로 철근을 운반하는 크레인을 작동시키는 노동자도 마찬가지였다. 교직 생활 첫날과 마지막 날 하는 일이 같은 교사도 마찬가지였다.

높은 성과를 내는 교육 체제를 갖춘 국가들은 다르다. 이 시스템들에서 교사는 더 많은 책임, 권한, 지위, 보상을 얻기 위해 가르치는 것을 포기할 필요가 없다. 군대에서 소위에서 4성 장군까지, 법무법인의 일반 변호사associate에서 경영 파트너managing partner까지 분명한 단계가 있는 것처럼 교사에게도 실질적인 승진 경로가 있다. 이 시스템들에서는 수석 교사는 교장과 같은 보상을 받는다. 중국 상하이 시스템에서 학교 경력 사다리의 최상위는 수업과 현장 연구를 잘하는 교사를 위한 것이다. 그 사람은 대학 정교수의 지위와 특권을 얻으면서도 여전히 교사다.

상하이의 경력 사다리는 16개 단계로 되어있다. 싱가포르는 그보다는 적다. 둘 다 초보 교사에서 출발하여 전문교사로 한 단계 한 단계 승진한 다음 분화되는 'Y'자 형이다. 상하이에는 두 계열이 있다. 하나는 계속 가르치기를 원하는 교사들을 위한 것이고, 다른 하나는 교장이 되고 나아가 더 높은 관리자까지 되려는 교사들을 위한 것이다. 싱가포르에서는 또 다른 경로가 있다. 연구, 교육과정 혹은 다른 영역의 전문성을 쌓아서 종국에는 지역구 행정과 교육부에서 전문직 역할을 하기를 원하는 교사들을 위한 경로다.

이 모든 경우 승진은 상세하게 문서화된 기준에 따라 이루어지며, 업적 평가를 기반으로 한다. 교사들이 승진할 때 교장은 누가 승진할지 결정하는 중요한 역할을 한다. 그러나 교사를 관찰할 기회가 있었던 동료 교사들과 지역 교육청의 핵심 인물도 중요한 역할을 한다. 교사 경력 사다리의 낮은 단계에서는 승진 대상자들의 수업 능력 평가의 비중이 매우 크다. 학생 성취도뿐 아니라 다른 많은 요소도 공식적 평가에서 고려된다. 후보자가 경력 사다리의 위로 올라가면 자신이 속한 팀에 대한 후보자의 기여도가 점점 중요해진다. 훨씬 더 위로 올라가서 교사가 그다지 어렵지 않은 팀이나 팀 내 하위 그룹을 이끌도록 요청받은 후에는, 신규 교사나 경력 사다리 아래쪽에 위치한 교사의 멘토로서의 실적과 같은 교사 리더십 자질이 점점 더 중요해진다. 여기가 경력 사다리가 분기되는 지점이다. 최종적으로 경력 사다리 중 교수 경로의 정점에서는 교사의 연구 성과가 주목받는다. 이 성과에는 다른 것들과 함께 연구논문 게재와 게재된 학술지의 평판이 포함된다.

교사가 승진함에 따라 책임, 자율성, 지위 및 보상도 증가한다. 이 체제에서 일부 기간은 의무복무기간으로 여겨지는 단계가 있다. 이는 미국 시스템과 유사하다. 그러나 복무기간에 대한 보상은 없다. 이 체제에서는 승진하지 않아도 불이익은 없다. 우리가 지금 언급한 것은 의사, 건축가, 회계사, 엔지니어가 병원, 회사, 혹은 그들의 전문 분야에서 초임에서 상급자 위치로 승진해가는 상황과 매우 흡사하다.

그러나 대부분의 미국 교사들에게는 이런 일이 일어나지 않는다. 교사노조가 그들의 학구에서 당신이 이런 일을 하도록 절대 허용하지 않을 거라고 당신은 덧붙일 것이다. '성과급'이라는 언급만으로 교섭을 멈추기에 충분하기 때문이다. 그리고 이 언급이 대화를 중단시키는 이유는 대부분의 미국 교사들의 경험에 비출 때 성과급이란 우두머리(*교장*

으로 읽을 수 있다)가 말 잘 듣는 교사에게는 상을 주고, 문제를 일으키는 교사에게 벌을 주는 수단으로 인식되기 때문이다. 또한 성과급 제도는 값싼 표준화된 시험에 주로 혹은 전적으로 기반하기 때문이다. 교사들이 생각하기에 그것은 학생들이 무엇을 알아야 하고 무엇을 할 수 있는지에 관한 중요 내용을 별로 반영하지 못한다. 이 시스템은 교사가 학교와 다른 교사의 일상에 기여하는 바를 고려하지 않는다. 또한 9세 아동의 인생을 망칠 수 있는 판결을 뒤바꾸기 위해 청소년 사법제도에 성공적으로 개입한 교사의 헌신을 전혀 고려하지 않는다.

잘 개발된 경력 사다리 시스템의 가능성을 알아본 교사 중에는 전국교육협회National Education Association 회장 릴리 이스켈슨 가르시아Lily Eskelsen García가 있다. 그녀는 2016년 1월 국립교육경제센터가 주최한 공개회의에서 경력 사다리 아이디어에 찬성하는 발언을 했다.[Long, 2016] 이 아이디어에 대한 그녀의 지지는 교사로서의 경험에 기초한다. 여기에는 이런 경력 사다리 시스템이 존재했다면 학교 행정가가 되지 않고 교직에 머물렀을 훌륭한 교사들과의 많은 대화가 포함되어 있다.

교사들을 위한 이와 같은 경력 사다리 시스템 적용의 가장 중요한 이점은, 다른 직업에서도 유사한 경력 사다리를 통해 지위를 획득하는 것처럼, 교사들이 자신이 일을 더 잘 해내고 있다는 것을 입증한 만큼 더 높은 지위에 오를 수 있다는 것이다.

경력 사다리가 지역사회와 학생에게 주는 이익은 같은 동전의 다른 측면이다. 경력 사다리는 교사들이 자신들이 하는 일을 지속적으로 개선하는 강력한 동인을 제공한다. 벌주는 것보다 그것은 교사들이 더 열심히 일하게 하는 데 훨씬 효과적인 방법이다.

누가 이끌고, 누가 따르나

제철소에서는 매우 분명하다. 십장이 앞장서고 인부들이 뒤따른다. 학교에서는 교장과 교감이 앞장서고 교사들이 뒤따른다. 교사들은 중등학교에서는 부서의 장이 될 수 있다. 그러나 그 역할은 대개 행정 업무로 인식된다.

그러나 엔지니어링 회사에서 역할 분담은 이보다 훨씬 복잡하다. 전문 서비스 회사에서 팀을 이끄는 사람은 해당 업무를 가장 잘 아는 사람이다. 조직 위계에서 직위는 전문성보다 덜 중요하다. 그래서 지도자의 역할은 곳곳에서 생겨난다. 전문성이 어디에나 존재하기 때문이다. 개인이 한 프로젝트에서는 지도자가 될 수 있고 다른 프로젝트에서는 팀원이 될 수 있다.

그래서 당신은 이렇게 말할지도 모른다. 이 원칙은 경력 사다리라는 아이디어 전체를 훼손하는 것이 아닌가? 교사가 어느 날은 지도자가 되고 다른 날은 팀원이 된다면, 경력 사다리가 왜 필요한가? 교사들이 원할 때 모든 교사가 지도자가 되도록 왜 허용하지 않는가? 답은 모든 지도자가 리더, 멘토, 연구를 동등하게 잘하지 않는다는 것이다. 한 교사가 지도자에게 필요한 조직적·사회적 역량이 없는 경우에도 당신은 그 교사가 단기 과제에서 다른 두 명의 교사를 이끄는 역할을 하도록 마음 편히 맡길 수 있다. 그 과제 수행에 필요한 정확한 교과 전문성subject matter mastery을 지니고 있기 때문이다. 하지만 중요한 문제의 다양한 측면에 대해 구성원들의 열정을 끌어낼 필요가 있는 프로젝트에서 10명의 교사를 이끄는 책임을 그 교사에게 맡기지는 않을 것이다. 경력 사다리는 교사들이 일을 더 잘하게 하는 유인책을 만든다. 그뿐만 아니라 중요한 역할에 배정된 교원들이 성공하는 데 필요한 역량을 지니게 하는 수단이 된다.

신규 인력 유치에 투자된 자원의 양

대량생산 시대에 기계를 작동하는 사람들은 이전 시대의 장인에 비해 매우 적은 기술이 필요했다. 그들은 빠르고 저렴하게 작업하도록 훈련받았다. 100년 전에 현재의 학교 시스템이 미국에 도입되었을 때도 동일한 모델이 활용되었다. 신규 교사들은 특별한 도움 없이도 출근하자마자부터 잘해가리라는 기대를 받았고, 이런 기대는 지금도 마찬가지다. 그러나 교사 교육은 대부분 신규 교사가 수업에서 직면하는 실제적인 도전에 잘 대처하도록 준비시키지 못했다. 많은 사람이 '살아남거나 가라앉거나swim or sink'[1]라는 말을 들었다. 그 결과 미국의 신규 교사들은 상위 성과 국가의 신규 교사들에 비해 1/3에서 1/2 정도 기간만 교직에 머문다. 그 결과 신규 교사가 계속 교체되어 예산 측면뿐 아니라 학생 교육에도 부정적 영향을 끼친다.

> ### 입직 계획: 한 학구의 신규 교사 지원 방안
> 펜실베이니아주에 있는 핼리팩스 학구 교육감 미쉘 오너Michele Orner는 학구를 떠나기로 한 교사들과 퇴직 인터뷰를 할 때, 학구가 새로운 교사들이 성공하도록 충분히 지원하지 못하고 있음을 알게 되었다. "저희는 이곳에 오는 교사들을 멘토링하고 지원하는

---

1. '헤엄치거나 가라앉거나swim or sink'라는 말은 미국 교육학자 로티Lortie가 교사 문화의 특징을 말하며 언급한 관용구다. 적절한 도움을 받지 못한 상태에서 교육 현장에 적응해야 하는 학교 문화와 신규 교사들의 어려움을 함축하는 말이다(역자주).

체계적인 접근법이 없었습니다."라고 그는 말한다. "우리는 신규 교사들이 범하는 실수와 그들을 훈련하는 문제를 확인할 수 있었습니다."

이에 따라 학구는 신규 교사 지원을 강화하는 방안을 마련했다. 이것은 유인 프로그램induction program은 아니었다. "나는 그 단어를 싫어합니다.", "입직 계획entry plan입니다."라고 오너는 말한다. 교장과 한두 명의 교사로 구성된 멘토링 팀이 신규 교사 한 사람을 맡아서 3년 동안 지원하고 안내하게 된다.

"이것은 새로 입직한 교사가 학구의 정책과 실행에 익숙해지고, 내용 지식과 기능을 강화하고, 자신들의 수업을 분석하고 성찰하며, 수업에 대한 전문적인 태도를 계발하는 체계적인 방법을 중심으로 구성되어 있습니다.", "신규 교사 혹은 얼마간 가르친 경험이 있는 교사라면 이 방법을 통해 성공할 수 있습니다. 이는 우리가 교사로서 성공하는 데 필요하다고 믿는 것들입니다."라고 오너는 말한다.

연말에 신규 교사는 그들의 지식과 기능을 증명하는 평가를 받는다. 첫해의 평가는 인성교육에 초점을 맞출 것이다. 이 학구는 인성교육으로 전국적으로 알려져 있다. 2~3년 차 평가 주제는 아직 정해지지 않았다. 이 평가들은 교사들의 정년 보장을 결정하는 데 중요한 자료가 된다고 오너가 말했다.

"저는 교사들에게 3년 후 정년 보장을 받을 것을 추천합니다."라고 그녀는 말한다. "제대로 된 자격이 있는지 어떻게 알 수 있을까요? 근무 연수만으로는 알 수 없습니다. 그들이 가치 있는 기여를 하고 교실에서 교수와 학습에 영향력 있는 전문직의 일원이 될 것을 어떻게 확신할 수 있을까요?"

오너는 이 제도가 역량 있는 교사를 유치하는 데 어려움을 겪는 작은 시골 지역에서 사람들이 교사로 일하도록 장려할 수 있기를 바란다고 한다. "제가 보내는 메시지는 제가 배우고 성장하도록 도와주는 인적 자원이 많기를 희망하는 것입니다."

그리고 그는 이 제도가 예비교사 교육 개선에 도움이 될 수 있다고 덧붙였다. 이 계획의 일환으로 멘토링 팀은 교사와 대학의 지도 교수supervisor와 함께 교사 양성 프로그램에서 무엇을 배웠는지 토의하고, 입직 계획을 교사의 필요에 맞게 조정한다. 이 대화는 대학 교수진에게 학구의 기대를 공유하고, 교사 양성 과정과 현장에서 실행의 연계성을 높이는 데 도움을 준다고 오너는 말한다.

"우리가 바라는 것은 실제 나타나는 실행에 대한 정보를 대학 양성과정에 제공하기 시작하려는 것입니다.", "대학은 우리가 기대하는 바를 더 잘 이해할 것입니다. 우리가 여기서 하는 일에 대학이 더 많이 관여하고 협력하기 바랍니다. 우리는 교수법 강좌에서 대학의 기대와 학교 시스템의 기대 간에 단절이 있음을 종종 발견합니다."라고 오너는 말한다.

상위 성과 국가에서는 처음 1~2년 동안 신규 교사의 수업 부담을 줄여준다. 또, 경력 사다리의 최상위이거나 그에 가까이 있는 매우 전문적인 멘토가 배정된다. 신규 교사를 지도할 수 있도록 이 멘토 교사mentor teachers의 수업 부담도 일부가 줄어든다. 신규 교사들은 전문가 교사 expert teachers를 관찰하고, 수석 교사master teachers로부터 수업에 대한 세심한 비평을 받으며, 교사 공동체의 구성원이 된다. 그들은 수업 기술에 대한 가치 있는 교훈을 배울 뿐 아니라 동료 교사로부터 학교의 가치와 문화도 배운다. 입직 기간이 끝날 때, 그동안 장학을 해 온 멘토 교사는 신규 교사가 완전한 자격증을 받을 수 있을지 결정하는 중요한 역할을 한다. 사실 신규 교사가 훈련받는 동안 수석 교사의 중요한 역할 중 하나는 신규 교사가 전문성에 도달하지 못하면 교직을 선택하지 않도록 조언하는 것이다.

이것은 학교 교원에 대한 가장 유능한 전문가들의 막대한 시간 투자를 요구하며, 미국의 일반적 관행과는 완전히 반대다. 하지만 상위 성과 국가에서는 교사를 가장 귀중한 자원으로 본다. 그들에게 신규 인력의 초기 개발을 위한 투자는 선택사항이 아니다.

전문성은 어떻게 개발되나

제철소에서 새 기계를 설치하거나 새로운 기술을 도입할 때, 일선 노동자들은 새로운 기계나 기술에 대한 훈련을 받기 위해 작업라인을 이탈했다. 훈련과 관련된 결정은 모두 경영진이 내렸다. 직원들은 출석하기만 하면 되었다. 이는 훈련의 상당 부분이 교사들이 알아야 할 내용에 대한 어떤 합리적 기준과도 관련이 없다는 점만 제외하고는, 미국 학교의 교직원 능력 개발 시스템과 아주 유사하다. 많은 교사가 단순히 급여 상승에 도움이 되는 연수 학점을 위해 쉬운 능력개발 워크숍에 등록한다.

법률과 건축 같은 미국의 전형적인 전문 분야professional practice에서, 전문가들은 하루에도 여러 번 새로운 연구, 아이디어, 기술을 찾아 자기 분야를 계속 탐색한다. 전문성 개발은 일하지 않는 한가한 시간에 하는 것이 아니다. 전문성 개발은 일 그 자체에 내재해 있다.

가장 발달된 형태의 현대 학교조직이 있는 나라에서는 당면한 문제를 해결하기 위해 팀이 가장 먼저 하는 일이 그 문제에 대한 국제 문헌을 조사하는 것이다. 이 국가들은 연구할 때, 대학교수와 독립 연구자 independent analysts뿐만 아니라 전문 지식을 갖춘 교사들과도 함께할 것이다. 그런 다음 보고서를 팀원과 공유하고, 팀 전체가 이 보고서를 이용하여 계획을 세운다. 계획 수립 시 그들은 평가 요소를 포함하여, 목표를 향해 얼마나 나아가고 있는지 알기 위해 수집할 자료를 상세화한다. 그리고 자료를 수집했을 때, 필요에 따라 과정을 수정한다. 이런 과정의 모든 단계에서 팀 구성원들은 종종 무서운 속도로 학습한다.

그러나 위 방식은 이 시스템이 목표한 유일한 교원 학습 방식faculty learning은 아니다. 교사들은 또한 자주 서로 배운다. 예를 들어 새로운 수업안 개발을 살펴보자. 팀이 방금 설명한 연구를 마치고 계획을 완성한 후, 다음 단계는 팀 회의를 통해 수업안을 개발하는 것이다. 새로운 수업안의 첫 번째 검토가 끝나면, 그들은 전체 학생 앞에서 수업을 시연할 교사를 구성원 중에서 선발할 것이다. 팀원들은 교실 가장자리에 둘러앉아 관찰하며 메모한다. 그런 다음 모여서 강의의 모든 세부 사항을 비평한다. 그들은 이것을 몇 달 동안 지속하여, 수업을 점점 더 개선하고 학생들이 수업에서 무엇을 배우고 있는지 보여주는 자료를 추적한다.

우리 국제 연구팀은 이런 방식으로 만들어진 수업을 지켜봐 왔으며, 연구팀이 확인한 성과는 그야말로 놀라운 것이었다. 재학생 대부분이 저소득 이민 노동자 가정 자녀인 상하이의 한 초등학교에서 연구팀은 음악 이론에 대한 40분짜리 수업을 참관했다. 연구팀원 중에는 세계 최고 음악학교 중 하나인 미국 펜실베이니아의 커티스 음악학교를 졸업한 사람이 있었다. 그 연구팀원은 수업 관찰 후 머리를 가로저으면서, 그 음악 수업처럼 명료하고 탁월한 수업을 본 적이 없으며, 그렇게 복잡한 음악 주제들을 그렇게 빠르고 완전하게 이해할 수 있게 하는 수업을 어디서도 본 적이 없다고 했다.

이 시스템에서 교사들은 동료 교사의 교실에 머무르는 일이 일상이다. 이 활동은 상위 성과 국가에서 매우 중요하며, 일부 국가에서는 승진을 희망하는 교사들이 다른 교사들의 교실에서 그들을 관찰하며 매년 필요한 최소한의 시간을 보내야 하기도 한다. 이것은 교사의 전문성에 대한 이 시스템의 사고방식을 말해준다. 미국에서는 학교 경영진이 중요하다고 생각하는 사항에 대한 워크숍을 위해 '전문가'를 데려와야 한다고 생각한다. 이때 전문가에 교사는 포함되지 않는다. OECD의 교수학습국제조사TALIS에 따르면, 조사에 응한 미국 교사 중 절반이 다른 교사들의 수업을 관찰하거나 피드백을 제공한 적이 없다고 했다.[OECD, 2014b] 상위 성과 국가의 견해는 당신이 필요로 하는 전문성의 대부분은 바로 학교 현장에 학교 내 최고 교사의 형태로 존재한다고 보는 것이다. 승진하는 데 더 중요한 기준 중 하나는 다른 교사들이 얼마나 많이 당신의 교실을 관찰하기로 선택했는가 하는 것이다. 이 시스템을 운영하는 사람들은 누군가의 교실을 선택하는 것이 다른 교사에 대한 존경의 효과적인 척도임을 알았기 때문이다. 교사들은 가치 있는 무언가를 배울 수 있다고 생각하는 동료 교사들의 교실을 방문한다.

이런 시스템 속에 있는 이런 학교들을 학습 공장learning factory이라고 생각할 수 있다. 여기서는 교사들이 학생이나 전 세계의 전문가들처럼 늘 배우고 있다. 경력 사다리는 배우고 배움을 유지하게 하는 강력한 동기를 부여한다. 또한 이들 국가의 학교조직은 다양한 방식의 배움을 제공한다. 여기에는 국제 문헌 연구에서부터 최고의 수업을 주의 깊게 관찰하는 것, 개발 과정의 필수적인 부분으로서 결과에 대한 자료를 바탕으로 강좌를 수정하는 과정, 그리고 멘토와 협력하는 것까지 포함한다. 상하이에서는 수석 교사 외 모든 교사에게 멘토가 있다. 이것이 주는 메시지는 아무리 잘해도 더 잘할 여지가 있다는 것이다. 그것은 최고의 발레리나, 배우, 야구 선수들도 다르지 않다. 최고 위치에 있는 사람들이라 할지라도 항상 코치가 있다.

메릴랜드주 캐롤 카운티의 교사 주도형 전문적 학습

메릴랜드주 캐롤 카운티 공립학교를 관리하는 교육감으로서, 스티픈 구스리Stephen Guthrie는 학구에서 교사들의 요구와 더 관련되는 전문적 학습 기회를 제공하는 일에 착수했다. 그 과정에서 그는 교사들이 지도자로서 역할을 맡을 기회를 만들었다. 교사들은 동료들을 돕기 위해 나섰다.

"2010년 교육감이 되었을 때, 전문성 개발 방식을 바꾸고 싶었습니다."라고 그는 말했다. "당시 우리는 표준화된 중앙집중식 접근 방식을 택했습니다. 전문성 개발 기간 동안, 내용을 가르치는 교사들을 외부로 나오게 한 후, 이들이 장학담당자를 만나게 하고, 교사 개인의 요구가 아닌 우리의 시스템에 기반한 전문성 개발 프로그램을 운영했습니다. 나는 그 시스템에서 교사가 된 것을 기억할 수 있습니다. 제 느낌은, '내게 영향을 줄 수도, 주지 않을 수도 있지만 이 시스템을 따라야 한다'는 것이었습니다."

그래서 그는 전문성 개발 체제를 하향식 의무 교육에서 상향식 구조로 바꾸었다. 학교 개선팀들은 함께 만나서 풍부한 자료를 기반으로 수요 평가를 한다. 그런 다음 해당 평가를 기반으로 전문적 학습에 대한 계획을 세운다. 그리고 교사들이 학교 개선팀이 요청하는 전문적 학습 공동체를 이끈다. 교육지원청의 관리자들은 학교를 지원하는 역할을 한다.

"교육지원청에서 제공해 왔던 전문성 개발을 교사들의 필요와 결정에 기반을 두는 전문성 개발로 전환했습니다.", "전문성 개발 담당자를 학교가 정합니다."라고 구스리는 말했다.

"캐롤 카운티에는 알려지지 않은 많은 능력을 지닌 훌륭한 선생님들이 있습니다."라고 그가 덧붙여 말했다. "거기에는 전문가가 많습니다. 선생님들은 기꺼이 나섭니다. 자기 학교에 누군가가 없다면, 다른 학교에 있는 누군가에게 요청할 수 있습니다. 교사들은 권한을 부여받았다고 느낍니다."

그 후 구스리는 델라웨어 주의 다른 직위로 자리를 옮겼다. 그러나 자신이 만든 캐롤 카운티 시스템의 미래를 매우 낙관한다.

구스리는 이 시스템이 경력 사다리로 발전하기를 희망한다고 했다. 그리고 높은 수준의 지식과 역량을 보여준 교사들이 전문적 학습을 이끄는 추가적인 책임을 맡고, 더 많은 보수를 받게 되기를 희망한다고 했다. 그러나 교사노조는 지금까지 그 아이디어에 반대해 왔다. 교사가 다른 교사를 장학한다는 생각에 반대한 것이다.

하지만 이 시스템은 다른 측면에서 사실상의 경력 사다리로 발전했다. 구스리는 전문적 학습을 이끈 교사들이 관리직에 지원할 때, 그런 경험이 부족한 교사들보다 잘하는 경향이 있음을 발견했다.

"교감이 되고 싶어 하는 교사들과 인터뷰할 때, 교실을 넘어서는 경험을 한 교사들이 훨씬 잘합니다."라고 그는 말했다. "그렇지 않은 지원자는 거의 자기 학급에 관한 대답만 합니다. 학교 영향력과 지역사회 영향력을 모두 경험할 기회를 가진 교사들에는 다른 답이 있습니다. 대체로 교감이 된 교사들은 지역사회 전체를 이해하는 사람들이었습니다."

미국에서 교사 전문성 개발을 위한 전통적 방법으로 워크숍을 들 수 있다. 상위 성과 시스템들은 교사들에게 워크숍이라는 전통적 접근 방식에 참여할 다양한 기회를 제공한다. 그러나 거기서 더 나아간다. 유럽과 아시아 모두에서, 정부는 교사들이 때로 오랫동안 다른 나라에 가서 학교를 방문하고, 수업을 참관하고, 관계자들과 이야기 나누고, 교사 양성 대학을 방문하도록 예산을 지원한다. 그들은 교사들이 관찰한 것을 그대로 따라하기를 기대하지 않는다. 그들 자신의 시스템에 대해 다른 관점에서 생각하도록 자극받아서, 자신들이 관찰한 것 중에서 유용한 것을 목적에 맞게 응용하기를 기대한다. 일반 교사들에 대한 이런 투자는 우리가 설명하고 있는 시스템들의 다른 특징처럼 교사들이 전문가로서 대우받아야 한다는 견해를 반영한다.

노동자들이 보상받는 방식

산업 기계industrial machine에서 교체 가능한 부품에 대해 말하자면, 이것은 노동자들이 대량생산시대에 보상받는 방식과 아주 유사하다. 도급이 이뤄지던 초기the early days of piecework에 산업 노동자들은 주어진 시간에 생산한 제품 수에 따라 보상을 받았다. 하지만, 이 시스템에서 노동자들이 더 많은 제품을 더 짧은 시간에 생산했을 때, 고용주들은 단가를 낮추었다. 그래서 노동자들은 생산 속도를 늦추는 법을 배웠다. 노동자들은 더 오래 일했지만 같은 급료를 받았다. 피터 드러커가 『단절의 시대』에서 설명한 바와 같이, 블루칼라 노동자는 평범한 하루 노동에 대해 평범한 하루 급여를 기대한다. 그러나 지식노동자는 특별한 하루 노동에 대한 특별한 하루 급여를 기대한다.[Drucker, 1969] 블루칼라 노동자들은 시간제로 일한다. 전문직은 작업을 완료하는 데 얼마가 걸리든 시간을 들인다. 그러나 그들은 일을 더 잘하게 되면 더 많은 보수를 받을 것을 기대한다. 미국 시스템에서 교사들은 블루칼라 노동자들처럼 임금을 받는다. 반면 점점 더 많은 상위 성과 국가들에서 교사들은 경력 사다리 시스템으로 인해 높은 지위를 인정받는 분야의 전문가들처럼 일을 잘하면 잘할수록 더 많은 보수를 받는다.

누가 누구에게 책임을 지는가

산업화 시대에는 책임 소재가 매우 명확했다. 일선 노동자들에 대해서는 십장이, 십장들에 대해서는 관리자가 책임졌다. 이런 방식으로 계속 올라가서 최종 책임은 CEO가 졌다. 하지만 전문직 서비스 회사에서는 책임 소재가 더 복잡하다. 거기서도 여전히 관리자가 존재하고 직원들은 관리자에게 보고한다. 그러나 전문직은 중요한 방식으로 서로에게 책임을 진다. 법무법인에서는 법률 연구원이 조사를 잘못하면 소송 당사자는 소송에서 질 수 있다. 병원 응급실에서 마취과 의사가 실수하면 외과 의사가 하는 일은 무의미해진다. 법률팀은 소송전에서 승리하기 위해 협력하고, 병원 응급실은 매 순간 다른 팀 구성원에게 전적으로 의존하는 곳이다. 엔지니어링 프로젝트는 팀 구성원 간에 매우 긴밀하게 상호의존하며 수행된다. 이 사례 모두에서, 누가 무엇을 책임지며, 누가 제대로 일을 하고 누가 그렇지 않은지 모든 사람이 안다. 당신이 특별히 유능하지 않거나 그저 게으름뱅이라면, 모두가 그것을 알고, 누구도 당신이 자기 팀에 있기를 희망하지 않는다. 그런 일이 생기면, 그 회사에서 당신이 일할 수 있는 기간은 줄어든다. 조직을 연구하는 사회학자들은 이것을 수평적 책무성이라고 부른다. 전문직으로서의 성격이 더 강해지면, 수평적 책무성도 더 강해진다.

이 책에서 우리가 언급한 학교들에는 수평적 책무성이 풍부하게 존재한다. 아무도 당신의 교실 참관을 희망하지 않는다면 당신은 곤경에 처하게 될 것이다. 아무도 당신을 팀 구성원으로 원하지 않는다면 당신은 어려움을 겪게 될 것이다. 당신이 경력 사다리의 다음 단계에 지원했을 때 동료 교사들이 당신에 대한 평가를 회피한다면, 당신은 곤경에 처할 것이다. 전형적인 미국 학교와 달리, 우리가 언급해 온 학교들에는 두 가지 중요한 사실이 있다. 첫째, 교사들은 늘 서로의 교실과 팀에 속해 있어서 모두가 모든 교사의 능력에 대해 많이 알고 있다. 둘째, 병원 응급실이나 사건을 처리하는 법무법인 팀처럼, 팀의 모든 구성원은 업무 처리를 위해 서로 의존한다. 당신이 조직 내에서 맡은 역할을 하지 않으면, 다른 구성원의 역할도 위험에 처하게 된다.

강한 수평적 책무성을 지닌 시스템에서 시스템의 성과는 조직의 목표 달성을 위해 수직적 책무성에 크게 의존하지 않는다. 당신이 원하는 학교가 교장이 막강한 권력으로 무슨 짓을 할지 두려워 모든 교사가 무능한 동료 교사를 지지하는 학교라면, 말단 직원부터 관리자에 이르기까지 책임이 위계적으로 귀속되는 시스템을 고수해야 할 것이다. 하지만 교장이 유능한 교사를 초빙하고 능력이 부족한 교사가 없도록 교사들이 적극적으로 일하는 학교를 바란다면, 당신은 강력한 수평적 책무성을 지닌 시스템을 원하는 것이다. 이것이 바로 우리가 최고의 성과를 내는 시스템에서 관찰한 것이다.

공간 활용 방법

용광로에 코크스(석탄 연료)를 넣는 사람과 마찬가지로 제철소에 있는 크레인 운영자는 사무실이 필요하지 않았다. 우리도 교사들에게 사무실을 제공하지 않는다. 결국, 교사의 직무는 교실에서 가르치는 것 아닌가? 하지만 상위 성과 시스템을 관찰하면서 우리는 교사들을 위한 사무실이 필요함을 인식하게 되었다. 결국, 이 시스템에서 교사들은 교실에서 가르치는 데 그들의 시간 대부분을 쓰지 않는다. 그들은 그 밖에 다른 많은 일을 한다. 그중에는 사무실이 필요하고, 일반적으로 사무실에 갖춰져 있는 자원을 활용함으로써 큰 혜택을 볼 수 있는 일들이 있다.

이 시스템들에서 교사는 참여해야 하는 여러 교사 모임이 있고, 일반적으로 학년 모임과 교과 모임에서 일주일에 최소한 한 시간씩을 보낸다. 어떤 곳에서는 교실 크기의 방이 각 학년 교사들을 위해 따로 마련되어 있다. 그 방은 현대적인 사무실 환경에 개인 열람실들을 갖추고 있다. 개인 열람실에는 책상, 컴퓨터, 프린터, 전화기가 있다. 이 시설의 목표는 교사들에게 다른 전문직들이 이용할 수 있는 가장 기본적인 도구를 제공하는 것뿐만이 아니다. 학생, 교육과정, 교수법 혹은 전문적 책무성 영역에 속하는 사안에 관해 학년을 넘어서 전문가들 간에 대화할 수 있는 공간을 창조하기 위해서다.^{Darling-Hammond, Burns et al., 2017}

낮은 성과 문제를 해결하는 방법

제철소에서는 형편없는 노동자들을 해고한다. 2001년 아동낙오방지법 No Child Left Behind Act: NCLB 법안이 통과된 후, 교장과 교사의 책무성도 같은 함의를 지니고 있었다. 그러나 상위 성과 국가에서는 학생들의 성취도가 낮은 학교라 하더라도, 그 학교 교장이나 교사를 해고하지 않는다. 권한위임 경영empowered management이라고 불리는 프로그램 하에서 상하이 교육 시스템은 학업 성취도가 낮은 학교와 높은 학교(두 학교 모두 이 프로그램에 참여하기로 지원한 경우)를 짝을 지어 전문 지식과 전문적 학습을 공유하게 한다. 샤오탕 초등학교Xiao Tang Primary School는 이 프로그램에 참여한 학교 중 하나였다. 국립교육경제센터의 한 팀이 2016년 5월에 샤오탕 초등학교 교장과 교사를 만났고, 그들은 프로그램 참여 경험에 대해 우리에게 설명했다. 루 쑤이첸Lu Cuizhen 교장에 따르면 학교의 성적은 괜찮은 편이었으나 교사들은 활기가 없었고, 학교에는 일관성 있는 사명이 부족했다. 이 학교는 권한위임 경영 프로그램에 참여하는 방법을 찾았으며, 우닝로Wuning Road 초등학교와 짝을 이루게 되었다.

루 교장은 두 학교 교사들이 모두 이 프로그램에 참여하기를 열망했다고 했다. 루 교장은 "이 학교에는 배우는 것을 즐거워하는 젊은 교사들이 많습니다.", "배추만 요리하면 맛이 나지 않습니다. 양념을 넣어야 맛이 납니다."라고 요리의 비유를 들어 설명했다. 사실, 한 교사는 이 프로그램이 시작되었을 때 출산휴가 중이었다. 휴가에서 복직했을 때, 그 교사는 우닝로 초등학교에서 멘토를 열심히 찾았다. 우닝로 초등학교 교사들 또한 자신들의 전문성을 공유하기를 열망했다. "일정 수준에 도달하면, 교사들은 자신의 일이 더 이상 도전적이지 않다고 느낍니다. 그래서 이 프로그램은 교사들이 성장하도록 동기를 부여합니다." 동시에 교사들의 급여도 증가한다고 교장은 부연했다.

파트너십은 강력하다. 우닝로 초등학교의 관리팀은 주당 3일을 샤오탕 초등학교에 머무르며 그 학교 지도자들과 함께 일한다. 스무 명의 우닝로 멘토들은 일주일에 하루는 샤오탕 초등학교 교사들과 일대일로 만난다. 이십 명의 샤오탕 초등학교 교사들 또한 일주일에 하루는 우닝로 초등학교에서 보낸다. 그리고 우닝로 초등학교의 전문가 교사로 구성된 팀이 모든 샤오탕 초등학교 교사들에게 코칭과 전문적 학습을 제공한다.

루 교장은 이런 경험이 샤오탕 초등학교 교사들에게 전문가의 수업을 관찰할 기회를 제공했다고 했다. "이 학교 교사 모두가 영어 수업 참관을 위해 겨울 아침 5시에 일어나서 우닝로 초등학교로 이동한 적도 있습니다.", "우리 학교 교사들은 좋은 수업을 관찰할 기회가 없었어요,"라고 그녀는 말했다.

때로 성취도가 높은 학교의 교장은 성취도가 낮은 학교의 교장들을 지도한다. 성취도가 낮은 학교의 교사들은 성취도가 높은 학교에 짧은 기간 파견되었다가 돌아와서 자신이 경험하고 배운 것을 동료 교사들과 나눈다. 성취도가 높은 학교 교사들은 그들의 도움이 필요한 학교에서 일시적으로 일하도록 요청받을 수도 있다. 다른 많은 종류의 연계 프로그램이 시스템 내에서 학습을 촉진하기 위해 사용된다. 경력 사다리의 다음 단계로 승진하려고 지원할 때, 그들의 도움이 필요한 교사, 교장, 학교를 맡으려는 의지, 그리고 도움이 필요할 때 그들이 제공했던 지원의 효과성이 승진을 판단하는 매우 중요한 기준이 된다는 점을 교사와 교장 모두가 알고 있다.

조직의 성과 개선을 위한 전문성의 위치

철강 산업에서 경쟁력을 유지하기 위해 회사가 의존하는 기술적 전문성은 상대적으로 교육받지 못한 일선 노동자가 아니라 실험실, 연구소, 회사 개발 부서 및 연구중심 대학의 엔지니어들에게 있었다. 이것은 미국 학교에서도 거의 똑같다. 핵심 아이디어, 최신 연구, 그리고 최상의 실천을 확증하는 평가들은 모두 '박사 학위' 호칭이 있는 사람들로 가득 찬 대학, 비영리 기구, 연구소에서 온다고 생각한다.

상위 성과 국가들도 실험실, 대학, 박사 학위를 가진 교사 등이 있으며, 이들 중 다수는 매우 우수하다. 그들은 우리가 갖지 못한 것도 갖고 있다. 효과적인 실천에 대한 지식 기반을 생산하는 데 직접 이바지하는 많은 교사가 있고, 이들의 수가 점점 늘고 있다는 점이다. 상하이는 이 점에서도 앞서가고 있다. 앞서 언급했듯이 상하이 시스템은 현장 연구를 하도록 교사들을 조직하는 데 선구적이다. 여기서 우리는 연구 방법에서 고급 전문 지식이 필요한 정교한 통계 연구를 언급하는 것이 아니다. 상하이 유수의 대학에서 발행하는 학술지에 게재할 가치가 있는 학교 개선에 대한 논문 작성에 필요한 학술적 방법을 가리키는 것이다. 전국적 연구에 따르면, 중국 교사의 75%가 연구물을 출판했고, 8%가 9편 이상의 논문을 출판했다.[Gang, 2010] 학교 교사들은 실행 연구 프로젝트를 구상하고, 연구 설계를 하고, 자료를 분석하는 데 상하이시 교육 위원회(지역 교육 위원회)의 숙련된 연구원들로부터 도움을 받는다.

이 제도는 상하이에만 있는 것이 아니다. 핀란드 교사들과 이야기를 나누었을 때 그들은 교사 연수가 연구중심 대학에서 이루어지는 것이 중요하다고 한다. 예비교사들은 양성 과정의 일부로 간단한 연구 방법을 배우고 그것을 직무에 활용하도록 기대된다. 많은 핀란드 교사들은 수준 높은 연구 역량이 있다. 핀란드 학교에서 권위 있는 학술지에 게재할 연구를 수행하는, 박사 학위를 소지한 교사를 찾는 것은 드문 일이 아니다. 핀란드의 주요 연구중심 대학 부설학교 교사들은 자신들이 대학 교수진의 일원이자 부설학교에서 연구하는 팀의 일원이라고 했다. 우리는 같은 이야기를 온타리오주에서도 많이 들었다. 온타리오주 교육연구소는 토론토에 있는 학교, 더 넓게는 온타리오 지역 학교와 긴밀히 협력한다. 그리고 싱가포르에서는 국립교육원이 교사를 훈련하고, 교사 연구를 장려하고 지원한다. 국립교육원은 세계적인 교육 연구기관이 되었다.

교사들을 교육 연구의 소비자로만 여기는 나라는 교육 연구의 소비자인 동시에 연구 공동체의 일원으로 교사를 바라보는 나라와 매우 다르다. 후자는 교사들을 그들의 직무에 대해 매우 사려 깊고 잘 아는 사람으로, 그들의 직무를 개선하고 나아가 학생들의 성취를 높이는 데 크게 이바지할 수 있는 사람으로 생각한다. 이것은 상위 성과 국가들에서 교사가 진정한 전문직 지위를 획득하는 패러다임 전환을 향해가는 또 하나의 표식이다.

요약

상위 성과 시스템들에서 교사 리더십 책임, 전문적 학습 기회, 학교조직, 경력 사다리 등은 분리된 정책이 아니다. 오히려 그것들은 학교 교육의 전통적 위계 구조를 바꾸는 시스템으로 함께 작동한다. 이런 시스템들은 여러 가지 장점이 있다.

첫째, 이 시스템들은 교사들이 전체 교직 경력 동안 자신들의 실천을 개선하게 하는 강력한 인센티브를 제공한다. 둘째, 이 시스템들은 교사가 연구하고, 관찰하고, 조사하고, 비평하고, 비평받고, 멘토링 받고, 멘토링하고, 자신의 실천을 분석하고 다양하게 비교함으로써, 다른 교사들로부터 배울 많은 기회를 제공한다. 그런 기회는 하루, 일주, 일 년 내내 항상 열려 있다. 이것이 바로 학교가 교사와 학생 모두에게 학습의 장learning factory으로 바뀌었다는 것의 의미다. 셋째, 이 시스템의 결과로 유능한 사람이 교직에 입문하고 싶어 하고, 교직이 정년까지 머무르고 싶은 매우 존중받는 직업이 된다. 높은 성과를 내는 국가들이 우수 고교 졸업생들을 교직으로 유인하고, 연구중심 대학에서 이들을 교육하고, 양성 과정 내내 높은 기준을 유지하고, 좋은 대우를 하려고 노력하는 것을 고려할 때 그렇다. 우수한 역량과 동료의 학습을 이끄는 능력을 보여줌으로써 교사들이 더 많은 책임을 맡고 더 높은 보수를 받게 됨에 따라, 이런 시스템은 교직을 매우 매력적이게 한다.

그러므로 상위 성과 국가들에서 교사 채용 및 유지에 문제가 없고, 이 시스템들이 항상 높은 학습 수준을 제공하는 것은 놀랄 일이 아니다. 학생의 성취는 신비스러운 것이 아니다. 그것은 교실에서 교사와 학생이 무엇을 하는가와 상관되는 함수다. 정책 입안자 및 교육 개혁가들은 종종 이 사실을 간과한다. 대신 변동성이 더 높아 보이는 시스템의 다른 측면에 주목하기 좋아한다. 그러나 상위 성과 국가들이 보여주듯이 학교의 성과는 교사와 수업의 질을 넘어설 수 없다.

요약: 전문적 작업장으로서의 학교

요소	상위 성과 시스템	미국 시스템
시간 사용	- 40%는 학생 교육에, 60%는 다른 동료와의 협업에 사용한다.	- 거의 하루 종일 학생들을 교육한다.
경력 개발 단계	- 전문성 신장에 따라 더 큰 책임, 권위, 지위, 보수가 주어지는 명확한 경로가 있다.	- 그런 경로가 매우 드물고 제한적이다.
교사 리더십	- 보편적으로 실행된다.	- 매우 드물다.
신규 교사를 위한 지원	- 일반화되어 있다. 경험 많은 수석 교사가 멘토 역할을 한다.	- 매우 드물다.
전문성 개발	- 협력적으로 일하는 교사 팀을 통해 이루어진다.	- 학교 밖에서 제공되는 워크숍에 기반하며 종종 효과가 없다.
보상	- 전문성과 책임의 수준에 기초한다.	- 근무 연수와 이수 학점에 기초한다.
책무성	- 대체로 수평적이며 동료들과 책임을 나눈다.	- 대체로 위계적이며, 관리자에게 귀속된다.
공간 사용	- 교사에게 사무실이 제공된다.	- 교사는 학급에 머문다.
낮은 성과에 대한 대책	- 교사는 코칭과 지원을 받는다.	- 교사는 해고당한다.
전문성의 소재	- 학교에 있다.	- 대학과 중앙 기관에 있다.

양질의 전문성 있는 교사들을 중심으로 학교를 재구조화하기 위해 교육감은 무엇을 할 수 있을까?

5장에서 우리는 예비교사 교육 및 현직 교사 연수에 대한 책임의 대부분이 학교 시스템이 아니라 대학에 있음을 인정했다. 이는 교원 역량의 특질을 바꾸려는 학구의 역할을 명백히 제약한다. 그러나 우리는 교원 양성 대학들도 학구가 만든 근무 조건들에 의해 유사하게 제약받는다는 점을 언급했다. 고교 우수 졸업자들이 선택할 수 있는 대부분의 다른 직업들에 비해 교사의 임금이 낮고 근무 조건이 열악하다면, 고등학교 졸업생들은 교직을 선택하지 않을 것이다. 그런 식으로 대학과 학교는 밀접하게 연결된다. 따라서 대학과 학구는 함께 협력하여 학구의 근무 조건을 개선하는 것과 함께 교원 양성 대학이 입학 기준을 높여야 한다. 또한 교원 양성 대학에 지원하는 인력풀의 수준을 높이고, 교원 양성 대학의 교육의 질을 높여야 하며, 교직 경력 내내 지속적인 교육을 받도록 자원과 인센티브를 제공하기 위해 협력해야 한다.

여기서는 파산하지 않고 금전적 보상을 높일 방법을 제안하고, 어디서 재정을 확보할 수 있는지 보여주려 한다. 또한 직업을 선택하는 젊은 이들에게 더 매력적으로 보이도록 근무 환경을 재구조화하는 초기 방안을 제안한다.

신규 교사를 위한 지원 강화

펜실베이니아주에 있는 크로포드 중앙 학구의 교육감 토마스 워싱턴Thomas Washington은 학구에 문제가 있음을 알았다. 너무 많은 학생이 주요 관문 코스인 대수학Ⅰ에서 고군분투하고 있었다. 그는 문제의 원인을 추측할 수 있었다. 많은 교사가 수학을 처음 가르치는 상태였다. 그들에게는 수학을 효과적으로 가르칠 수 있는 내용 지식과 교수 방법이 부족했다.

그 문제는 펜실베이니아주의 기이한 법률 때문에 발생했다. 한 과목의 자격증이 있는 교사들은 다른 과목 영역의 시험을 통과하기만 하면 그 과목을 가르칠 수 있는 자격증을 얻을 수 있었다.

지역구가 인력을 감축하던 시기에, 많은 교사가 일자리를 지키기 위해 그렇게 했다. 그러나 이는 많은 수학 교사가 교과 지식과 교수법이 부족한 상태에서 이 과목을 처음 가르친다는 것을 의미했다.

워싱턴이 제안한 해결책은 신규 교사의 멘토가 될 수 있는 수석 교사들을 찾아내어, 신규 교사들의 내용 지식과 교수 기술을 심화하도록 돕는 것이었다. 프로그램 세부 사항들이 만들어졌다. 교장들이 높은 학생 성취를 지속적으로 보이며 최고의 성과를 내는 교사들을 선발하여, 일과의 일부를 신규 교사와 함께하도록 하는 것이 아이디어였다. 그리고 일반적인 주의 입문 프로그램처럼 성적 입력 같은 행정적인 업무가 아니라 가르치는 일에 초점을 두고자 했다. 워싱턴은 "많은 교사가 훌륭한 지도자입니다. 그들은 굳이 교장, 교감, 행정가가 되고 싶어 하지 않습니다."라고 말했다.

이 프로그램의 목표는 수석 교사들과 신규 교사들이 지속적인 관계를 맺도록 하는 것이다. 워싱턴은 "제 아이디어는 수석 교사들이 신규 교사들을 멘토링해서 그들이 궁극적으로 수석 교사가 되게 하는 것입니다."라고 말한다.

이상적으로는, 수석 교사들은 교육과정 개발과 베테랑 교사들의 전문적 학습을 이끄는 것과 같은 다른 역할들도 할 수 있다. 워싱턴은 말한다. "싱가포르 모델이 매우 흥미롭습니다.", "교사들이 가르치는 것을 그만두지 않으면 좋겠어요. 그들이 계속 역량을 개발하고, 다른 선생님들과 전문성을 공유하기 바랍니다."

앞으로 여러 해 동안, 당신이 근무하는 학교의 업무는 대부분 현재 재직하고 있는 교사들이 계속 담당할 것이다. 이는 미국인들에게 행운이다. 오래전 대학 교육을 받은 여성과 소수민족이 선택할 수 있는 직업이 별로 없었을 때, 이들 중 많은 이들이 교사가 되기로 했다. 그 결과 낮은 비용으로 많은 일류 교사들을 얻었다. 비록 많은 사람이 떠나고 있지만, 여전히 많은 이들이 교육 현장에 남아 있다. 교사들이 더 생산적이며 더 소중하게 대우받는 일터로 학교를 탈바꿈시켜 교사들의 이직률을 낮출 수 있다. 다음에서 설명할 내용 대부분은 훌륭한 교사를 유지하고, 재직 교사들을 포함하여 당신의 모든 교사의 수행을 개선하기 위해 개발되었다.

보상과 경력 사다리

평균적으로 교사의 임금은 전국적으로 학사 학위 소지자의 임금의 최저수준에 가깝다.[Allegretto & Mishel, 2016] 교사 임금을 전체적으로 인상할 자금이 없다면, 대안은 가장 많이 기여한 사람이 혜택을 받도록 보상을 구조화하는 것이다. 그리고 교사들이 더 나아지기 위해 일하는 환경을 만들도록 인센티브를 설계하고, 최고의 교사들이 그들을 가장 필요로 하는 학생들이 있는 학교에서 일하도록 인센티브를 제공하는 것이다.

이를 위하여 경력 사다리가 개발된다. 경력 사다리는 많이 기여한 사람이 누구인지 정의하고, 그것을 인정하기 위한 성과 기반 시스템을 제공한다. 그것은 충성심에 기반한 시스템과는 반대된다. 또한 경력 사다리는 열심히 가르칠 의지가 있고, 다른 직업에서처럼 탁월한 기여를 하면 승진과 보상으로 인정받기를 기대하는 사람들에게 교직을 매력적으로 만든다. 제대로 구축된다면, 이 경력 사다리는 학교가 성공하는 데 필요한 리더십 과업을 잘 해낼 수 있는 사람을 식별하고 지원할 수 있게 해준다.

또한 경력 사다리를 통해 학구는 신규 자금의 대부분을 경력 사다리의 상층부에 투입함으로써 교사에 대한 보상을 전략적으로 높이는 데 사용할 수 있다.

국립교육경제센터는 국립교원전문성표준위원회National Board for Professional Teaching Standards와 협력하여 국가 기준에 기반하여 교사를 위한 국가 인증서를 발행하는 경력 사다리 시스템을 개발하고 있다. 하지만 학구와 주가 그 인증서를 어떻게 사용할지(인증서 소지자들이 어떤 직무를 맡을 수 있을지)와 경력 사다리의 각 단계에 있는 사람들에게 얼마를 지급할지 스스로 결정할 수 있다. 이 시스템을 완성하는 데는 몇 년이 걸릴 것이다. 국립교육경제센터와 국가교원전문성기준위원회는 전체 시스템을 개발하는 데 상호 협력하고 그것을 선도적으로 실행할 동반자인 학구와 주 정부를 찾을 것이다. 해당 과정에 참여하는 데 관심이 있다면, 더 많은 정보를 위해 관련 웹사이트를 방문해 보자.

혹은 시스템의 진화를 따라가면서 교사와 교사 노조와 대화를 시작하는 것이 좋을 것이다. 그러면 시스템이 공식적으로 도입되었을 때 시스템을 잘 활용할 수 있을 것이다. 그것은 이 시스템이 거의 완전하게 개발된 국가에서 어떻게 작동하는지, 당신과 교사들이 이 시스템을 자신의 환경에 맞게 어떻게 적용하기를 원하는지, 국립교육 경제센터와 국가교원전문성기준위원회가 새롭게 선보이는 경력 사다리 구조를 당신의 학구에서 어떻게 사용할 수 있는지, 그리고 그것이 학구의 보상 구조에 미치는 영향이 무엇인지에 관해 대화하는 것을 의미한다.

일부 주에서는 이 새로운 시스템 도입에 앞장설 것이다. 거기서는 당신의 학구가 주 정부의 정책 개발에 참여하고 그것을 선도적으로 실행하는 기회도 얻을 수 있으므로, 당신은 주의 개발 과정을 따르고 싶어질 것이다.

학교조직과 학교에서의 시간 활용

학교의 직무가 어떻게 구성되어 있는지, 누가 직무를 수행하고, 누가 직무를 주도하는지, 그리고 학교에서 시간이 어떻게 사용되는지 등, 이 장에서 제기한 여러 이슈에 대해 각자의 학구에서 대화를 시작하자. 교사진과 교육 위원회가 참여하는 연구 그룹을 하나 이상 만들자. 여기 쓰인 내용뿐 아니라 최고 성과 시스템에 대해 자세히 설명하고 다른 관점도 제공하는 자료들을 읽어보자. 그것은 경력 사다리에 관한 자료뿐만 아니라 훨씬 많은 내용을 포함할 것이다. 이 책의 참고문헌은 여러분이 읽을 목록을 작성하는 데 도움이 될 것이다.

일단 이런 아이디어에 대한 논의를 조직화하면, 앞으로 나아가기 위한 전략이 필요할 것이다. 많은 학구는 모든 학교가 동시에 이런 일들을 시작하기를 원한다. 그러나 그렇게 하는 것은 여러분의 개혁에 대한 잠재적 지지자들이 회의주의자들에게 개혁의 성과를 보여주기도 전에 변화에 저항하는 사람들이 조직화할 기회를 주는 것을 의미할 수 있다.

당신은 학교조직을 새롭게 구성하려는 변화를 시작하기 위해 교장을 포함하는 학교 교원의 인센티브를 마련하는 방법을 교육 위원회와 논의하기를 원할 것이다. 인센티브에는 추가 기금이 포함될 수 있다. 그러나 통상적인 절차와 규칙으로부터의 자율성도 인센티브에 포함할 수 있다. 즉 교사 계약에서 특정 자격을 갖추고 통상적인 연공서열 규정을 벗어난 신규 교사를 고용할 권리(이 문제는 노조가 동의해야 할 것이다), 노조와 교육 위원회가 승인한 새로운 경력 사다리 구조에 따라 보상과 교사의 역할을 구조화할 권리, 혹은 가르치는 시간을 줄이는 대신 교사가 다른 교사들과 협력적으로 일하는 데 더 많은 시간을 사용하도록 업무 시간을 재구조화할 권리 등을 포함할 수 있다. 그렇게 하면 아직 준비가 미흡한 학교 교직원들을 불안하게 하지 않고, 이 방향으로 나아갈 동기를 지닌 학교들과 함께 변화하기 시작할 수 있을 것이다. 그래야 노조가 당신을 지지하기가 더 쉬워질 것이다.

지역이나 학교에는 이런 개혁을 시작할 장소들이 많다. 각기 다른 학교들은 다른 장소에서부터 시작하고 싶어할 수도 있는데 그것도 괜찮을 것이다. 그러나 당신은 관련된 학교의 교직원과 지도자들이 아이디어와 경험을 교환할 수 있고 외부의 도움을 쉽게 얻을 수 있도록 그 출범을 준비하고 싶을 것이다. 가장 선진화된 국가에서 학교조직의 현대적 형태가 어떻게 작동하는지 이해하는 사람들을 활용할 수 있다면 말이다.

지역 대학과 함께 교사들에게 필요한 연구 역량을 개발하고, 교사들의 연구 결과를 발표할 수 있는 학술지를 만드는 것에 대해 이야기를 나누자. 5장에서 제안한 것과 같은 대학과 교원 간의 관계를 발전시켰다면, 대학이 학교의 수석 교사들을 사실상 '최고의 교사master craftsman' 즉 오늘날 용어로 임상 교수진clinical professorships으로서 정규 교수진으로 기꺼이 임용하려고 하는지 살펴보자.

재정을 확보할 수 있는 곳

새로운 학교 모델로 전환하기로 한 학교들은 첫째, 경력 사다리의 단계별 통상 임금 증가분에 대한 자금을 조달할 수 있는 곳, 둘째, 교사들이 교육 개선에 더 많은 시간을 함께할 수 있도록 수업 시수를 줄이는 데 필요한 예산을 얻을 방법을 알고 싶어 할 것이다.

재정을 확보할 수 있는 곳이 몇 군데 있다. 한 가지 원천은—자금의 미래가 불확실하기는 하지만—현재 교사의 전문성 개발을 위해 배정된 연방 자금이다. 그러나 다른 두 가지 재원이 있다. 첫째, 학구에서 제공되는 해당 지역의 전문성 개발 예산이다. 둘째는 경력 개발을 위한 학점 이수와 자격증 취득에 따른 급여 인상을 위해 지출하는 비용이다. 대부분의 학구에서 이 재원들에 많은 예산이 배정되어 있다.

높은 학위와 자격증의 효과에 대한 증거는 서로 엇갈리는 결과를 보여준다. 반면 워크숍 참여의 효과는 명확하다.[TNTP, 2015; Yoon, Duncan, Lee, Scarloss, & Shapley, 2007] 워크숍들은 대체로 예산 낭비인 경우가 많다. 앞서 지적했듯이, 현재 교사들이 끊임없이 참여해야 하는 일반적인 연수나 워크숍보다는 학교를 조직하고 운영하는 새로운 방법이 교사들의 학습을 더욱 촉진하고, 이는 더 큰 폭의 학업 성취도 개선으로 이어질 수 있다. 이런 지출을 중단하고, 절약된 비용을 새로운 업무 조직 형태 구축에 활용하는 것을 고려해 보라.

만약 경력 사다리 시스템을 운용한다면, 필요한 비용 일부는 현재 경력개발을 위한 학점 이수에 따른 급여 인상을 위해 사용하는 재원에서 마련할 수 있을 것이다. 당신의 목표가 교직원을 위한 유용한 학습을 촉진하는 것이라면 이는 훨씬 바람직한 재정 지출이 된다. 다시 말하지만, 교사들이 계속 서로의 교실을 관찰하고 팀으로 함께 일하는 학교조직과 결합된 경력 사다리는 무작위의 전문성 개발 학점을 축적하는 것보다 교사들에게 훨씬 유용한 학습이 이루어지게 할 것이다.

장기간에 걸쳐 더 많은 교사가 초기 입문 단계에서 살아남아 교직에서 계속 가르치고, 경험 많은 교사들이 조기 퇴직을 하지 않게 되어 이

직률이 낮아지면(1장의 해리엇 마이너와 같이), 학구는 그로 인해 발생하는 비용을 절약할 수 있을 것이다. 재직 교사와 신규 교사의 질이 모두 높아지면, 학구는 현 교육행정 직원 일부를 학교에 재배치할 수 있어서 비용을 절감하고 학교에 더 많은 자율성을 부여하여 관리의 필요성이 줄어들 것이며, 전문 장학진expert advisors과 특수직도 덜 필요해질 것이다.

7장에서는 형평성이라는 렌즈를 통해 이런 완전히 새로운 시스템을 살펴보고, 가장 취약한 아동이 이 매우 까다로운 시스템의 높은 기준을 충족할 수 있도록 상위 성과 국가들이 무엇을 하는지 알아볼 것이다.

형평성:
다양한 상황에서
학습 격차를 줄이려면

국제 성취도 평가에서 미국을 멀리 따돌리고 더 나은 결과를 얻는 나라들이 점점 늘고 있는 것을 주목하면, 미국 학교를 상징하는 유리잔이 반쯤 비어 있는 것으로 묘사할 수 있다고 2장에서 말했다. 그러나 미국의 빈곤과 경제적 불평등이 끊임없이 심화하는 국면에서 얼마나 잘해왔는지에 주목하면, 유리잔은 반이나 차 있다고 할 수 있다. 두 관점 모두 장점이 있지만, 세계 경제가 변화하는 역학과 디지털 기술의 꾸준한 발전으로 우리에게 선택의 여지가 없다는 사실은 여전하다. 학생들의 평균 성적을 높이지 못하고, 현재 증가하고 있는 성취도 격차를 실질적으로 줄이지 못한다면 지금 유치원에 입학하는 학생의 다수는 심각한 경제적 어려움을 겪는 삶을 살게 될 것이다.

이제까지 당신이 읽은 내용의 대부분은 학교와 학구가 성취도 평균을 획기적으로 높이기 위해 할 수 있는 것과 관련이 있다. 그 과정에서 평균적인 학생과 하위권 학생의 격차를 줄이기 위해 취할 수 있는 방안에 주목했다. 이 장에서는 학생들의 성취도 평균을 높이기 위해 노력하는 동안에도 시스템에서 더 높은 형평성을 갖추게 하는 방법을 상위 성과 국가들로부터 배울 것이다. 이를 위해 가장 취약한 학생들을 돕는 것과 관련된 주요 사항들을 종합적으로 살필 것이다.

기초 다지기—상위 성과 국가에서는 아동의 출생에서 의무교육기에 이르기까지 어떻게 형평성을 다루나

대다수 미국인은 지난 반세기 이상 서유럽 국가들이 어린 자녀를 둔 가정에 두텁게 지원해왔다는 것을 알고 있다. 예를 들어, 핀란드는 자녀가 17세가 될 때까지 모든 가정에 매달 미화 103달러의 수당을 지급한다. 이 수당은 소득 수준과 관계없이 지급된다. 그뿐 아니다. 핀란드에서는 6세 아동과 저소득층의 4~5세 아동에게는 무상으로 유아교육이 제공된다. 다른 아동들에게는 상당한 보조금이 지급된다. 미화 36,000달러 이하 소득의 가구는 양질의 보육 서비스를 무료로 이용할 수 있다. 이 기준 이상의 가구에서도 상당한 보조금을 받을 수 있다. 아동의 소아 진료가 무료인 것처럼, 전 국민의 의료혜택도 무료다. 전문가가 산모를 위해 가정 방문 서비스를 한다. 핀란드의 부모는 신생아와 유아를 돌보기 위해 유급 휴가를 사용할 수 있는데, 그 후에는 국가가 제공하는 아동 돌봄 혜택이 이어진다. 사실상 핀란드의 아동은 태어나서부터 정규 의무교육에 등록하기 전까지 국가로부터 충분한 보살핌을 받는다.

대부분의 미국인이 알지 못하는 사실 중 하나는 아시아에서도 자녀가 있는 가정에 대한 지원이 빠른 속도로 확대되고 있다는 것이다. 유사한 서비스가 캐나다와 호주 같은 곳에서는 보편화되어 있다. 예를 들어, 싱가포르는 첫 자녀에 대해 미화 5,737달러의 보조금을 1회 지급하고, 둘째부터는 미화 7,172달러의 일회성 보조금을 지급한다. 그 후로도 정부는 지속적인 아동 지원을 위해 아동 한 명당 연간 미화 2,141달러를 지급한다. 이런 보조금은 소득 수준과 관계없이 지급된다. 싱가포르에는 고용주가 의무적으로 부담해야 하는 건강관리 저축 구조의 복합 건강관리 체계가 있다. 그 결과 모든 가정에 양질의 의료 서비스가 제공된다. 저소득층 산모들은 의료 종사자의 무료 가정 방문 서비스를 받을 자격을 얻는다. 싱가포르의 4세 아동 90%와 5세 아동 92%가 양질의 유아교육 기관에 등록되어 있으며, 저소득층 가정에는 보조금이 지급된다. 싱가포르의 3세 아동 63%가 보육 시설에서 돌봄을 받으며, 저소득층 가정에는 보조금이 주어진다.

요점을 분명히 하기 위해 우리는 높은 성과를 내는 교육 시스템을 갖춘 국가들의 지원 체계에 대한 세부 내용을 제시했다. 무슨 일이 일어나고 있는지 이해하기 위해 미국에 관한 두 가지 사실을 인식해야 한다. 첫째, 미국은 다른 어떤 선진국보다도 소득 불평등이 심하다. 둘째, 미국은 어린 자녀가 있는 가정에 위 국가들보다 훨씬 적은 지원을 하고 있다. 이것은 끔찍한 조합이다. 미국의 저소득층 가정은 더 가난하고, 우수한 교육 시스템을 갖춘 국가들의 저소득층 가정보다 국가로부터 지원도 적게 받는다는 것을 의미한다. 미국의 교육자들은 최고의 교육 시스템을 갖춘 국가의 교육자들과 다르게 큰 짐을 지고 있다.

그러나 우리 학교들이 더 잘해야 한다는 비평가들의 지적에도 일리는 있다. 미국은 몇몇 나라를 제외한 대부분의 나라보다 초중등 교육에서 학생 1인당 교육비를 더 많이 지출한다.[OECD, 2016a] 교육 예산 중 일부는 저소득층 학생들을 지원하는 데 쓰이는데, 이는 다른 정부 기관에서 저소득층을 충분히 지원하지 못하는 부분을 보충하는 역할을 한다. 여기서 말하는 것은 무상급식 또는 식비 지원, 의료 지원, 치과 진료, 상담, 그리고 많은 학생이 살고 있는 환경에 직접 영향을 줄 수 있는 기타 비용 등이다. 그래서 매우 어려운 상황에 대처할 수 있도록 추가 자금을 활용할 수 있다. 그럼에도 우리는 여전히 뒤처져 있다. 다수의 상위 성과 국가들에 비해 미국에서는 사회·경제적 지위가 학생 성취도에 더 중요한 요소로 여전히 작용한다.[OECD, 2016b] 그리고 저소득층과 소수민족의 분포가 유사한 학교들 간에도 학업 성취는 다양한 모습으로 나타난다. 이런 과제의 해결을 사회 전체에 맡길 수는 없을 것이다. 교육자들이 그 문제를 다루어야 한다.

상위 성과 국가들이 형평성 문제를 해결하는 방식

많은 고도 산업국들이 어린 자녀를 둔 가정을 위해 미국보다 훨씬 많은 지원을 하고 있음에도, 이들 나라 중 다수는 저소득층과 소수자 배경인 학생들의 교육에서 여전히 심각한 어려움에 직면해 있다. 그들은 이런 어려움에 대처하는 체계적 방법들을 생각해냈고, 미국은 이를 통해 배울 수 있다. 다음 절에서는 학생들이 의무교육을 받기 시작했을 때, 상위 성과 국가들과 미국이 하는 일을 비교할 것이다.

학교 재정 시스템: 학생의 성취도 격차 심화 vs 격차 개선

지역의 재산세에 기반한 미국의 학교 재정 지원 시스템은 교육 재정의 불평등을 부채질한다. 함께 모여 자신들의 학구를 구성할 수 있기 때문에 부유한 사람들은 매우 낮은 세율로 학생 한 명당 많은 자금을 모을 수 있고, 주에서 가장 우수한 교사와 시설을 확보할 수 있다. 반면 저소득층 가정은 다른 가난한 가정들처럼 가장 저렴한 주거지에서 생활한다. 그들은 높은 세율을 부담하지만 학교 예산은 여전히 적다. 그러나 이 시스템의 가장 중요한 결과는 개별 학교에서 가용할 수 있는 예산 총액에 미치는 직접적 영향만이 아니라 학생의 구성에 미치는 영향이다. 부유한 지역 학생들은 다른 부유한 가정의 학생으로 둘러싸인 학교에 가게 된다. 그들에 대한 기대와 기준은 높고, 정상을 향해 가는 길을 매끄럽게 할 수 있는 어른들과 무수한 연줄을 지니며, 높은 학업 성취가 사회적으로 중시되는 학교에 가게 되는 것이다. 반면 저소득층 학교에 다니는 학생들은 학생에 대한 기대치가 낮은 어른들, 상대적으로 수준이 낮은 교육과정, 학업 성취가 존중받지 못하는 사회 환경에 둘러싸여 있으며, 꼭대기를 향하는 사다리가 거의 존재하지 않는다. 전반적으로 이 시스템은 가장 많은 혜택을 입는 학생들이 최고의 선생님에게 배우고, 가장 비싼 실험실 장비와 가장 정교한 기술에 접근하는 결과를 낳는다. 반면 가장 어려운 학생들은 가장 수준 낮은 교사를 만나고, 운이 좋아야 실험실 장비나 더 나은 기술을 접할 수 있다. 그러나 이것이 미국 전역에서 일어나는 일은 아니다. 델라웨어, 미네소타, 매사추세츠 및 뉴저지 같은 일부 주에서는 이런 결과를 낳지 않는 기금 운용 방법을 개발했다. 그러나 이런 주들은 규칙의 예외에 해당하는 경향이 있다.

상위 성과 국가들은 일반적으로 지방 재산세에 기반한 학교 관리 시스템이 없다. 많은 경우, 자금은 주, 지방 또는 국가 수준에서 모금되어 비교적 간단한 산식算式에 의해 해당 수준의 학교에 분배된다. 이것은 공평한 방식으로 학교 자금을 조달하는 게 훨씬 쉽다는 것을 의미한다. 현재 이들 국가 대부분은 미국에서 학생가중치 시스템이라고 부르는 것을 일부 변형하여 사용한다. 즉, 학생 한 명당 기본 경비를 정한 후 빈

곧, 가정에서 공용어의 제한적 사용, 여러 가지 어려운 여건 등을 바탕으로 한 가지 또는 그 이상의 기준을 충족하는 학생에 대해 기준액을 더한다. 이런 식으로, 국가는 여러 학교 중에서 가장 취약한 학생들을 돌보는 학교에 더 많은 자원을 할당한다. 이들 국가 대부분은 미국처럼 이런 조건 각각에 대해 하나 이상의 범주형 프로그램이 없으므로 일단 돈이 분배되면, 학교 교원들은 어떻게 그 지원금을 잘 활용할 수 있을지 결정하는 데 더 많은 자율권이 있다.Darling-Hammond, Burns et al., 2017

누가 가장 많은 (그리고 최고의) 교사를 얻는가?

미국에서 가장 부유한 지역사회는 최고의 교사들을 확보할 수 있다. 중심부 도시가 교사의 봉급을 인상할 때 부유한 교외 지역은 교사 노동시장에서 우위를 유지하기 위해 교사 봉급을 따라서 인상한다. 중심부 도시들이 교사의 능력을 신장하는 데 투자하면, 부유한 교외 지역들은 즉시 그들을 데려간다. 학구 내에서 교사들은 보통 연공에 따라 우선 배정권이 있으므로, 가장 경험이 많은 교사들은 가르치기 쉬운 학생들이 있는 학교를 선택할 수 있다. 그 결과 교사들의 도움이 가장 많이 필요한 학교의 학생들이 대체로 가장 경험이 적은 초보 교사들로부터 배우게 된다. 이들 초보 교사들은 빨리 지쳐 다른 직종을 찾아 학교를 떠나게 된다.U.S. Department of Education, 2014

이는 상위 성과 국가에서는 볼 수 있는 현상이 아니다. 상위 성과 국가 중 상당수가 예산과 별개로 교사를 배정한다. 이들 국가는 취약계층 학생을 지원하는 학교에 학생당 교사를 더 많이 배정하는 데 주의를 기울인다. 경력 사다리가 잘 갖춰진 국가에서는 가장 취약한 학생들을 위해 봉사하는 최고의 교사들을 종종 만날 수 있다. 이 교사들은 그렇게 하도록 강요당하지 않으며, 그렇게 하도록 하는 인센티브가 강력하다. 당국은 교사가 경력 사다리를 올라가는 기준을 구조화하여 그 과정에서 매우 취약한 학생들을 대상으로 여러 학교에서 가르치는 경험을 쌓지 않고는 승진하기가 거의 어렵게 만들어 놓았다. 매우 능력 있는 교사들이 매우 취약한 학생들을 가르치도록 배치할 뿐 아니라 그런 학생들을 돕는 데 필요한 경험과 기술이 있는 교사를 꾸준히 늘린다. 같은 시스템이 학교장에게도 적용되며, 같은 결과가 나타난다.^{Darling Hammond, Burns et al.,}

2017; Jensen, Downing, & Clark, 2017

교사 리더십 아카데미: 탁월성 인식하기

도시 지역으로서 펜실베이니아주 해리스버그 학구는 종종 교사 유지에 어려움을 겪는다. 교사들이 교외 학교에서 근무할 때 더 많은 돈을 받을 수 있기 때문이다. 학구가 2,200만 달러 적자에 직면하면서 교사들을 해고하고, 학교를 폐쇄하고, 임금 인상을 취소해야 했던 2010년대 초기에 특히 그러했다.

"전문성 개발에 많은 노력을 기울였지만 교사들은 교외 지역으로 이직합니다.", "다른 학구들은 교사들에게 보너스를 지급했지만, 우리는 그럴 형편이 못 되었습니다. 우리는 다른 학구를 따라잡기 위해 여전히 노력하고 있습니다."라고 시빌 나이트-버니Sybil Knight-Burney 교육감은 말했다. 해리스버그 학구의 재정 상황이 전보다 나아지고 있지만, 주변 학구들이 교사들에게 제공하는 수준의 급여를 줄 만한 여력까지는 없다. 나이트-버니와 그녀의 팀은 교사들을 지원하고, 고도로 숙련된 교사들이 그 학구에 남아야 할 이유나 동기를 제공할 방법을 찾기로 했다.

그들은 채용 과정에서부터 시작했다. 교육 위원회는 해당 학구가 다른 학구보다 먼저 채용 과정을 진행할 수 있도록 허용했다. 그러나 나이트-버니는 해당 지역에 적합하고 성공할 수 있는 교사들을 고용하고 있는지 확실히 하고 싶었다. "우리는 시작할 준비가 되어 있고, 돈독한 관계를 구축하고, 학생들의 학업 성취도를 높이고, 학생들에게 교육이 중요하다는 것을 확신시키는 데 무엇이 필요한지 이해하는 교사를 모집할 수 있기를 원합니다."라고 그녀는 말한다.

그 목적을 달성하기 위해 그녀는 교사들의 경험과 배경에 주목했다. 그녀는 교사들이 다문화적·다인종적 배경에서의 경험이 있는지 확인하기 원한다. 그리고 그들의 열정과 헌신을 알아내기 위해 지역사회 지원 경험을 살펴본다. "퇴근 시간만 기다리지 않고 방과 후에도 남아 있을 교사들을 원합니다."라고 그녀는 말한다. "학생들이 게임 활동과 콘서트장 또는 교회 행사장에서도 선생님을 볼 수 있기를 원합니다. 그런 부류가 우리가 찾고 있는 교사들이에요."

나이트-버니는 뛰어난 베테랑 교사들이 무엇인가 할 수 있는 기회를 열어주기를 원했다. 그래서 탁월한 교사들이 서로의 교실을 관찰하고, 독서 토론을 열고, 다른 활동에 참여함으로써 그들의 능력을 더욱 개발할 기회를 제공하기 위해 교사 리더십 아카데미를 만들었다. 그녀는 플로리다에서 교사로서 황금 사과상Golden Apple Award을 받은 자신의 경험에서 이 아이디어를 찾았다. "황금 사과상을 받은 교사들은 전문가로 대우받았어요."라고 그녀는 말한다. "그것이 제가 해리스버그에 도입하려 했던 거예요. 저는 교사들이 스스로 중요하다고 느낄 수 있도록 교사 리더십 아카데미를 만들었어요."

아카데미 설립을 위해 나이트-버니는 뛰어난 교사 지도자들을 모아 운영 위원회에서 활동하게 했다. 또한 그 교사들은 교육감과 직접 접촉하여 교육구 정책에 대한 의견과 정보를 전달할 수 있게 했다. 그렇지만 궁극적으로는 아카데미가 교사 주도로 운영될 것이고 "자신은 여기서 빠지길 원합니다."라고 나이트-버니는 말했다.

이 아카데미 회원은 학교에서 교사 지도자로 봉사하고 새로운 교사와 일하게 될 것이다. 이들은 학구가 시펜스버그 대학Shippensburg University과 협력하여 시작한, 열정과 포부를 지닌 도시 지도자를 위한 프로그램에도 참여할 수 있다. "교사 리더십 아카데미에 참여한 일부 교사들은 리더십 기술을 개발하고는 싶지만, 관리자가 되기를 원하지는 않을 수 있습니다."라고 그녀는 말한다.

학구는 교사 지도자들에게 새로운 기회를 제공할 중학교를 새롭게 설계하는 일을 모색하고 있다. 이 계획에 따라 학교는 각각 한 명의 교사가 이끄는 소규모 학습 공동체들로 나뉠 것이다. "그들은 시간제 수업을 하는 교사가 될 것이므로 교섭 단위bargaining unit에 남아 있습니다."[1]라고 나이트-버니는 말한다. "그들은 회의를 소집하고, 일정을 짜고, 부모들과 회의를 기획한다. 교사들은 학사學事에 관한 결정academic decisions을 내릴 권한을 갖게 될 것입니다. 교사 리더십 아카데미는 추가 지원을 제공할 수 있습니다."

---

1. 한 직장에 둘 이상의 노동조합이 존재할 경우, 교섭에 나가는 대표로 결정된 조합을 교섭 단위라고 한다. 본문에서는 교사들이 교사 지도자의 역할을 하더라도 여전히 시간제 수업을 하는 교사로서 교섭대표노동조합에 소속될 수 있다는 의미다(역자주).

다양한 교사진Teaching Force 만들기

이것은 민감한 문제다. 문헌에 따르면, 다른 모든 것이 동일한 조건이라면 소수 민족 학생들은 자신과 비슷한 모습을 지닌 교사가 가르칠 때 학교에서 더 잘한다. 그러나 모든 것이 평등한 경우는 드물다.Egalite, Kisida, & Winters, 2015 고등학교에서 학업 성적이 우수한 소수 민족의 학생들이 교직에 진출하는 경우는 드물다. 그래서 실질적으로 학교에서는 상대적으로 학업 성적이 좋지 않은 신규 교사를 선발하여 소수 민족 학생이 많은 학교에서 가르치게 하는 경우가 자주 있다. 이것은 홉슨 선택Hobson's choice[2]의 일종이다. 즉, 소수 민족 학생에게 준비가 덜 된 소수 민족 교사를 배치하거나 소수 민족 배경이 아닌 더 잘 준비된 교사를 배치하거나 둘 중 하나다. 그것은 상위 성과 국가들에서 일어나는 일이 아니다. 예를 들어 상하이에서는 고등학교 성적 우수자가 교원 양성 대학 졸업 후 5년 동안 학교에서 가르치는 데 동의하면 대학 등록금 전액을 지급하고, 재학하는 동안 약간의 급여도 지급한다. 이 정책은 다양한 배경의 우수한 지원자들을 끌어들이는데, 대도시의 부유한 지역 학생들보다 재정적 지원이 더욱 필요한 저소득층 출신의 고등학생에게 훨씬 매력적이다. 이런 학생들은 가난할 뿐만 아니라 중국의 다른 지역과 다른 민족 집단에서 상하이로 온 이주 노동자들의 자녀일 가능성이 높다.Sato, 2017

교사 양성 대학 교육과정

캐나다와 호주의 교사 양성 대학에는 미래의 교사들이 원주민의 역

---

2. 한 가지 선택지만 있어서 제의를 받아들이는 것 외에 달리 선택의 여지가 없는 상황을 말한다. 17세기 말 대여업자였던 토비아스 홉슨Tobias Hobson의 이야기에서 유래하였다. 그는 손님들에게 마구간 입구에서 가장 가까운 말부터 빌려주면서 그것을 받아들이지 않으면 말을 아예 대여해주지 않았다고 한다(역자주).

사와 문화를 이해하고, 원주민 학생들이 다른 모든 학생과 동일한 기준에 도달하도록 특별히 설계된 교수법과 교육과정을 배울 수 있는 코스가 있다.Burns & McIntyre, 2017

취약계층 학생을 담당하는 초임 교사를 위한 지원

앞서 말했듯이 미국에서는 종종 도심에 있는 특별히 취약한 학생들에게 초임 교사를 배치하고 지원은 거의 하지 않는 것이 관행이다. 그런 일은 상위 성과 국가들에서 일어나지 않는 일이다. 경력 사다리가 잘 갖춰진 국가에서는 수석 교사가 배정되어 신임 교사들이 1, 2년 동안 실질적인 수습을 받을 수 있다. 신임 교사는 가르치는 부담을 덜고, 수석 교사들의 숙련된 수업과 다른 동료 교사들의 수업을 관찰하고, 경험 많은 교사가 그들의 수업을 비평하는 것을 경청한다. 또, 멘토가 자신들의 수업을 관찰하고 비평하는 것을 듣고, 교사 교육과정과 수업 개발 그룹에 참여하고, 학교에서 교사들의 실천을 개선하는 데 이바지하는 법을 배운다. 초보 교사는 이러한 모든 면에서 지원을 받는다. 취약계층 학생들이 많은 학교에서 첫 근무를 하는 초보 교사에 대한 이러한 종류의 지원은 교사와 학생 모두에게 성공이냐 실패이냐 하는 차이를 만들 수 있다.Darling-Hammond, Burns et al., 2017

어려움을 겪는 학교를 돕기 위한 협업 시스템

저소득층, 소수 집단 자녀들이 재학하는 학교가 낙후된 경우가 압도적으로 많다. 앞부분에서 보았듯이, 상하이는 어려움을 겪는 학교를 돕기 위한 시스템을 개척했으며, 이는 앞서 설명한 현대 학교 조직의 협력 시스템을 확장한 것이다. 성과가 낮은 학교를 개선하기 위한 이런 접근법에서 유능한 교사, 교장, 학교는 그렇지 않은 교사, 교장, 학교와 짝을 이룬다. 더 유능한 교사와 교장은 덜 유능한 동료를 지도하는 데 시간을 할애한다. 그렇게 하는 것이 경력 사다리를 올라가는 중요한 요건 중 하나이기 때문이다. 덜 유능한 교사와 교장은 도움이 필요함을 알기에 도움을 청하며, 이 시스템의 운영자들은 도움이 필요하다고 인정하는 것을 벌하기보다 칭찬할 가능성이 크다. 이 시스템은 잘 작동한다. 가장 중요한 수혜자는 가장 큰 어려움을 겪는 학교에 재학할 가능성이 가장 큰 저소득층 및 소수 집단의 학생들이다.^{Xiaoyan, Kidwai, & Zhang, 2016}

교사들 간 연결 및 긴급한 문제 해결을 위한 시간

현대적인 학교 조직 방식을 활용하는 나라의 학교들은 일반적으로 교사들이 매주 한 시간 이상 다른 학년의 교사들과 만날 수 있도록 일정을 계획한다. 일부는 교원 간 원활한 대화를 위해 학년별 교사들이 교무실을 함께 쓸 수 있도록 공간을 배치한다. 정기모임에서 자주 일어나는 일 중 하나는 성적이 처진 학생을 담당하는 모든 교사 간의 대화다. 이런 대화는 일정표에 계획되어 있다. 이 교사들은 문제의 원인을 파악하기 위해 해당 학생에 대한 정보를 종합—예를 들어, 학생의 가족이 최근에 쫓겨났는지, 학생이 학대를 당했는지, 부모가 수감되었는지, 학생이 독해에 문제가 있는지, 산수의 원리에 대해 근본적으로 잘못 이해하고 있는지, 혹은 이런 요인들이 복합적으로 나타나는지—한다. 교사들은 학생을 돕기 위한 계획을 세우고 그 계획을 실행할 책임을 나누어 맡는다. 때로 그 계획은 관련된 교사가 수업 시간이 아닐 때 할 수 있는 일대일 개인교수를 포함하고, 일상적으로 가르치는 방식routine의 일부 변경을 의미하기도 한다. 또는 사회 서비스를 제공하는 기관에 지원을 요청하기 위해 전화 거는 것을 의미한다. 교사들이 더 적게 가르치고 다양한 다른 업무에 더 많은 시간을 할애하는 이런 구조는 특히 취약 계층 아동들에게 이득이 된다. 이 시스템에서 교사는 사회 서비스 처리, 가정 방문, 학생들의 긴급한 교육적 요구를 다루기 위한 계획을 동료들과 만들기 등과 같은 일을 하기 위해 혼자 또는 다른 사람들과 함께 시간을 갖는다. 이것은 교사가 가르치는 시간 외에는 별도 시간이 없는 미국의 시스템과는 극명한 대조를 이룬다.^{Darling-Hammmond, Burns et al., 2017}

강력하고 체계적인 교육 시스템

4장에서 배운 것처럼, 상위 성과 국가들은 모든 학생이 정해진 시간 내에 모든 교육과정 자료에 숙달할 수 있도록 설계된 잘 짜인 교육과정과 표준 수업계획서가 있다. 교육 자료는 표준 수업계획서와 일치한다. 교사들은 초기 교사 연수 기간과 초임 기간에 배경이 매우 다른 학생들에게 이런 교과목 강좌를 가르치는 교육을 받는다. 따라서 이 시스템의 초보 교사는 매우 유능한 멘토의 강력한 지원뿐만 아니라 자신이 가르치게 될 교과목과 교실에서 만날 학생들을 가르치는 방법에 대해 많이 알고 교단에 오른다.^{Darling-Hammond, Burns et al., 2017}

우리가 설명하는 시스템은 저소득층 및 소수 민족 배경의 학생들이 학교에 다니는 동안 동료 학생들과 보조를 맞추는 데 필요한 속도와 깊이로 배울 수 있도록 고안되었다. 미국의 학교에서 학업에 어려움을 겪기 시작하는 학생들은 해마다 조금씩 더 뒤처지며, 이 학생들이 고등학교에 입학할 때쯤이면 또래들보다 3~4년 정도나 수준이 낮은 상태일 수 있다. 미국의 전형적인 관행은 학생들의 성취도와 상관없이 학생들을 진급시키거나 성취도를 달성하지 못한 학생들을 유급시키는 방식을 포함하지만, 두 가지 중 어느 것도 효과적이지 않다.

질 높은 학생 작품Quality Work의 수준에 대한 명확성

가난한 학생들과 소수 민족 학생들이 좋은 성적을 받은 논술 답안을 보면서 "이게 선생님이 원하는 것인 줄 알았더라면 나도 이렇게 했을 텐데"라고 하는 것을 많이 접한다. 이 학생들이 그러한 요청을 받자마자 교사가 원하는 만큼의 결과를 낼 수 있었을 거라는 의미는 아니다. 목표가 무엇인지 알고 나면 결국 그 방법을 배울 수 있었을 거라고 확신한다는 의미였다. 하지만 목표 수준을 명확하게 알려주지 않으면, 학생들은 어떻게 해야 좋은 성적을 받을 수 있는지 추측만 할 뿐이다. 상위 성과 국가의 시험 시스템은 대부분 논술 기반이며, 대부분의 시험 당국은 시험에서 높은 점수를 얻는 답안에 주석, 즉 해설을 달아서 예시로 제공한다.^{Darling-Hammond, Burns et al., 2017} 대부분의 미국 시험은 확장된 논술형 답안을 요구하지 않기 때문에 학생들에게 좋은 작품이 어떤 것인지 보여줄 수 없다. 좋은 작품이 어떤 것인지 모를 가능성이 가장 큰 학생은 저소득층과 소수 민족 학생이다. 이 학생들은 기준을 충족하는 학생 작품에 주석이 달린 사례를 제공하는 시험 시스템으로부터 가장 많이 배우게 된다.

"처음엔 심장, 다음은 머리"

4장에서 우리는 매우 열악한 환경에서 자라난 학생들이 많은 현장 학교에서는 교사진이 변화를 만드는 교육을 하기 전에 신뢰를 구축해야 하며 그 과정에서 시간이 많이 걸릴 수 있다고 주장했다. 이 명백한 진실은 중요한 함의를 지닌다. 학생 성장 자료만을 근거로 학교와 교사에게 제재를 가하는 기계적 책무성 시스템mechanical accountability systems은 신뢰 구조fabric of trust가 구축되기도 전에 이를 파괴할 수 있다. 우리가 연구한 어떤 상위 성과 국가에도 이런 방식으로 운영되는 책무성 시스템이 없다. 이들 중 많은 나라가 도움이 필요한 학교를 판별하기 위해 학생 성과 데이터를 사용한다. 그리고 이 나라 중 다수는 문제가 있는지 확인하고 문제가 발견된 학교가 있으면 그 문제 해결을 위해 학교를 방문하여 지원하는 장학팀이 있다. 이런 판단은 경험이 풍부한 교사와 교장을 포함하여 학교 외부에서 온 고도의 자격을 갖춘 전문가들에 의해 이루어진다. 홍콩과 싱가포르의 취약계층 학생들을 위한 학교들에 대해 우리가 강조한 요점은 학생들의 신뢰를 얻고, 참여적 학습 환경을 구축하며, 이들 시스템 내에 있는 다른 모든 학생에게 기대하는 것과 동일한 높은 수준으로 학생들을 교육하기 위해 엄청난 노력을 기울였다는 점이다. 높은 신뢰, 높은 기대, 높은 참여도, 그리고 높은 표준은 격차를 좁히는 데 성공한 시스템에서 공통으로 발견되는 특징이다.Tucker, 2011, 2016b

요약

상위권 학생들과 하위권 학생들, 부유한 가정 및 지역사회 출신 학생들과 어려움을 겪는 가정 및 지역사회 출신 학생들 간 격차를 줄일 수 있는 상위 성과 시스템의 역량은 한두 가지 방법의 실행만으로는 설명할 수 없다. 실제로 여러 방법을 조합하여야 강력하다. 여러 방법이 결합될 때 그 범위는 포괄적이고 효과는 강력하다. 여기에는 교수법, 자격 시스템 설계, 교사가 충원되고 초기 훈련되는 방식, 초임 교사가 받는 지원, 교육과정 설계, 교육과정이 가장 취약한 학생의 요구에 맞추어 조정되는 방식, 어려움을 겪는 학교들에 제공되는 지원의 종류 등이 포함된다. 결국 그것은 가장 취약한 학생들의 학습을 지원하는 더 나은 방법을 찾기 위해 모든 수단을 동원하려는 의도적이고 결연한 노력의 산물이다. 우리가 설명한 주요한 구조적 변화 없이는 대부분 작업을 할 수 없다. 명확하고 상세한 교육과정 틀과 수업 계획서, 건전한 경력 사다리의 창조, 학교 일과에서 교사의 시간 활용 방식의 근본적인 변화 등은 몇 가지 예에 불과하다.

요약: 형평성equity

요소	상위 성과 시스템	미국 시스템
학교 예산	– 가장 도움이 필요한 학생이 있는 학교가 더 많은 예산을 받는다.	– 주민들의 재산세에 따라 학교 예산이 달라지는데, 이는 일반적으로 부유한 지역의 학교가 덜 부유한 지역의 학생보다 더 많은 예산을 받게 됨을 의미한다.
교사 분포	– 도움이 가장 필요한 학교에 더 많은 교사, 최고의 교사들이 배정된다.	– 최고의 교사들은 가장 부유한 지역에서 일하게 된다. – 학구 내에서 대부분의 경험 많은 교사들은 가르치기 쉬운 학생들이 있는 학교를 선택하게 된다. – 사회적으로 혜택받지 못한 학생들이 다니는 학교들은 더 적은 교사를 얻는다.
교사 다양성	– 학업 성적이 높은 소수 민족 학생의 교직 진출에 대한 특별 유인책이 있다. – 국가는 소수 집단을 가르치는 데 도움이 되도록 모든 교사에게 교육을 제공한다.	– 학업 성적이 우수한 소수 민족 학생들은 거의 교직에 입문하지 않는다.
신규 교사의 입문	– 경험 많은 교사가 멘토로 참여하는 것이 일반적이다.	– 그런 경우가 드물다.
어려움을 겪는 학교에 대한 지원	– 교사들은 성적이 좋은 학교의 교사로부터 코칭과 지원을 받는다.	– 교사는 해고된다.

뒤처지는 학생의 어려움 해결	- 학년별 교사 팀이 매주 만나서 뒤처지는 학생들의 문제를 논의 한다.	- 협업을 위한 시간이 부족하거나 구조가 결여되어 있다.
교수 시스템	- 모든 학생에 대한 동일한 기대를 한다. - 뒤처지는 학생들을 위한 더 많은 지원을 한다. - 대학 및 취업 준비 수준에 도달하 는 데 지원이 필요한 학생을 위해 더 많은 시간을 할애한다.	- 다양한 학생 집단들에 대한 기대 가 다르다. - 가장 도움이 필요한 학생에게 능 력이 부족한 교사가 배치된다. - 제한된 경험을 지닌 학생들에게 덜 풍부한 교육과정이 운영된다. - 높은 기준에 도달하기 위해 도 움이 필요한 학생들을 위한 추가 시간이 존재하지 않는다.

교육감은 형평성 격차를 줄이기 위해 무엇을 할 수 있을까?

다음 사항을 고려하라.

1. 당신과 당신의 학구는 가족 내 자녀 각자에게 보조금을 지급하는 사업을 하지 않으며, 보육 서비스나 양육자를 위한 가정 내 보육의 주요 공급자도 아닐 것이다. 그러나 많은 학교와 학구가 지역사회 서비스를 조정함으로써 저소득층 가정에 큰 변화를 만들어 냈기 때문에 가정들이 훨씬 쉽게 이런 서비스를 신청하고 받을 수 있게 되었다. 메릴랜드에 있는 주디 센터Judy Centers는 그러한 커뮤니티 센터의 특별히 좋은 사례다. 이는 많은 선진국이 어린 자녀를 둔 가족들에게 제공하는 것에는 훨씬 미치지 못한다. 그렇지만 여전히 저소득층에게는 큰 도움이 된다. 이런 종류의 많은 커뮤니티 센터는 부모가 직장에 있는 동안 자녀를 안전하게 돌봐 줄 다른 기회가 거의 없는 부모들을 위해 보육 서비스를 제공한다. 종일제가 아닌 유치원이나 유아교육 프로그램의 경우도 마찬가지

다. 몇몇 나라에서는 정규 학교 직원에게 적용되는 동일한 경력 사다리가 유아교육 직원에게도 적용되어, 아동 경험의 질을 높이는 동시에 교사의 지위도 높여준다. 당신의 유아교육 직원들에게 이런 경력 사다리 시스템 특성을 채택하는 것이 불가능할 수도 있다. 학생들이 필요할 때 적절한 의료·치과 진료 및 심리적 도움을 제공하고, 충분한 음식과 거주할 장소와 기초 인지 능력을 습득할 기회를 제공하며, 폭력과 학대로부터 보호와 사랑을 받을 수 있도록 더 많은 것을 해줄수록, 그 아이들이 전일제 학생으로 교실에 왔을 때 그들을 도와줄 가능성이 커진다.

> ## 뉴저지주 유니언 시:
> ### 마법 총알은 없지만 일어나지 않을 듯한 결과를 얻음
>
> 캘리포니아 버클리 대학의 공공 정책 교수인 데이비드 커프David L. Kirp는 학교 개선을 위해 노력하는 대부분의 학교와 학구 지도자들을 "붙일 수 없는 반짝이는 조각들을 가져다가 함께 접착시키려는 까치"라고 묘사한다. 그것은 효과가 전혀 없다고 그는 말한다. 같은 생각을 하는 사람들이 "빠른 해결책을 발견하기를 갈망하며" 뉴저지의 유니언 시Union City 학교들로 왔다. "그러나 빠른 해결책 같은 것은 애초에 없었습니다." 대신 그들이 발견한 것은 유치원에서 고등학교에 이르는 장기적이고 포괄적인 전략의 성과다. 그리고 매년 그 전략을 추구하면서 결과가 점점 좋아짐에 따라 그들은 꾸준히 노력한 결과를 알게 된다.
>
> 2013년 발간된 『있을 것 같지 않은 학자들: 위대한 미국 학교 시스템의 부활과 미국 학교를 위한 전략Improbable Scholars: Rebirth of

the Great American School System and Strategy for America's Schools』에서 커프는 뉴욕시 바로 외곽에 있는 이 도시 학구에 관해 기술했다. 이 학구는 89.5%의 졸업률을 자랑하며, 평가 점수는 주—전국에서 가장 높은 성취도를 보이는 주—전체 평균에 해당한다. 유니언 시 졸업생의 4분의 3이 대학에 진학한다. 예일이나 MIT 같은 일류 대학에 진학하는 유니언 시 졸업생 수는 1997년 8명에서 2001년 73명으로 늘어났다. 이런 변화가 있을 법하지 않다고 한 것은 학생들의 인구 배경과 관련된다. 이 지역은 실업률이 전국 평균보다 60%나 높은 가난한 지역이다. 학생들 중 4분의 3은 가정에서 영어를 모국어로 쓰지 않는다.

이 지역은 지난 25년 동안 가장 인기 있었던 '개혁'을 통해 그런 성과를 이룬 것이 아니다. "이 학구는 학교를 폐쇄하거나 불량 교사를 해고하거나 단기 교사 양성 프로그램 출신Teach for America 교사를 고용하는 등의 유행을 따르지 않았습니다. … 단 하나의 차터 스쿨도 개교하지 않았습니다"라고 커프는 말한다.

대신 유니언 시가 한 일은 "너무 당연하고 효과가 입증되어 진부한 이야기에 가깝습니다.", "실제 유니언 시에서 일어나는 모든 일은 지금의 교육자들에게 친숙할 것입니다."라고 그는 적었다.

그것들은 당연한 것으로 여겨졌을지 모르나 실행된 적은 매우 드물다. 톰 하이튼Tom Highton 교육감과 프레드 캐릭Fred Carrigg 학업 프로그램 책임자executive director는 최종적으로 최고 교육 시스템을 갖춘 국가들의 성공에 이바지한, 많은 원칙을 반영하는 전략을 택했다.

그들은 배경을 잘 타고난 운 좋은 학생들보다는 교육하기 힘든 학생들에게 재정을 더 많이 투입한다. 그들은 정규 교육이 시작되는 학생들이 1학년 교육 프로그램을 공부할 준비가 잘 되게 하는 강력한 유아교육 시스템을 만들었다. 그들은 학생들의 성취에 대한 기대치를 높은 수준으로 끌어올리기 위해 열심히 일했다. 그들은 유치원부터 고등학교까지 학년별 교육과정의 모든 핵심 과목에서 어떤 주제를 학습할지 규정하는 교육과정 틀을 포함하는 교육 시스템을 개발했다.

이를 통해 학생들이 교육과정 틀에서 요구하는 속도로 성장할 수 있도록 교사진에게 필요한 훈련과 지원을 했다. 그들은 교사들이 전문가처럼 대우받고, 학생들의 성과를 지속적으로 개선하기 위해 협력해야 하는 환경을 만들었다. 마지막으로 그들은 시스템의 모든 요소를 일관된 전체로 융합할 수 있도록 정규 시간을 초과하여 일했다.

《에듀토피아Edutopia》에 기고한 다이앤 커티스Diane Curtis에 따르면, 캐릭은 "유니언 시의 변화에 대한 공로의 대부분을 아동들을 교육하는 방법에 대한 발언권을 얻은 교사들에게로 돌렸습니다. 그는 교사들이 너무나 자주 '손발이 묶여서 전문가가 될 기회가 주어지지 않았습니다…'라고 말한다."

2. 주에서 학교 기금이 분배되는 방식에 대해 당신이 할 수 있는 일은 거의 없다. 그러나 당신의 학구에서 그것이 배분되는 방법에 대해서는 많은 것을 할 수 있다. 학생 가중치 방식pupil-weighted formula을 사용해서 학교로 가는 자금을 분배하고 싶은지 생각해 보라. 등록 학생 한

사람당 기본 금액을 산정한 후 다양한 학생 특성에 따라 금액을 추가하는 것이 학생 가중치 방식이다. 여기서 고려되는 학생 특성으로는 빈곤, 어머니의 교육 수준, 비영어권 언어 사용 환경, 특수 교육 등과 같은 지표가 있다. 각 학교의 학생 집단이 이런 방식으로 분석되면, 학교는 그들이 원하는 대로 돈을 자유롭게 사용할 수 있을 것이다. 그러나 학교는 가능한 가장 높은 평균 학생 성취도를 산출하고, 가장 성공적인 학생과 가장 그렇지 못한 학생의 성적 격차를 가능한 최소화하는 성과를 낼 책무를 져야 한다.

3. 교사를 어떻게 배치하는가가 정말 중요하다. 상위 성과 국가들과 마찬가지로 당신은 학생가중치를 활용하여 자금을 분배하는 것과 같은 가중치를 사용하여 교사를 배치하기를 원할 것이다. 그렇게 할 때 당신은 교사 수뿐만 아니라 비용도 고려할 수 있다. 거기에는 단순한 인원수가 아니라 경험과 전문성이 고려된다.

4. 사용 가능한 다른 모든 자원을 학교에 어떻게 배분하느냐도 중요하다. 교사들에게 지급되는 비용뿐만 아니라 각 학교에 사용되는 모든 자원의 가치를 공개하는 것을 고려할 수 있다. 이 문제 해결에 필요한 연구를 하는 학구는 빈곤층 배경 학생을 대상으로 하는 학교보다 상대적으로 부유한 학생을 대상으로 하는 학교에 훨씬 많은 비용이 지출되고 있음을 종종 발견한다.

5. 최고의 교사가 가장 필요한 학교에서 봉사할 수 있도록 인센티브를 제공하라. 이런 인센티브를 구조화하기 위해 새로운 경력 사다리 시스템을 사용하는 것을 생각해 보라.

6. 최상위권 고등학생이 대학에서 교사 면허를 취득하여 가장 도움이 필요한 학생들을 돌보는 학교에서 가르치기로 계약하면 전액 혹은 일부

보조금을 지급하라. 그들이 대학교 1, 2학년 때 최고의 교사가 일하는 현장에서 실습받을 기회를 주라.

7. 많은 교사를 배출하는 교육기관과 협력하여 예비교사가 취약한 아동을 이해하는 것을 돕는 교과목들을 설계할 수 있게 하라. 교육기관에서 예비교사들은 취약한 아동이 누구인지, 그들의 삶은 어떠한지, 삶과 미래에 대한 전망은 어떠한지, 지역사회에서 영향력 있는 사람들과 지역사회를 위해 봉사하는 기관에 종사하는 사람들과 어떻게 관계를 만들어 갈지를 배워야 한다. 또한 취약한 아동을 이해하고, 이들의 신뢰를 얻고 도움을 주는 데 필요한 많은 요소를 이해해야 한다. 대학 교육과정에 이런 강좌들이 포함될 수 있도록 대학에 제안하고 예비교사들에게 그 강좌들을 가르칠 강사를 찾는 것을 도우라.

8. 경력 사다리를 만들고 그것을 실행할 때, 초임 교사, 특히 가장 취약한 학생을 가르칠 교사를 수석 교사가 철저히 멘토링할 수 있도록 상당한 시간을 확보하라. 취약한 학생을 다루는 전문 교사들이 충분한 시간을 갖고 학생들을 관찰하고 대화하여 적절한 종류의 장학을 제공하게 하라. 그리고 초보 교사들이 전문 교사들로부터 비평을 받으면서 학생들을 가르칠 기회를 가지며, 효과적인 수업을 만들고 가장 취약한 학생들의 교육을 개선하는 데 중요한 역할을 하는 경험 많은 교사들과 팀으로 참여하게 하라.

9. 취약계층 학생에게 성공에 필요한 기회를 제공하지 못하는 학교를 식별하는 시스템을 구축하라. 그런 학교를 식별했다면 성공적인 교장과 어려움을 겪는 교장, 성공적인 교사와 도움이 필요한 교사, 성공적인 학교와 이로부터 배울 수 있는 학교 간에 파트너십을 형성하라. 성공적인 교장, 교사와 학교에 인센티브를 제공하여 도움이 필요한 사람들을 돕도

록 새로운 경력 사다리 시스템을 사용하라. 이런 종류의 도움이 필요한 것으로 확인된 교장, 교사와 학교를 위해 진행 상황을 점검하고 올바른 과정을 수행하도록 일종의 장학진을 구성하라.

10. 학교에서 시간을 사용하는 방식을 바꾸고, 교사들이 함께 일할 수 있는 시간을 더 많이 할당하라. 주 1회 진행되는 학년별 모임에서 논의하는 일 중에서 낙오 위기에 처한 학생들을 파악하고, 무슨 일이든지 문제를 함께 해결하기 위한 계획을 세우는 데 전념하는 시간과 과정이 있는지 확인하라.

11. 이 장에서 설명한 내용에 따라 교육 시스템을 재설계할 때, 가장 우수한 교사들에게 우수 논술 답안을 수집하고 이에 대한 해설을 달게 하여, 이 답안들이 높은 점수를 받은 이유를 모든 사람이 알 수 있게 하라. 학생, 교사는 물론 부모님들도 그것들을 활용할 수 있게 하라.

12. 입학 첫날부터 10학년 마지막 날까지 실질적으로 몇 달, 몇 년 동안 가장 취약한 학생들이 따라갈 수 있는 충분한 시간을 제공하는 교육과정 틀이 있는지 확인하라. 그다음에 교육과정을 전달하는 것뿐만 아니라 낙오 학생을 신속하게 파악하여 해당 학생이 성공하는 데 필요한 실시간 도움을 줄 수 있는 지식과 기술을 교직원이 보유하고 있는지 확인하라. 모든 초등학교 학생이 중학교 교육과정을 이수할 준비가 된 상태로 중학교에 입학하고, 모든 중학교 졸업생이 고등학교 수준의 학업을 감당할 수 있도록 준비하여 9학년 신학기에 임할 수 있도록 전체 시스템을 정비해야 한다. 그 목표가 새로운 시스템의 심장과 영혼이 되어야 한다. 그것은 진정한 형평성의 열쇠다.

13. 대학 및 취업 준비 자격을 핵심으로 하여 새로운 자격 시스템을 만들 때, 시스템 내에 있는 모든 교사의 가장 우선적이고 중요한 의무는

어떤 일이 있더라도 중증 장애가 없는 모든 학생이 유치원 입학 첫날부터 자격이 부여되는 마지막 날까지 해당 자격을 취득할 준비를 완성해 가는 것임을 모두에게 매우 명확하게 하라. 자신의 임무를 수행하는 데 필요한 모든 사람이 모든 단계에서 필요한 자료를 사용할 수 있도록 자료 시스템 접근 권한을 설정하라. 무엇보다도 자격을 향한 학생들의 진척도를 추적하고, 자격 취득과 보상을 향한 학생의 진전, 특히 가장 취약한 학생의 발전을 위해 이바지하는 교수진을—경력 사다리를 이용하여—보상하도록 책무성 시스템이 설정되어 있는지 확인하라.

8장

혁신 이끌기:
아래에서, 가운데에서, 위에서

오래전, MIT 교수 더글러스 맥그리거Douglas McGregor는 자신이 X이론과 Y이론이라고 명명한 것을 내놓았다.[McGregor, 1960, 1967] X이론은 외적 보상과 처벌로 구성되는 동기에 기초한 경영 이론을 의미한다. 이것은 암묵적으로나 명시적으로 대량생산 공장의 최전선에서 일하는 생산직 노동자들을 관리하는 데 기반이 되는 이론이었다. Y이론은 내재적 보상에 기초한 동기부여에 관한 이론이다. 맥그리거는 Y이론이 유효하게 작동할 뿐 아니라, X이론보다 훨씬 효과적임을 심리학 연구가 입증했다고 주장했다. 맥그리거에 따르면, 노동자들에게 가장 기본적인 욕구가 충족된 이후 그들에게 가장 중요한 것은 자신의 운명에 대한 일련의 통제력, 자존감, 자기 재능의 활용과 신장, 책임감, 지위, 인정 그리고 개인적 발전과 효과적 문제 해결 감각이었다. Y이론은 현대 전문직들이 채택한 관점이었다: 이들은 배우고 기여하고자 하는 열망이 높고 풍부한 전문 지식이 있으므로, 달성하려는 결과를 산출하기 위해 경영자들이 해야 할 유일한 일은 그들을 격려하는 것이다.

맥그리거는 경영에서 공장 모델factory model을 포기하고 전문가 모델professional model을 택해야 한다는 주장을 폈다. 비록 그가 관찰한 내용은 반세기가 지났지만, 현재 공교육 환경에서 여전히 유효하다. 예전의 공장 관리자라면 기본적으로 X이론의 원리에 기반을 둔 아동낙오방지법으로 인해 도입된 징벌적 책무성 시스템에 매우 만족했을 것이다. 최상의 학업성취를 보이는 교육 시스템을 갖춘 국가들은 Y이론의 기반 위에 훨씬 안정적으로 시스템을 운영해 왔다. 이들 국가에서 리더십 개발이란 대개 Y이론에 기반한 관점을 지니고, 이 이론에 부합하는 방식으로 경영하는 데 필요한 역량을 갖춘 지도자들을 양성하는 문제다.

이는 매우 중요하다. Y이론과 이 책에서 지금까지 설명해온 시스템 개발에 전념하는 학교, 교육청, 교육감의 지도력 없이는 앞 장에서 묘사한 혁신은 일어날 수 없고 일어나지도 않을 것이기 때문이다. 그런 점에서 리더십 개발은 이 책에서 도출되는 전체 의제를 실행하기 위한 핵심이라 할 수 있다.

모든 지도자가 같은 방향을 바라보는 것이 중요하다

리더십에 관한 대다수 문헌은 학교 리더십에 관한 것이지 학교 시스템 리더십에 관한 것이 아니다. 이 책의 핵심 의제를 실행하는 것이 목적이라면 이런 학교 리더십의 관점은 너무 제한적이다. 교장들이 그들이 직면한 문제를 파악하고 더 나은 결과를 얻는 데 필요한 방법들을 제공하는 교육을 받는다 해도 X이론에 입각한 관점의 교육청 직원과 교육감이 있는 지역으로 돌아간다면 그런 교육은 무의미한 일이 된다. 한 학구와 그 학구 내 학교들이 매우 다르게 운영되기를 원한다면, 새로운 목표와 그것을 달성하는 새로운 방법에 맞춰 최상부에서부터 최하부에 이르기까지 리더십을 같은 방향으로 조정해야 할 필요가 있을 것이다.

이 책 첫 부분에서 미국의 선도적 제조사들이 일본에 추월당했을 때의 처지를 예로 들었다. 이들 기업은 품질 전문가들quality gurus이 주장하는 정책과 제조 방법을 택했다. 소멸 위기에 처한 미국 기업들은 컨설팅 업체들을 고용하여 완전히 새로운 목표와 그것을 달성하기 위한 전략을 개발하는 데 도움을 받았다. 그들은 이런 새로운 목표, 계획 및 전략들이 본부를 넘어서 회사 내 모든 층위에 있는 관리자의 머리와 가슴에 전달되지 않는 한 가치가 없음을 깨달았다.

그전에는 인적 자원이나 인사 관리가 기업의 위계 구조에서 역할이 그리 크지 않았다. 그런데 갑자기 이것이 가장 중요한 요소가 되었다. 모든 것이 임원 육성executive development[1]에 달려 있다. 대기업들은 과업을 달성하고, 끊임없이 새로운 임원들을 영입하고 다른 직원들의 수준을 높이기 위해 기업 대학을 설립했다. CEO와 이사회 의장은 기업 대학에서 수석 강사가 되었다. 당시 제너럴 일렉트릭GE의 CEO 겸 이사회 의장 잭 웰치Jack Welch는 적어도 한 달에 한 번은 뉴욕 크로톤빌Crotonville에 있는 GE 기업 대학을 방문해 동료들에게 강연했다. 기업 대표 중 잭만 그런 일은 한 것은 아니었다.Tucker & Codding, 2002

이 거대 기업들은 리더십 개발에 기반한 변화 전략을 채택했는데, 이는 단순히 새로운 기술이나 생산 라인을 도입하는 것뿐만 아니라 조직 전체와 그 안에 있는 모든 사람에게 공유될 필요가 있는 완전히 새로운 사고방식을 도입하려 했기 때문이다. 이것이 바로 지금 최상의 학업성취를 보이는 교육 시스템을 갖춘 나라에서 일어나는 일이다. 그들은 제조

---

1. 고위 관리자나 조직의 최고 경영층의 리더십과 전문 직무역량을 개발하기 위한 교육 프로그램 및 관련 제반 활동을 통칭한다(역자주).

업계의 거물들이 30여 년 전에 제시한 실행 전략과 동일한 결론에 도달했다. 이 책은 리더십에 관한 장으로 마무리된다. 현재 상위 성과 국가들이 사용하는 방식에 따라 교육 시스템을 운영하고, 그러한 원칙에 부합하는 전략을 사용하고 싶다면, 거기 도달할 수 있는 리더십 훈련 전략이 필요하다. 그리고 모든 지도자가 같은 방향을 바라보고 있는지 확실하게 할 필요가 있다.

제 기능을 하지 못하는 교육 시스템에서 성공적인 학교를 운영하도록 교장을 교육할 것인가?
높은 성과 시스템의 실행을 주도할 지도자가 되도록 교육할 것인가?

상위 성과 국가들이 리더십 전략을 개발한 상황은 미국의 리더십 개발의 맥락과는 상당히 다르다. 제조업과 산업 조직의 대량생산 방식은 미국에서 고안되었으며, 다른 어느 곳보다 학교와 학구 조직의 발전에 큰 영향을 미쳤다. 상위 성과 국가들은 대량생산 시대 이후 의무 중등교육을 도입했지만, 미국은 대량생산 시대가 한창일 때 이를 발전시켰다. 이것이 다른 나라들보다 산업 조직의 형태가 미국의 학교에 더 큰 영향을 미친 이유다. 미국은 다른 산업 국가들보다 더 큰 학교와 더 크고 복잡한 학구 조직을 만들었다. 미국의 학교는 학생을 가르치는 일을 중단한 교장principals들이 이끈 반면, 상위 성과 국가의 학교는 계속 학생을 가르치는 교장들head teachers이 이끌었다. 미국의 교장들은 학교 경영을 위해 교장보다 높은 경영 전문성을 갖추어야 하는 교육청 임원executives들의 직접적인 관리 감독에 의존했고, 다른 국가들의 교장headmasters과 같이 대우받지 못하고 공장장factory foreman 같은 대우를 받았다. 미국의 교장들은 상대적으로 권한이 적은 데 비해, 다른 나라 교장들은 자율성이 훨씬 많았다. 미국의 교장이 학교 운영을 책임지는 동안 미국 교사들은 거의 항상 교실에서 학생들을 가르쳐야 했다. 그러나 다른 나라의 교사들은 일종의 협의회collegium에서 교장과 많은 시간을 함께 보내며, 여기서 교장은 실질적으로 교사들과 동등하다고 여겨졌다.

이런 근대 학교의 초기 역사로 인해 다른 나라들에 비해 미국의 교장은 경영자managers로 인식되었고, 교사들은 그들이 원하는 대로 가르치도록 거의 혼자 교실에 남겨지는 결과가 초래되었다. 교장은 교수-학습에 대한 지식 때문이 아니라 학교 행정에 대한 능력 때문에 선발되었다. 이런 상황은 1970년대 효과적인 학교effective schools에 관한 연구들로 인해 변화하기 시작한다. 이 연구들은 혜택받지 못하는 학생들에게 서비스를 제공하는 지역에서 효과적인 학교를 운영했던 교장들의 특성을 목록화했다. 효과적인 학교를 경영하는 교장들의 특성은 다음과 같이 묘사된다. 즉, 설득력 있는 학교 비전을 만들고, 그 비전을 실행에 옮기도록 모든 사람을 참여시키고, 영어 교사보다 읽기에 대해 더 많이 알고, 과학 교사보다 과학을 더 많이 알고 있는 아주 탁월한 학교 행정가다. 이 비범한 교장은 현대 도심 정치의 모든 악을 물리칠 수 있는 도덕적 위상과 교육청 거물들을 능가하는 데 필요한 정치 및 관료적 기술들을 지니고 있었다. 그러나 이런 사람들을 어떻게 만들어 낼 수 있는지 아무도 알지 못했다.

'효과적인 학교' 운동과 관련된 특성의 목록으로 정의되던 리더십의 시대는 '교수적 지도자instructional leader로서의 교장'에 대한 요청과 '분산된 리더십distributed leadership'이라는 아이디어에 자리를 내주었다. 두 아이디어 모두 새로운 것은 아니다. 교장이 교수적 지도자로서 역할을 해야 한다는 생각이 다른 나라에서는 백 년 이상 교장의 직무 principalship of head teachers를 지배해 왔다. 그러나 이것은 훨씬 작은 규모의 학교들과 교육청이 있는 곳에서 가능했다. 이는 설령 관료 조직이 있다 하더라도 교장에게 첫째는 행정가, 둘째는 교수적 지도자가 되기를 기대하는 학교 위의 관료 조직이 없음을 의미한다. 몇몇 사람은 학교의 장에게는 실제로 행정가와 교수적 지도자로 구분되는 두 지위가 모두 필요하다고 주장했다. 그러나 그것은 행정가의 추가적 충원과 교장의 권한 축소를 요구했기 때문에 실현되지는 않았다. 조직의 수장이 자신의 책임 일부를 낮은 직급에 있는 다른 사람들에게 위임한다는 생각은 아주 오래된 것이다. 그러나 교사들은 학생들을 가르치는 일에 모든 시간을 사용하고, 아무도 학교 교직원에게 새로운 임원 자리를 충원해주려 하지 않는데, 학교장이 자신의 권한을 누구에게 위임할까? 결과적으로 이런 아이디어 중 어느 것도 제대로 실행되지는 못했다.

그다음에는 책무성 운동accountability movement이 시작되었다. 처음으로 학생들의 학업성취가 최우선 과제가 되었다. 그러나 교장들은 학생들이 어떻게 배우는지 혹은 학생들을 가르치는 가장 좋은 방법이 무엇인지에 대한 전문 지식을 바탕으로 채용되지 않았다. 그들은 고도의 정치적 환경에서 운영되는 복잡한 조직을 유능하게 관리하는 능력을 바탕으로 고용되었다. 아무도 여기서 벗어나려 하지 않았다. 당국은 교장들의 책무에 높은 학업 성취도를 달성할 것과 학업 성취도 향상 속도를 급격히 높일 책임만 추가할 뿐이었다. 이런 개혁은 학생들의 학업 성취도를 높이지 못했다. 그뿐 아니라 학교장이 되려는 사람이 상당히 부족해지는 결과를 초래했다.

돌아보면, 우리가 방금 설명한 결과는 이 책 앞부분에서 서술한 모든 것에 비추어 볼 때 불가피한 것이었다. 1장에서 언급한 해리엇 마이너가 자신을 발견했던 상황을 생각해 보라. 마이너에게는 훌륭한 학생 성취 기준이 있었다. 그러나 그녀와 동료들은 사실상 학교에서의 모든 시간을 학생들을 가르쳐야 했으므로, 그러한 성취기준을 잘 설계된 교육과정 틀, 교수요목, 수업 계획서로 변화시킬 시간이 없었다. 그리고 교사의 책무성을 묻기 위해 사용된 시험은 교사가 가르쳐야 할 성취기준에 부합하지 않았다. 교사가 교과목을 가르치는 데 활용 가능한 자료들은 새로운 성취기준이나 교수요목에 적합하지 않았다. 경력 사다리가 존재하지 않았기에, 그러한 거대한 도전을 헤쳐나갈 교사 공동체를 이끌어 줄 만한 교사 리더십 구조가 부재했다. 하지만 이것이 큰 문제는 아니었다. 좋은 분산적 리더십 구조가 있더라도, 학기 중에 그런 작업을 할 수 있는 예산도 없고 교사들이 활용할 수 있는 시간도 없었을 것이기 때문이다.

학교 지도자들에게 학생들의 성적을 높이지 못하면 해고될 거라고 한다 해서 학생들의 학업 성취도를 크게 향상시킬 수는 없다. 산업 경영자에게 요구되는 일을 교장이 하도록 교육한다 해도 교장이 일을 더 잘하게 만들 수는 없다. 그런 교육은 산업 시스템에 적합하도록 설계되었기 때문에 산업계에서나 작동한다. 반면 상위 성과 국가들은 그들의 시스템을 재설계하고, 새로운 시스템들이 효과적으로 실행되도록 경영자들을 교육한다. 이와 대조적으로 미국은 한 세기 전에 지금과는 다른 세상을 위해 설계된 시스템에서 경영자들이 기적을 일으키도록 교육하려고 노력해왔다. 여기서 핵심은 최고 성과 국가들로부터 교훈을 얻고, 교육자들이 새로운 시스템을 구현하도록 교육하는 것이다.

높은 성과 시스템을 위한 리더십 개발

1999년, 국립교육경제센터는 뉴욕 카네기 재단의 마이클 레빈Michael Levine과 비비안 스튜어트Vivien Stewart로부터 한 통의 전화를 받았다. "'학교장을 위한 국방대학national war college'을 구상하고 건립하는 데 국립교육경제센터가 관심이 있는가?"라는 질문이었다. 이 전화 통화는 카네기 재단, 포드 재단, 교육부가 참여한 회의 후에 있었다. 참가자들이 가진 교육개혁 의제들은 각기 다른 것이었다. 그러나 학교장들에게 아무런 조치를 하지 않으면, 그들의 의제뿐 아니라 다른 누구의 의제도 크게 진전되지 못하리라는 데 생각을 같이했다. 교장직을 지원하는 사람은 줄어들고 있었고, 재직 중인 교장들도 이른 나이에 은퇴하고 있었다. 그리고 교장직을 희망하는 사람들도 점점 줄어들고 있는 것 같았다. 주로 취약한 학생들이 다니는 학교들과 학구들에서 가장 심각한 어려움을 겪고 있었다. 회의 참석자들은 일류 대학들이 이런 상황을 바꾸어 내리라는 징후를 찾지 못했다. 그래서 카네기 재단이 우리에게 전화하기로 했다.

우리는 미국에 있는 학교 관리자들을 위한 선도적인 교육 프로그램들을 철저히 조사했다. 그러나 우리가 그것을 토대로 발전시킬 수 있다고 생각되는 어떤 사례도 찾지 못했다. 전 세계적으로 학교 리더십 교육을 살펴보기 위해 학교 행정 분야의 세계적인 권위자 중 한 사람을 참여시켰는데, 그 학자도 같은 결론에 도달했다. 점점 많은 나라가 이 책에 설명된 노선을 따라 전체 교육 시스템을 재설계하고 있었다. 그러나 대개는 학교의 수장들을 수석 교사들head teacher이라고 간주했기 때문에 아직 학교 리더십 그 자체에 초점을 두고 있지는 않았다. 그래서 우리는 다른 분야의 리더십 교육에 관한 연구를 의뢰했다. 더 유망해 보였던 두 분야는 군대와 비즈니스 분야였다.

우리는 워싱턴 D.C.에 있는 국방대학에서 두 전임 학장과 현임 학장 등 세 명의 학장들과 하루를 보내면서, 세계를 선도하는 군대 리더십 개발기관에서 배운 교훈들이 초중등 교육계에 어떻게 적용될 수 있는지 이야기를 나누었다. 학교 시스템의 조직적 구조에 대한 설명을 들은 후 학장들은 우리를 도울 수 없다고 결론 내렸다. 군대는 직업에 대한 학습과 성장을 계속하도록 장교에게 인센티브를 제공하기 위해 경력 사다리 시스템에 의존하고, 승진을 결정하는 명확한 기준이 있는데 학교에는 그것이 결여되어 있었다.

그 후 우리는 비즈니스 세계에서 무엇을 배울 수 있는지에 집중했다. 혁신적인 미국의 비즈니스 모델은 최고 경영자부터 말단 직원까지 개별 임원과 관리자의 역할을 이해할 수 있도록 할 뿐만 아니라 회사의 새로운 경영 방향을 이해할 수 있게끔 하였다. 이것이 우리가 찾는 적합한 모델로 여겨졌다. 결국, 미국 학교와 학구의 과제는 이런 회사들이 직면한 과제—비용 증가 없이 어떻게 훨씬 나은 결과를 산출할까—와 매우 유사하다고 우리는 이야기를 나누었다.

우리가 직면한 다음 질문은 그 일을 수행하는 데 필요한 교육을 어떻게 할 것인가였다. 하버드 경영대학원에서 기술 담당 부학장과 하루를 보내며, 그의 사무실에 내내 머물러 논의했다. 세계 최고 경영대학원이라 할 수 있는 하버드 경영대학원은 새로운 정보기술이 그들의 유명한 MBA 과정의 교육을 어떻게 개선할 수 있는지를 연구하고 있었다. 이 프로그램은 경영 문제 사례에 기반한다. 하버드 경영대학원은 개별 사례 개발에 약 80만 달러를 지출하고 있었다. 그리고 활자 인쇄 버전의 사례를 실시간 교육을 위한 상호교류형 버전으로 변환하기 위해 100만 달러를 지출했다.^{Marc Tucker, 미발표 현장 노트, 2001} 그 결과 자기 방에서 인트라넷을 통해 교수와 연결하여 강의를 듣고, 하버드 경영대학원이 강의를 보완하기 위해 제작한 모든 디지털 도구를 사용하는 MBA 과정의 학생들은 강의실에 앉아 같은 교수의 수업을 들은 학생들보다 훨씬 많은 것을 배우고 더 오래 기억했다.

우리는 현직 학교 교장의 전문성 개발을 위한 혼합 모델blended model—일부는 디지털 강의digital delivery, 일부는 대면으로 이루어지는 12~15개월 프로그램—을 개발했다. 우리는 디지털 강의로 보완된 면대면 환경에서 우리가 만든 교육과정을 활용하여 교장들을 개발시킬 수 있는 높은 수준의 자격을 갖춘 소수 인력을 양성하려고 했다. 우리는 이 프로그램 운영을 위해 전 국방대학 사령관 존 프라이어John Fryer와 프라이어가 사령관이었을 때 국방대학 학장을 지낸 밥 휴즈Bob Hughes를 고용했다. 프라이어가 떠났을 때 국립학교리더십연구소를 운영하게 될 휴즈는 무엇보다도 리더십에서 전략적 사고의 중요성을 더없이 잘 파악하고 있었다.

우리는 MIT의 슬론 경영대학원Sloan School of Management 경영개발부의 임원 육성 프로그램Executive Development Program 전직 이사인 마리 아이터Marie Eiter를 고용하여 비즈니스 경영진 교육에서 이루어지는 최상의 것들을 통합한 교육과정을 우리가 철저히 숙고하는 것을 돕도록 했다.^{Eiter, 2002} 아이터의 조언에 따라, 우리는 아이터가 문헌에서 규정한 리더십의 핵심 차원들을 중심으로 프로그램을 구성했다. 그것은 전략적 사고자로서의 지도자, 변화의 추진자로서의 지도자, 가르칠 수 있는 관점을 지닌 지도자, 코치로서의 지도자, 문화 창조자로서의 지도자, 의사

결정자로서의 지도자, 결과의 동인으로서의 지도자다. 호주의 선도적인 교육 연구자 중 한 명이자 우리 연구의 책임자인 피터 힐Peter Hill은 교육과 리더십 모두에 기반한 교육과정을 만들기 위해 리더십에 대한 문헌과 연결되는 교육 관련 연구 문헌을 철저히 파악했다. 리더십에 관한 문헌과 교육에 관한 문헌은 성인 학습에 관한 연구와 결합되었다. 그것은 성인들이 자신들이 쌓을 수 있고 공유할 수 있는 많은 경험과 함께 이런 종류의 학습 경험들을 하게 된다는 점을 강조했다. 성인들은 어떤 내용이든 쉽게 적을 수 있는 빈 석판blank slate이 아니다. 마지막으로 우리는 사례연구법, 시뮬레이션, 게임 그리고 실행 학습 프로젝트를 매우 강조하는 연구 방법론과 함께 최상의 대학들, 군대 및 산업계 리더십 기관들의 경험들을 토대로 프로그램을 구축했다.

2년 동안 1,200만 달러를 투입한 후, 우리는 첫 번째 결실인 학교장을 위한 임원 육성 프로그램을 갖추게 되었다. 첫 번째 큰 계기는 당시 매사추세츠주 교육감 데이비드 드리스콜David Driscoll이 1990년대에 매사추세츠주가 채택한 대규모 교육개혁을 구현하는 데 국립학교리더십연구소의 임원 육성 프로그램을 사용하기로 했을 때였다. 그다음 펜실베이니아주 전역에 임원 육성 프로그램을 적용하기로 했다. 미네소타주, 미주리주, 루이지애나주가 학교 지도자들을 대규모로 지원하기 위한 전략의 핵심 구성 요소로 국립학교리더십연구소를 선택하자, 곧 다른 주들도 뒤따랐다. 시간이 지나자 이 임원 육성 프로그램은 미국에서 현직 학교장의 성장을 지원하는 단일 프로그램으로 가장 규모가 큰 프로그램이 되었다.

이런 꾸준한 확장의 동력은 프로그램에 대한 독립적인 평가였다. 우리가 처음 시작했을 때는 교장 연수와 학생 성취도의 직접적인 연관을 보여줄 수 있으리라고 상상도 못 했다. 그러나 우리의 예상은 틀렸다. 존스홉킨스대학교Johns Hopkins University, 올드도미니언대학교Old Dominion University 및 기타 연구자들에 의해 사용된 일련의 준 실험 설계는 국립학교리더십연구소 경영 개발 프로그램에서 교육받은 교장들이 이끄는 학교에서 통계적으로 유의미한 학업 성취가 있음을 지속적으로 보여주었다.Nunnery, Yen, & Ross, 2011; Nunnery et al., 2011 솔직히 우리는 깜짝 놀랐다.

우리는 학생들에게 통계적으로 유의미한 효과가 있었다는 사실에 놀랐다. 특히 비용 때문에 그랬다. 앞의 프로그램 평가에서 조사한 교장 연수 프로그램 간에 교육비의 편차를 좌우하는 주요 요인은 강사 수였다. 그러나 가장 일반적인 구성에서, 교육받는 교장 1인당 교육비는 8,560달러다. 이 숫자를 미국의 평균 규모 학교의 학생 수로 나누면 학생 1인당 비용은 16.58달러다. 1인당 16.58달러의 비용으로 학생들에게 통계적으로 유의미한 영향을 미칠 수 있는 긍정적 개입 방안의 긴 목록을 마련하기는 쉽지 않다.

2011년 존스홉킨스대학교와 올드도미니언대학교가 실시한 연구에 따르면, 국립학교리더십연구소 교육을 받은 교장이 이끄는 38개 초·중학교 학생들은 비교 대상학교 학생들보다 한 달 이상의 추가적인 학습 효과를 나타냈다. 효과 크기는 수학에서 0.14, 영어에서 0.11이었는데, 이런 수치는 수준별 집단 편성과 문제 기반 학습의 효과와 거의 같았다.Nunnery et al., 2011 우리는 비용 면에서 매우 효율적인 교육개혁 방안을 개발한 것이다.

그러나 21세기를 지나 두 번째 10년을 맞이하는 초입에서, 우리는 그동안 국립학교리더십연구소 모델의 성과가 매우 좋았지만, 이 모델에는 매우 중요한 두 가지가 결여되어 있음을 깨달았다. 첫째, 우리의 경영 개발 프로그램을 교육받고 있는 교장들이 그런 교육을 접한 적이 없는 교육감들과 교육청 직원들이 있는 낡은 시스템으로 돌아가야 한다는 사실이다. 개발 프로그램이 효과적일수록, 오래된 기존 작업 방식에 여전히 사로잡혀 있는 시스템에서 새로운 아이디어를 구현하려 할 때 교장이 좌절할 가능성이 더 크다. 기업 내에 설립된 대학들corporate universities이 이를 설립한 기업을 위해 했던 것처럼, 지역의 전체 리더십 구조가 같은 방향을 바라보게 하는 시스템 설계가 필요했다.

둘째, 국립학교리더십연구소 교육과정이 비즈니스 분야와 군사 분야의 리더십 개발에서 얻은 세계 최고의 아이디어를 통합하고 미국 교육에 관한 탁월한 연구에 근거하고 있지만, 국립교육경제센터가 분석한 가장 성공적인 교육 시스템을 갖춘 국가들이 사용한 전략으로부터 배운 내용에 근거를 두지는 않았다. 여러 해 동안 그 국가들의 성공 요인을 분석하면서, 우리는 그들이 낱낱의 분리된 일련의 정책 및 관행을 채택해서가 아니라, 고유한 형태와 완결성을 지닌 새로운 모델을 채택한 결과임을 알게 되었다. 정책과 실천은 정확히 그 모델에 내재했기 때문에 매우 성공적이었다. 새로운 시스템의 다른 부분이 자리잡히지 않은 채 정책과 실천이 채택되었을 때는 덜 성공적이었다. 이런 상위 성과 국가들의 성공에서 가장 중요한 요소로 부각된 것은 바로 이런 시스템의 형태였다.

2015년에 우리는 이 두 가지 현실을 반영하기 위해 국립학교리더십연구소 프로그램을 다시 설계하기 시작했다. 우리는 전 세계적으로 리더십에 대한 최고의 연구 관련 자료들을 완전히 업데이트했다. 교육 분야에서도 같은 작업을 했다.

두 가지 큰 변화가 있었다. 첫째는 교육과정을 재구성하면서 세계 수준의 교육 시스템을 구축하기 위해 상위 성과 국가들이 사용한 전략에서 배운 내용을 완전히 통합한 것이다. 둘째는 현직 교장 프로그램에만 초점을 맞추는 대신 중첩된 교육 프로그램의 세트a nested set of trainings 를 제공하는 것으로 프로그램을 재구성한 것이다.

첫 번째 프로그램은 교육감 집단을 위한 것으로, 성공적인 교육 시스템의 설계와 운영에 대해 배운 모든 것을 통합하는 재설계 과정에 대한 지식과 기술을 지역에서 그 과정을 이끌 교육감에게 제공한다. 이 프로그램은 실제 문제의 복잡한 사례를 활용하는 사례연구법에 크게 의존한다. 이것은 여러 사례에서 미묘한 차이들을 찾아내고, 교육감들이 자신이 처한 상황에서 질 관리와 형평성 문제를 탐구하게 하며, 개별 교육감이 실제 프로젝트를 택하여 이를 실행하도록 한다. 이 프로젝트는 세계적 수준의 교육 시스템의 9가지 핵심 구성 요소 중 하나에 기반한다.Tucker, 2016a 종종 교육감들은 집단 내의 유사한 프로젝트에 집중하는 다른 교육감들과 짝이 되는데, 그렇게 해서 적절한 조언과 생각의 동반자를 얻게 된다.

두 번째 프로그램은 개별 교육감과 그 행정팀을 위한 것이다. 이 교육과정은 첫 번째 프로그램과 유사하다. 그러나 응용학습 프로젝트는 9개 핵심 구성 요소의 더 넓은 범위를 포함할 가능성이 있다. 그리고 그 프로젝트는 지역구가 세계적 수준의 시스템을 구축하는 데 필요한 지식과 기술을 개발하며, 그들이 학습한 내용을 실행으로 옮기는 초기 단계의 환경을 더 우호적으로 만들고자 돕는 것을 의도한다. 세 번째 프로그램은 학교장들을 위해 재설계된 경영 개발 프로그램으로, 이번에는 9개 구성 요소가 교육과정을 위한 틀로 사용된다. 우리는 네 번째 프로그램을 설계하기 시작했다. 이는 이 책에 설명한 것과 같은 종류의 경력 사다리를 오르는 데 필요한 기술을 습득하려는 교사를 위한 것이다. 이런 프로그램들은 교육감, 교육청 고위 임원, 교장 또는 교사들이 각각의 연수 프로그램에서 전체 의제를 처음 접하고 난 후에는 학구의 담당자와 바로 협력하여 일할 수 있도록 설계되었다. 이런 체계에서 시간이 지나면, 학구의 모든 지도자가 공통의 지향을 하게 된다. 이들은 공통된 목표와 이 목표 달성을 위한 전략을 공유하면서 공통된 틀 내에서 일하게 된다.

이것이 바로 우리가 관찰한 상위 성과 국가들에서 일어나는 일이다. 최초의 국립학교리더십연구소 경영 개발 프로그램과 새로운 교육 프로그램 세트의 주요 차이점은, 새로운 버전에서는 세계 최고의 성과를 내는 교육 시스템에 대한 지난 30여 년의 연구에 기반하여 높은 성과를 내는 교육 시스템 구축을 위한 설계를 지향하고 있다는 것이다. 이 시스템들은 정지되어 있지 않았다. 그것이 실행되는 동안 이들 중 몇몇은 전체 설계에 대한 핵심 실행 전략의 일부로 학교와 시스템 지도자들의 교육에 초점을 맞추어 왔다.

국립학교리더십연구소 프로그램 재설계에 착수했을 때, 우리는 마리 아이터를 다시 방문해서 15여 년도 더 전에 조사를 요청했을 때 이후로 리더십에 관한 문헌에서 무엇이 달라졌는지 설명해달라고 했다. 이 분석에서 두 가지가 드러났다. 첫째는 인재 개발자developer of talent로서의 지도자에 대한 아이디어였다. 수년 전 국방대학 학장에게 처음 들은 이 아이디어에 따르면, 지도자들의 가장 중요한 역할 중 하나는 모든 수준에서 차기 지도자가 선택될 수 있는 인력풀을 개발하는 것이다. 비즈니스 세계에서 이 아이디어는 음지에서 벗어나 양지에 자리잡았다. 상위 성과 국가에서 분명히 그랬던 것처럼, 똑같은 아이디어가 교육계의 그늘에서 벗어나서 등장해야 할 바로 그 시점이라고 우리는 생각했다.

아이터의 두 번째 응답은 환경이 지속적으로 변화하고 있다는 사실을 반영하기 위해 변화의 조종자driver of change로서의 지도자의 개념이 더 보편화되어야 한다는 것이다. 비즈니스 세계에서 새로운 만트라mantra는 VUCA—변동성Volatile, 불확실성Uncertainty, 복잡성Complexity, 모호성Ambiguity—가 되었다. 이 네 단어는 교육 지도자들이 점점 더 역할을 맡아 이끌어야 할 세계를 명쾌하게 요약한 것 같다. 우리가 추구해 온 목표에 더하여, 교육 지도자가 인재 개발자가 되고, VUCA 환경에서 높은 수준의 기능을 발휘하도록 돕는 것은 가치 있는 목표로 생각되었다.Eiter, 2015

종국에 우리는 우리 자신이 15년 이상 완성도를 높여온 리더십 개발 교육과정을 효과적인 시스템과 시스템 사고에 중점을 둔 세계적 수준의 교육 시스템의 9개 핵심 구성 요소가 제공하는 구조와 결합하고 있음을 발견했다. 그것은 새로운 모델 시스템new-model system에 생명을 불어넣을 수 있는 지도자 육성을 위한 프로그램을 구축하기 위해서다. 그것은 새로운 시스템의 설계자designer, 건설자builder, 운영자mobilizer로서의 지도자라는 개념 위에 세워질 것이다.

상위 성과 국가는 리더십 개발을 높은 성과 시스템 설계의 핵심 요소로 간주한다

우리 자신의 리더십 개발 프로그램을 재설계하는 동안, 우리는 벤 젠슨Ben Jensen에게 상위 성과 국가들의 리더십 개발 프로그램을 조사하고 분석하여, 우리의 설계가 그들의 가장 중요한 특성을 포함하고 있는지 확인해줄 것을 요청했다. 그 결과 우리가 그렇게 하고 있다고 판명되었다. 다음은 벤이 질 높은 교장 준비 프로그램의 요소들을 요약한 결과다.^{Jensen et al., 2017}

- 프로그램은 학생들이 미래에 성공할 수 있도록 준비시키기 위해 학교가 어떻게 운영되어야 하는지에 대한 국가 또는 지역 전략으로부터 도출된다.
- 프로그램이 목표하는 교장의 역할은 학교 조직 방법과 관리 방법에 대한 국가 또는 지역의 방침을 반영한다. 여기에는 학교에서 교사의 리더십 역할도 같이 규정하고 있다.
- 매우 유능하고 노련한 학교 지도자를 선발하여 새로운 교장을 멘토링하도록 하는 것은 이 프로그램의 중요한 부분이다.
- 프로그램은 참가자들에게 자신 또는 다른 학교의 실제 문제에 초점을 맞춘 실행 학습 프로젝트를 설계하고 수행하도록 요구하며, 참가자들은 이 프로젝트에 근거하여 평가받는다.
- 프로그램을 이수한 새로운 교장 집단을 위해 지속적인 네트워킹 및 학습 기회를 제공한다.

싱가포르

정확히 그런 일을 하는 학교 지도자를 양성하는 시스템을 들여다보려 한다면 싱가포르의 예를 참조할 수 있다. 싱가포르가 학교 지도자들에게 제공하는 교육은 일반적인 관리management와 리더십 교육에 한정되지 않으며, 세계적인 교육 연구 문헌을 소개하는 데 머물지도 않는다.

싱가포르의 시스템은 학교의 지도자들이 특정 종류의 환경, 즉 더글러스 맥그레거Douglas MacGregor의 Y이론과 피터 드러커Peter Drucker의 지식 노동자 및 지식 노동 개념을 기반으로 하는 환경에서 지도력을 발휘하도록 설계되었다. 싱가포르의 현대 교육 시스템은 상위 성적의 고등학교 졸업생으로서 연구중심 대학에서 교육받고, 연구 역량이 있으며, 높은 성과를 내는 작업 조직work organization에서 근무할 준비가 된 일류 교사들에 기반하여 운영되어야 한다는 생각을 바탕으로 구축되었다. 이 작업 조직에서 교사들은 지위가 높은 다른 전문직의 경력 구조career structure와 매우 유사한 경력 구조를 지닌다. 싱가포르 시스템에서 교장들은 앞서 여러 장에서 묘사한 학교들처럼 학교를 창조하고 운영해야 한다.

이것이 핵심이다. 교사들이 좋은 수업의 일반적인 원리뿐만 아니라 학생들이 선택할 특정 과목들을 가르치는 방법을 배우는 것처럼, 교장들도 이 책에 서술된 원리들, 즉 그들 자신의 시스템을 움직이는 원리들에 따라 설계된 학교를 운영하는 방법을 배운다. 그들은 지도자로서 능력을 개발하기 위해 의도된 일련의 과제를 통해 교사들을 신중하게 지도함으로써 잠재적인 지도자를 식별해 내고 육성하는 방법을 배운다. 교장들은 수석 교사 경로로 나아가기를 원하는 교사들을 성장시키는 방법을 배운다. 교장들은 각 교과에서 뛰어난 전문가인 교사들이 많은 학교에서 교수적 지도자instructional leader가 된다는 것이 무엇을 의미하는지 배운다. 교장들은 교사들이 그들의 시간 대부분을 교실에서가 아니라 다른 교사들과 회의로 보내는 학교에서 기본 일정 계획master schedule을 개발하고 개선하는 방법을 배운다. 그들은 편애favoritism가 아닌 공적merit에 따라 교장과 직원의 관계가 결정되며 그에 따라 학교를 운영하는 방법을 배운다. 이런 여러 방법으로, 그들은 전문가로 대우 받아야 하는 교사—그러한 목적을 위해 재설계된 학교에서—를 관리하는 구체적인 사항을 배운다.

카네기 재단이 처음으로 우리에게 교장을 위한 국방대학을 건립하게 한 후 몇 년 사이에 상위 성과 국가들은 그들의 수석 교사-교장들head teacher–principals이 혁신을 통해 어떻게든 학교를 이끌어 가는 데 필요한 것을 할 수 있으리라고 생각하던 것에서 벗어났다. 여기에는 학교 지도자를 위한 경력 사다리 및 지도자들의 성장을 위한 교육과정을 만들고, 사다리의 다음 단계로 이동할 준비가 되었는지 평가하기 위한 기준과 사다리에서 자신의 현 위치를 인증하기 위한 평가도 만드는 것이 포함된다. 흥미롭게도 싱가포르는 그런 시스템을 개발하기 시작했을 때 설계를 위한 출발점으로 사용할 틀로 미국 군대를 참조했다. 어떤 면에서 그들은 국립학교리더십연구소를 만들기 위해 우리가 밟은 단계들을 되짚어갔다. 그러나 그들은 더 멀리 나아갈 수 있었다. 이러한 교육 모델 전체는 경력 사다리 시스템 내에 배치될 때 훨씬 강력하다. 그렇게 해야 학교 지도자들이 필요한 기술을 습득할 강력한 인센티브를 갖기 때문이다.

호주, 상하이 그리고 다른 국가들

이 책의 중심에 있는 혁신적인 실계를 구현하기 위해 리더십 개발 전략을 채택한 나라는 싱가포르뿐만이 아니다. 호주의 교수 및 학교 리더십 연구소AITSL는 본질적으로 새로운 국립 기관으로, 교사들과 학교 지도자들을 위한 지속적인 성장 시스템을 전국적으로 추진하는 데 사용할 수 있는 경력 사다리의 기준을 제정하는 임무를 부여받았다. 상하이는 유사한 시스템이 있고, 실제로 성장 시스템을 추진하는 데 경력 사다리 시스템을 사용한 선구자다.[Zhang et al., 2016] 다른 많은 나라는 자신들이 만들고 있는 시스템이 이전 시스템과는 매우 다른 종류의 지도자와 리더십을 필요로 한다는 것을 알게 되었다. 진정으로 새로운 스타일의 리더십 없이는 새로운 시스템이 성공하지 못할 것이다. 또한 그들은 자신들의 시스템을 다음 단계로 발전시키는 데 리더십 개발이 필요하다고 생각하게 되었다. 마지막으로, 그들은 자신들의 교육 시스템이 연속적인 변화를 겪을 때 그들 시스템에서 모든 층위의 지도자가 지향점이 같지 않으면 실패할 것임을 알게 되었다.

교육 시스템 혁신을 위한 지역 모델의 한계들

머리말에서 우리는 주 정부 차원의 정책 입안자를 포함한 많은 사람이 이 책을 읽기를 희망하지만, 교육감 및 교육청 직원들을 위해 이 책을 집필했다고 언급했다. 주 정부의 정책 입안자들이 이 책에 제시된 의제를 채택할 때까지 기다릴 필요 없이, 지역구가 교육 위원회, 학부모, 지역사회와 협력하여 그들 스스로 행동할 수 있다고 확신했기 때문이다.

그러나 주 정부가 전폭적으로 지원하고 지원 정책 환경을 조성하려는 경우 지역 학구가 이와 같은 의제를 채택하고 시행하기가 훨씬 쉬울 것이다. 이것이 우리의 다음 책에서 다룰 주제다.

미국 정부의 교육 시스템은 양날의 검이다. 상위 성과 국가들은 대부분 책임 소재가 분명하다. 즉 중앙정부와 지방정부 등 어느 차원에서 초등 및 중등 교육 시스템의 전반적인 건전성과 효과성에 대한 주된 책임이 있는지가 분명하다. 미국에서는 지난 10년마다 각 수준의 정부가 핵심 기능에 대한 통제권을 놓고 경쟁하면서 이 점이 덜 분명해지고 있다. 한 가지 관점에서 보자면, 이는 심각한 문제다. 서로에게 알리지 않고, 서로 다른 비전을 추구하는 수많은 행위자들이 중요한 기능에 대한 통제권을 주장할 때, 미국이 효과적인 시스템을 설계하는 것은 매우 어렵기 때문이다. 이는 부정적인 측면이다.

거꾸로, 고도로 세분화된 우리 시스템은 카르페 디엠('하루를 잡아라')을 모토로 하는 사람들에게 많은 기회를 제공한다. 대부분의 주에서 우리 시스템의 매우 느슨함, 즉 다른 많은 국가에서 볼 수 있는 종류의 구조들의 결핍은 이 책에서 설명한 종류의 시스템을 만드는 방법에 대한 명확한 비전을 가진 지역의 사람들에게 오히려 기회를 제공한다. 그렇게 하는 사람들이 많아지면 그것이 새로운 시스템이 될 것이다. 주가 종종 민주주의의 실험실이라고 불리는 것과 같이, 지역 도시들, 마을들, 학구들이 주의 실험실이 된다. 차세대 교육 시스템을 설계하려 할때 지역사회를 참여시키는 데 방해 요소랄 것이 거의 없다는 사실, 당신이 깃발을 들기만 하면 수많은 지원과 참여가 뒤따를 것이라는 사실을 알게 되면 당신은 놀랄 것이다.

지역 수준에서 리더십의 중추적 역할-시작하기

우리는 미국 교육 '시스템'의 근본적인 변화를 통해서만 해결할 수 있는 도전 과제를 제시하면서 이 책을 시작했다. 우리는 그 문장에서 '시스템'이란 단어를 강조했다. 새로운 모델의 시스템은 새로운 정책 및 관행뿐만 아니라 새로운 원칙 위에 구축되어야 한다고 했다. 이 원칙에는 학생 선별기로서의 시스템에 대한 생각을 폐기하고, 장애가 극도로 심각한 학생을 제외한 모든 학생을 매우 높은 성취 수준으로 끌어올리겠다는 생각을 수용하는 것을 포함한다. 또, 생산직 노동자처럼 취급되는 저임금 교사들에 기반을 둔 시스템을 버리고 최고의 고등학교 졸업생 중에서 선발된 매우 유능하고 잘 교육받았으며 잘 훈련된 교사들에 기반을 둔 모델을 택하는 것이 포함된다. 그리고 학교를 학생들이 수업을 듣기 위해 가는 곳이 아니라 교실 안팎에서 모든 범주의 학습 경험을 제공하는 곳으로 설계함으로써 학생들이 고등학교를 졸업할 때 거의 상상을 초월하는 디지털 기술로 재구성된 세계에서 생존하고 번영하는 데 필요한 인지적 성취, 사회적 기술, 도덕성, 업무 습관, 지식을 갖추게 하는 것이 포함된다. 이런 학습 환경을 조성하기 위해 그러한 교사들을 고용하는 것은 학교가 조직되는 방식, 교사의 시간이 사용되는 방식, 심지어 학교의 물리적 공간이 배치되는 방식 등에 대해 완전히 새롭게 사고할 것을 요구한다. 그것은 학교 예산, 계획을 세우는 방법, 그리고 아주 어린 학생들이 입학하기 전 단계에서도 건강하게 발달할 수 있도록 지원하는 학교의 역할 등에 대해 재고해야 함을 의미한다. 그리고 학교 공부academics를 잘할 수 있지만 새로운 아이디어와 지식을 실제 세계에서 계속 적용하며 배우기를 선호하는 학생들을 위한 응용 학습applied learning 형태를 구축하기 위해 우리가 직업 교육이라고 부르던 것에 대해서도 완전히 새롭게 사고할 필요가 있다.

우리는 통합된 일련의 원칙에 따라 이런 모든 방식으로 변형된 세계의 이미지를 제시했을 뿐 아니라 이 시스템의 가장 중요한 속성 중 하나가 일관성―학교와 지역 내에서 모든 부분과 요소들이 함께 어울리는 방식―이어야 한다고 했다. 우리가 그렇게 말했을 때, 왜 리더십이 결과에 그토록 중요한지, 그리고 그에 못지않게 왜 시스템 내의 모든 지도자가 같은 지향점을 갖는 것이 중요한지 매우 분명해야 한다.

지도자들이여, 엔진의 시동을 걸라!

다음은 새로운 교육 시스템 설계를 시작하는 방법에 대한 몇 가지 아이디어다.

1. 이 책은 빠른 속도로 많은 영역을 다루었다. 혁신적 변화에 대한 급진적인 주장도 제시했다. 이 책을 손에 들지 않고서도 견해가 매우 다른 사람들을 상대로 이런 주장을 펼 수 있을까? 출발점은 당신이다. 즉, 당신이 여기 제시된 견해를 진정으로 이해하고, 동의하며, 방어할 수 있는지 확인하는 것이다. 당신의 지식이 부족한 부분이 있다면 이 책의 참고문헌에 열거된 출판물 중 몇 가지를 선택하여 자세히 살펴보라. 이를 통해 당신이 우리와 다른 결론에 도달할 수 있더라도 괜찮다. 정말 중요한 것은 이런 학습을 통해 당신이 하고 있는 일의 맥락 및 모든 도전으로부터 당신을 방어하기 위해 사용할 수 있는 분석들과 계획의 개요를 더 심층적으로 이해할 수 있게 되는 것이다.

2. 당신의 이해 관계자들이 당신이 골몰했던 것과 동일한 이슈들에 대해 고민하고, 동일한 자료를 읽고, 동일한 문제에 대해 논쟁하면서, 당신이 걸어온 것과 같은 여정에 그들을 어떻게 참여시킬 수 있을지 생각

하라. 교육 시스템에서 가장 크고 보람 있는 변화를 이룬 국가들은 이런 개발 단계를 단축하지 않았음을 기억하라. 이 국가들은 포용적인 측면에 지나칠 정도로 신경을 썼다. 광범위하게 의견을 모았고, 모두가 의견뿐만 아니라 사실에 대한 정보가 있는지 확인했다. 자녀들이 살아갈 세상을 재편하고 있는 근본적인 힘을 모든 이들이 이해하게 돕는 방법을 찾았다. 그리고 가장 앞선 나라들이 설정한 목표의 구체적인 의미와 상위 성과 국가들이 추구해온 전략을 그들에게 제공했다. 이런 방식으로 모든 사람을 참여시키는 것은 세월의 시험을 견뎌내고, 향후 작업을 위한 지속 가능한 북극성 역할을 할 공유된 비전을 구축하는 유일한 방법이다. 그것은 단거리 경주가 아닌 마라톤이다.

3. 기획과정을 직접 만들라. 이 과정은 방금 설명한 일을 수행할 수 있는 분석과 비전에 기반을 두어야 한다. 그리고 일관성 있으면서 높은 기준을 설정하고 있어, 높은 성취도 평균과 실제적 형평성으로 이어질 가능성이 높은 계획을 산출해야 한다. 또한 이 기획과정을 거친 계획은 주요 부처들로부터 전폭적인 지지를 받아야 하며, 실행자가 헌신할 수 있는 실행 계획도 포함해야 한다.

4. 당신의 계획은 향후 몇 년 동안 수행해야 할 모든 세부 사항을 포함할 필요가 없다. 높은 성과 시스템의 모든 구성 요소를 처음부터 똑같이 자세히 포함할 필요도 없다. 여기에는 향후 몇 년 동안 모든 구성 요소에 대한 작업을 구체화할 수 있는 광범위한 틀과 그런 작업을 시작할 수 있도록 신중하게 선택된 일련의 소규모 계획들이 포함되어야 한다. 나중에 더 어려운 단계를 수행할 수 있는 권한을 얻으려면 더 쉽게 성공할 수 있는 몇 가지 계획을 선택하라. 이것들이 먼저 자리 잡을 때까지 다음 단계로 나아갈 수 없다면 다른 것들을 선택하라. 단계들을

설계할 때 전략적으로 사고하라. 한 단계 한 단계 나아갈 때마다 적을 만들거나 지지자를 분열시키기보다는 더 많은 사람의 지지를 얻고 싶어질 것이다.

5. 자신의 구체적인 상황에서 당신의 새로운 시스템의 핵심 구성 요소에 대해 곰곰이 생각하라. 일류 교사들의 공급을 늘리기 위해 여러분은 어떤 일을 시작할 것인가? 당신이 함께 노력할 수 있는 대학 지도자가 있는가? 교사와 학교 지도자들을 위한 경력 사다리 시스템의 입법적 기반을 만드는 데 관심 있는 지역 의회 의원이 있는가? 당신 및 다른 교육감과 협력하여 당신이 속한 지역을 4장에서 설명한 것과 같이 일종의 응집력 있고 강력한 교육 시스템으로 이끌어 갈 수 있는 지역 학교 최고 책임자는 있는가? 장기 계획에 대해 오랫동안 숙고했다면, 한발 물러서서 보라. 당신과 협력하여 공동 의제를 추진할 수 있는 요직의 파트너들이 나타날 것이다. 이들과 일을 시작하면 된다. 이는 학교 시스템 안팎의 파트너에게 적용된다. 선택한 전략이 당신의 전략적 목표와 일치하는 한, 가장 좋은 시작 방법은 당신이 나중에 발전시킬 가능성이 가장 높은 곳에서 시작하는 것이다.

6. 시스템의 모든 수준에서 모든 지도자가 계획에 동참하고, 계획 실행에서 맡겨진 역할을 수행할 역량과 동기를 지니고 있는지 확인해야 한다. 실행 계획은 계획 자체에 포함되어 있어야 한다. 그리고 계획의 특정 부분의 실행을 이끌 사람들에게 해당 부분의 계획을 직접 작성하게 하라.

7. 모든 것이 당신에 관한 것이라는 생각의 함정trap of thinking에 빠지지 마라. 당신에 관한 것이 아니라 계획을 세우고 실행하는 데 참여하는 사람들을 지속적으로 늘리고, 이 계획의 지지기반을 지속적으로 확

대하는 것과 관련된 것이다. 그러나 계획을 어설프게 세우거나 섣부르게 실행하지 않도록 주의해야 한다. 끝까지 모든 이들이 참여하도록 설득할 필요가 있을 것이다.

8. 일류 교사와 일류 지도자로 구성된 직원을 꾸준히 늘리기 위해 가능한 모든 노력을 기울여야 한다. 이 일은 다른 어떤 일보다 성공을 가져올 가능성이 크다. 당신이 이 일을 하지 않으면 다른 어떤 것도 효과가 없을 것이다. 어디든 가서 찾을 수 있는 가장 좋은 사람을 찾아서, 당신의 시스템에 들어오도록 설득하고, 그들이 당신의 조직 내 최고의 직원으로부터 견습 교육을 받게 하고, 할 수 있는 모든 방법을 동원하여 그들이 성장할 수 있게 지원해야 한다. 그들의 경력이 쌓여감에 따라 자신들의 역량을 개발하도록 도움을 주는 과정에는 그들에게 신중하게 선택된 일련의 과제를 부여하는 것이 포함된다.

9. 협력할 수 있는 대학을 찾아 나서라. 그런 대학은 당신과 비전을 공유하거나, 의견을 절충할 수 있는 사람—아마도 대학 학장—이 이끄는 곳일 것이다. 그 관계에 대한 모델은 제5장에서 설명했다. 거기에 도달하는 데는 여러 가지 방법이 있다. 가장 중요한 것은 앞으로 나아갈 길에 대해 파트너와 의견을 같이하는 것이다.

10. 이 책에서 설명한 모든 방법으로 교육 시스템의 상태를 파악하고 이를 강화할 기회를 놓치지 마라. 예를 들어, 자격 검증 시스템을 마련하는 것은 그 자체로 큰 과업이다. 심각한 장애를 겪는 학생들을 제외한 모든 학생이 10학년이 끝날 때까지 대학 진학 및 취업 준비 자격을 갖추게 하는 것이 모든 직원의 책무라고 생각하는 사고방식을 시스템 내에서 개발하는 것은 사고의 전환을 요구한다. 또한, 모든 학생이 10학년 말까지 그런 자격에 도달할 수 있는지 파악하는 것이 모든 교사의 책임

이고, 학생이 뒤처지기 시작하면 개별 학생에 대한 정보를 수집하고 도울 방법을 찾아내는 것도 담당 학생에 대한 모든 교사의 책무임을 받아들이는 데도 사고의 전환이 필요하다. 높은 성과 시스템의 이런 핵심 구성 요소에 레이저처럼 초점을 맞추면 당신은 더 멀리 나아가게 될 것이다.

11. 이 책에 묘사된 모델의 이미지로 학교를 재설계하는 데는 시간이 걸릴 것이다. 교사 및 교장들과 폭넓은 대화를 해야 할 것이다. 양자의 역할이 모두 많이 바뀌어야 할 것이다. 핵심은 새로운 경력 사다리 시스템이다. 그러나 시간 재분배 및 시간이 사용되는 방식도 완전히 변해야 할 것이다. 당신의 학교에 있는 교사와 다른 전문가들이 당신이 구축하려는 구조에 어떻게 부합할 것인지에 관하여 많은 이슈가 있을 것이다. 6장에서 설명한 국가 경력 사다리 개발 프로그램과 연계하기로 하면, 이 일에 대해 국가의 지원을 받을 수 있다. 그렇지 않으면 주 교육부의 지원을 받을 수 있을 것이다.

12. 이 모든 과정은 예상하지 못한 전환으로 가득 찬 긴 여행이 될지도 모른다. 우리가 현재 일하고 있는 주들 중 하나에서, 주 교육감협의회는 우리의 후원자다. 이렇게 하면 교육받는 교육감들이 교육받은 내용을 자신의 학구에서 실현할 때 서로 협력하기가 훨씬 쉬워진다. 교육감협의회는 교육감들이 이 책에서 기술한 방식대로 학구를 변화시킬 때 지원 역할을 하게 되므로, 연합회가 이 의제에 협력할 의향이 어느 정도 있는지 가늠해보아야 할 수 있다.

13. 앞서 제안한 것은 이 문제로 필연적으로 이어진다. 당신과 동료 교육감들이 주 정부 차원에서 적절한 입법 및 규제 체계를 갖추고 있다면, 조만간 당신의 행로가 훨씬 순조로우리라는 것을 알게 될 것이다. 당신

은 주의 정책을 이 의제에 맞추는 데 필요한 입법 및 규제 변화를 모색하기 위해 생각이 같은 교육감들과 협력하기를 원할 수도 있다. 교육감들이 교육 위원회, 교장, 교사들과 공동의 명분을 만들면 반대자들이 저항하기 어려울 것이다.

14. 마지막으로, 당신의 역할이 최고 시스템 설계자chief designer, 즉 현시대를 위해 현대적 시스템을 구상하고 구현하는 역할을 하는 사람임을 절대 망각하지 마라. 여기서 현대적 시스템은 각 부분과 부분들이 조화롭게 작동해야 하는 시스템이며, 세계 최고의 성과 시스템들이 그러하듯이 진정한 형평성 실현에 기여할 뿐 아니라 매우 높은 성취도 평균average performance에 이를 수 있는 높은 성과 시스템을 의미한다. 디자인은 사고방식이자 지향orientation이다. 그것은 지금의 시스템이 변하지 않고 가능한 한 많은 사람을 위해 잘 작동하도록 최선을 다해야 한다고 생각하는 사람들의 사고방식 및 지향과는 매우 다르다. 여러분도 당연히 시스템이 잘 작동하도록 최선을 다해야 한다. 그러나 현상 유지가 목표는 아니다. 목표는 획기적인 성과를 거두는 것이다.

요약

이 의제들 중 쉬운 것은 하나도 없다. 사방에서 장애물을 만날 것이다. 그러나 상위 성과 국가들이 보여주는 엄청난 증거들은 이 의제가 실행될 때 모든 이해 당사자가 이 책 서두에서 설명한 선순환 구조에 편입될 수 있음을 보여준다. 다른 몇몇 지역과 대학들에서 같은 생각을 지닌 동료들과 협력하여, 당신의 지역에서 당신과 동료들이 이런 혁신을 시작할 수 있다면 다른 사람들이 당신들을 따를 것이고, 이어서 또 다른 사람들이 뒤따르리라고 믿을 만한 충분한 근거가 있다. 그것이 효과가 있기 때문이다. 이 모델을 사용하는 시스템들에서 교육받아 온 전 세계 수백만 학생들이 매우 높은 수준의 성취를 보이기에 우리는 그것이 효과가 있음을 안다. 당신도 그렇게 할 수 있다. 그리고 그렇게 할 때 다른 사람들도 이내 그 효과를 알게 될 것이다.

참고문헌

Alberta Education. (2010). *Inspiring education: A dialogue with Albertans.* Edmonton, Alberta, Canada: Government of Alberta, Ministry of Education.

Allegretto, S., & Mishel, L. (2016). *The teacher pay gap is wider: Teachers' pay continues to fall further behind pay of comparable workers.* Washington, DC: Economic Policy Institute.

Barber, M., & Mourshad, M. (2007). *How the world's best performing systems come out on top.* San Francisco: McKinsey & Company.

Brynjolfsson, E., & McAffee, A. (2014). *The second machine age: Work, progress, and prosperity in a time of brilliant technologies.* New York and London: W. W. Norton.

Bull, R., & Bautista, A. (forthcoming). *International case studies of innovative early childhood systems: The early advantage in Singapore.* Retrieved from http://ncee.org/what-we-do/center-on-international-education-benchmarking/cieb-supported-research/

Burns, D., & McIntyre, A. (2017). *Empowered educators in Australia: How high-performing systems shape teaching quality.* San Francisco: Jossey-Bass/Wiley.

Commission on the Skills of the American Workforce. (1990). *America's choice: High skills or low wages!* Rochester, NY: National Center on Education and the Economy.

Darling-Hammond, L., Burns, D., Campbell, C., Goodwin, A. L., Hammerness, K., Ling Low, E. E., McIntyre, A., Sato, M., & Zeichner, K. (2017). *Empowered educators: How high-performing systems shape teaching quality around the world.* San Francisco: Jossey-Bass/Wiley.

Darling-Hammond, L., Goodwin, L., & Low, E. (2017). *Empowered educators in Singapore: How high-performing systems shape teaching quality.* San Francisco: Jossey-Bass/Wiley

Desmond, M. (2016). *Evicted: Poverty and proft in the American city.* New York: Crown Publishing.

Drucker, P. F. (1969). *The age of discontinuity.* New York: HarperCollins.

The Economist. (2016). Automation and anxiety: Will smarter machines cause mass unemployment? Retrieved from https://www.economist.com/news/ special-report/21700758-will-smarter-machines-cause-mass-unemployment-automation-and-anxiety

Egalite, A., Kisida, B., & Winters, M. (2015). Representation in the classroom: The effect of own-race teachers on student achievement. *Economics of Education Review, 45,* 44-52.

Eiter, M. (2002). Best practices in leadership development: Lessons from the best business schools and corporate universities. In M. Tucker & J. Codding (Eds.), *The principal challenge: Leading and managing schools in an era of accountability* (pp. 99-122). San Francisco: Jossey-Bass/Wiley.

Ford, M. (2015). *The rise of the robots: Technology and the threat of a jobless future.* New York: Basic Books.

Friedman, T. (2007). *The world is flat: A brief history of the twenty-first century.* New York: Farrar, Strauss, and Giroux.

Fullan, M., & Quinn, J. (2015). *Coherence: The right drivers for action in schools, districts and systems.* Toronto: Corwin and Ontario Principals Council.

Gang, D. (Ed.). (2010). *National survey and policy analysis for teacher professional development in primary and secondary schools.* Shanghai: East China Normal University Press.

Gladwell, M. (2008). *Outliers: The story of success.* New York: Little, Brown and Co.

Goldhaber, D., & Walsh, J. (2014). *Rhetoric versus reality: Is the academic caliber of the teacher workforce changing?* Seattle, WA: Center for Education Data and Research.

Goldin, C., & Katz, L. (2008). *The race between education and technology.* Cambridge, MA: Harvard University Press.

Goodman, M., Sands, A., & Coley, R. (2017). *America's skills challenge: Millennials and the future.* Princeton, NJ: Educational Testing Service.

Goodwin, L. (2017). *Empowered educators in Singapore: How high-*

performing systems shape teaching quality. San Francisco: Jossey-Bass/ Wiley.

Hammerness, K., Ahtiainen, R., & Sahlberg, P. (2017). *Empowered educators in Finland: How high-performing systems shape teaching quality.* San Francisco: Jossey-Bass/Wiley.

Harari, Y. N. (2017). *Homo deus: A brief history of tomorrow.* New York: HarperCollins.

Haynes, M. (2014). *On the path to equity: Improving the effectiveness of beginning teachers.* Washington, DC: Alliance for Excellent Education.

Holley, P. (2015, January 29). Bill Gates on dangers of artifcial intelligence: "I don't understand why some people are not concerned." *Washington Post.* Retrieved from https://www.washingtonpost.com/news/the-switch/ wp/2015/01/28/bill-gates-on-dangers-of-artificial-intelligence-dont-understand-why-some-people-are-not-concerned/?utm_term=.19ffaea 72ed4

Ingersoll, R. (2003). *Is there really a teacher shortage?* Philadelphia: University of Pennsylvania, Consortium for Policy Research in Education.

Ingersoll, R., & Perda, D. (2014). *How high is teacher turnover and is it a problem?* Philadelphia: University of Pennsylvania, Consortium for Policy Research in Education.

Jensen, B., Downing, P., & Clark, A. (2017). *Preparing to lead: Lessons in principal development from high-performing education systems.* Washington, DC: National Center on Education and the Economy.

Kahlenberg, R. D. (2007). *Tough liberal: Albert Shanker and the battles over schools, unions, race, and democracy.* New York: Columbia University Press.

Kirp, D.L. (2013). *Improbable scholars: The rebirth of a great American school system and a strategy for America's schools.* New York: Oxford University Press.

Krugman, P. (2014, November 12). On income stagnation. *The New York Times.* Retrieved from https://krugman.blogs.nytimes.com/2014/11/12/on-income-stagnation/

Kumpailanen, K. (forthcoming). *International case studies of innovative early childhood systems: The early advantage in Finland.* Retrieved from http://

ncee.org/what-we-do/center-on-international-education-benchmarking/
cieb-supported-research/

Kurzweil, R. (2005). *The singularity is near*. New York: Penguin Books.

Learning Policy Institute. (2017). *What's the cost of teacher turnover?* Retrieved from https://learningpolicyinstitute.org/product/the-cost-of-teacher-turnover

Levy, F., & Murnane, R. (2004). *The new division of labor: How computers are creating the next job market*. Princeton, NJ: Princeton University Press.

Long, C. (2016, January 20). How high-performing nations treat educators as professionals. *NEA Today*. Retrieved from http://neatoday.org/2016/01/20/high-performing-nations-professional-development/

Manyika, J., Chui, M., Miremadi, M., Bughin, J., George, K., Willmott, P., & Dewhurst, M. (2017). *Harnessing automation for a future that works*. San Francisco: McKinsey Global Institute, McKinsey & Company.

McCorduck, P. (2004). *Machines who think: A personal inquiry into the history and prospects of artificial intelligence*. Natick, MA: AK Peters Ltd.

McGregor, D. (1960). *The Human Side of Enterprise*. New York: McGraw-Hill.

McGregor, D. (1967). *The Professional Manager*. New York: McGraw-Hill.

Mullis, I. V. S., Martin, M. O., Foy, P., & Hooper, M. (2016). *TIMSS 2015 international results in mathematics*. Boston: Boston College, Lynch School of Education, TIMSS & PIRLS International Study Center.

Murray, C. (2012). *Coming apart*. New York: Crown Forum.

National Center on Education and the Economy. (2013). *What does it really mean to be college and work ready?* Washington, DC: Author.

National Center on Education and the Economy. (2018). *How does Maryland stack up? A gap analysis comparing Maryland to international and domestic top performers*. Produced for the Maryland Commission on Innovation and Excellence in Education.

National Conference of State Legislatures. (2016). *No time to lose*. Denver, CO: Author.

National Institute of Education. (2009). *A teacher education model for the 21st century: A report by the National Institute of Education*. Singapore: Author.

Nunnery, J. A., Ross, S. M., Chappell, S., Pribesh, S., & Hoag-Carhart, E. (2011). *The impact of the NISL executive development program on performance in Massachusetts: Cohort 2 results.* Norfolk, VA: Old Dominion University, Center for Educational Partnerships.

Nunnery, J. A., Yen, C., & Ross, S. (2011). *Effects of the National Institute for School Leadership's executive development program on school performance in Pennsylvania: 2006–2010 pilot cohort results.* Norfolk, VA: Old Dominion University, Center for Educational Partnerships.

OECD. (2000). *Knowledge and skills for life: Results from the OECD PISA 2000.* Paris: OECD Publishing.

OECD. (2010). *Strong performers and successful reformers.* Paris: OECD Publishing.

OECD. (2014a). *PISA 2012 results in focus: What 15-year-olds know and what they can do with what they know.* Paris: OECD Publishing.

OECD. (2014b). *TALIS 2013 results: An international perspective on teaching and learning.* Paris: OECD Publishing.

OECD. (2015). *Helping immigrant students to succeed at school—and beyond.* Paris: OECD Publishing.

OECD. (2016a). *Education at a glance 2016: OECD indicators.* Paris: OECD Publishing.

OECD. (2016b). *PISA 2015 results (volume I): Excellence and equity in education, PISA.* Paris: OECD Publishing.

OECD. (2017a). *Education at a glance 2017: OECD indicators.* Paris: OECD Publishing.

OECD. (2017b). PISA 2018 participants. Retrieved from http://www.oecd.org/pisa/aboutpisa/pisa-2018-participants.htm

OECDStat. (2017). Income distribution and poverty, by country. Retrieved from http://stats.oecd.org/index.aspx?queryid=66670

Putnam, R. (2015). *Our kids: The American dream in crisis.* New York: Simon & Schuster.

Rivkin, S. G., Hanushek, E., & Kain, J. F. (2005). Teachers, schools, and academic achievement. *Econometrica, 73*(2), 417-458.

Sang-Hun, C., & Markoff, J. (2016, March 9). Master of Go board game is walloped by Google computer program. *The New York Times.*

Sato, M. (2017). *Empowered educators in China: How high-performing systems shape teaching quality.* San Francisco: Jossey-Bass/Wiley.

Sharkey, P., & Graham, B. (2013). *Mobility and the metropolis: How communities factor into economic mobility.* Philadelphia: Pew Charitable Trusts.

Singapore Academy of Corporate Management. (2014). Education in Singapore. Retrieved from http://www.singapore-academy.org/index.php/en/education/ library-media-center/singapore-presentation/item/217-education-in-singapore

Statistics Canada. (2011). Immigration and ethnocultural diversity in Canada. Retrieved from http://www12.statcan.gc.ca/nhs-enm/2011/as-sa/99-010-x/99-010-x2011001-eng.cfm#a2

Stewart, V. 2010. *How Singapore developed a high quality teacher workforce.* New York: The Asia Society.

Stiglitz, J. (2012). *The price of inequality: How today's divided society endangers our future.* New York: W. W. Norton.

Swanson, B., & Mandel, M. (2017, May 14). Robots will save the economy. *The Wall Street Journal.*

Temin, P. (2017). *The vanishing class: Prejudice and power in a dual economy.* Cambridge, MA: MIT Press.

TNTP. 2015. *The mirage: Confronting the hard truth about our quest for teacher development.* Washington, DC: Author.

Tucker, M. (2011). *Surpassing Shanghai: An agenda for American education built on the world's leading systems.* Cambridge, MA: Harvard Education Press.

Tucker, M. (2012). *The phoenix: Vocational education and training in Singapore.* Washington, DC: National Center on Education and the Economy.

Tucker, M. (2016a). *9 Building blocks for a world-class education system.* Washington, DC: National Center on Education and the Economy. Retrieved from http://ncee.org/9buildingblocks/

Tucker, M. (2016b, June 23). High poverty and high achievement in Hong Kong. *Education Week.* Retrieved from http://blogs.edweek.org/edweek/top_performers/2016/06/high_poverty_high_achievement_in_hong_kong.

html

Tucker, M. (2017). Education for a digital future: The challenge. *Future frontiers: Education for an AI world*. New South Wales, Australia: Melbourne University Press and the New South Wales Department of Education. Retrieved from https://education.nsw.gov.au/our-priorities/innovate-for-the-future/education-for-a-changing-world/media/documents/future-frontiers-education-for-an-ai-world/Future_Frontiers-Text.pdf

Tucker, M., & Codding, J. (2002). *The principal challenge: Leading and managing schools in an era of accountability.* San Francisco: Jossey-Bass.

Tyack, D., & Cuban, L. (1995). *Tinkering toward utopia: A century of public school reform.* Cambridge, MA: Harvard University Press.

U.S. Department of Education. (2012). *The nation's report card: NAEP 2012 long-term trends in academic progress.* Washington, DC: U.S. Department of Education, Institute of Education Sciences, National Center for Education Statistics.

U.S. Department of Education. (2013). *The nation's report card: A first look: 2013 mathematics and reading.* Washington, DC: U.S. Department of Education, Institute of Education Sciences, National Center for Education Statistics.

U.S. Department of Education. (2014). *Equitable access to quality educators: State equity profiles.* Washington, DC: Author.

U.S. Department of Education. (2015a). *The nation's report card: 2015 mathematics and reading assessments.* Washington, DC: U.S. Department of Education, Institute of Education Sciences, National Center for Education Statistics. Retrieved from https://www.nationsreportcard.gov/reading_ math_2015/#?grade=4

U.S. Department of Education, National Center for Education Statistics. (2015b). *Public school teacher attrition and mobility in the first five years: Results from the first through fifth waves of the 2007–08 beginning teacher longitudinal study.* Washington, DC: Author.

U.S. Department of Education, National Center for Education Statistics. (2017a). *Adult training and education: Results from the National Household Education Surveys Program of 2016.* Washington, DC: U.S. Department of

Education.

U.S. Department of Education, National Center for Education Statistics. (2017b). *Digest of education statistics*. Washington, DC: U.S. Department of Education.

U.S. Department of Labor, Bureau of Labor Statistics. (n.d.). *Labor force participation rate 1970-2015: Ages 16 and over, seasonally adjusted*. Retrieved from https://data.bls.gov/pdq/SurveyOutputServlet

Vance, A. (2015). *Elon musk: Tesla, Space X, and the quest for a fantastic future*. New York: Ecco-HarperCollins.

Wilson, W. J. (1987). *The truly disadvantaged: The inner city, the underclass, and public policy*. Chicago: University of Chicago Press.

Xiaoyan, L., Kidwai, H., & Zhang, M. (2016). *How Shanghai does it: Insights and lessons from the highest-ranking education system in the world*. Washington, DC: World Bank

Yoon, K. S., Duncan, T., Lee, S. W.-Y., Scarloss, B., & Shapley, K. (2007). *Reviewing the evidence on how teacher professional development affects student achievement* (Issues & Answers Report, REL 2007-No. 033). Washington, DC: U.S. Department of Education, Institute of Education Sciences, National Center for Education Evaluation and Regional Assistance, Regional Educational Laboratory Southwest.

Zhang, M., Ding, X., & Xu, J. (2016). *Developing Shanghai's teachers*. Washington, DC: National Center on Education and the Economy.

국제교육벤치마킹센터: 세계적인 고성과 교육 시스템에서 배우기

국립교육경제센터에 부속된 국제교육벤치마킹센터CIEB는, 탁월한 성과를 도출한 국가들의 전략을 규명하기 위해 세계적으로 가장 성공한 교육 시스템 연구에 자금을 지원하고 연구를 한다. 책, 보고서, 웹사이트, 월간 뉴스레터 및 전 세계 교육 뉴스의 주간 업데이트를 통해, 국제교육벤치마킹센터는 매번 PISA에서 상위권을 차지하는 국가에 대한 최신 정보와 분석을 제공한다. 자세한 내용은 www.ncee.org/cieb를 참조하라.

국립교육경제센터는 미국 교육에 영향을 미치는 국제경제 변화의 함의를 분석하고, 분석을 토대로 미국 교육의 의제를 공식화하며, 정책 변화와 교육자들이 이를 수행하는 데 필요한 자원 개발을 통해 가능한 한 모든 곳에서 그 의제를 달성하고자 1988년에 설립되었다. 자세한 내용은 www.ncee.org를 참조하라.

교육 선진국의 개혁이
우리에게 주는 시사점

이혁규_청주교육대학교 총장, 2022년 교총협 회장

이 책은 미국의 관점에서 세계 교육을 선도하는 나라들의 교육 혁신을 분석하고 있다. 글의 주된 독자도 교육감 등 미국의 교육정책 결정자이다. 한때 세계 공교육의 표준 모델 역할을 했던 미국이 이제는 시대에 뒤떨어지고 있다는 통렬한 문제의식이 이 책의 집필 동기이다. 미국이 주목하는 나라들은 국제성취도 시험에서 높은 성적을 내는 동시에 사회경제적 불평등을 완화하는, 학생 모두의 성장을 책임지는 교육 시스템을 구축한 나라들이다. 대표적인 국가가 핀란드, 싱가포르, 캐나다 등이다.

이 책의 앞부분에는 미국 교육정책의 난맥상이 묘사되어 있다. 국가, 주, 지방 등 여러 층위의 교육 당국 간에 손발이 맞지 않고 정책결정자가 바뀌기 무섭게 새로운 교육정책이 유행처럼 등장했다 사라진다. 저자의 표현을 빌리자면 미국 교육정책의 실행 과정은 '교육 문제를 한 방에 해결해 줄 것 같은 일련의 묘책들의 무덤'이다. 이 부분을 읽으면서 우리나라의 현실과 너무 유사해서 놀랄 지경이었다. 한국도 4~5년 임기 지도자에 따라 변화하는 일관성 없는 교육정책의 실험실이 되고 있지 않은가? 저자는 이런 현실을 '시스템적 사고systems thinking의 부재' 때문이라고 설명한다. 공유된 비전 설정, 중장기적 계획 수립, 합리적이고 과학적인 실행에 이르기까지 교육 개혁은 일관성이 있어야 하며, 이를 위해서는 교육 시스템 내의 모든 행위자가 같은 지향指向을 갖는 것이 중요하다.

저자는 1세기 전 산업화 시대 학교 모델이 더 이상 적합하지 않다고 진단한다. 이는 한국 교육계도 잘 알고 있는 사실이다. 그러면 어떤 모델이 이를 대체해야 할까? 저자는 "미국의 교육자들은 지금까지 소수 엘리트에게만 제공했던 질 높은 교육을 모든 학생에게 제공할 방법을 찾아야 한다."라는 말로 새로운 학교 모델의 이상을 표현한다. 그것은 공교육의 최종 학년에서 도달해야 할 성취기준standards을 명확히 하고, 모든 수단을 동원하여 모든 학생이 거기에 도달할 수 있도록 총체적인 지원을 하는 시스템을 말한다. 여기에는 특별히 도움이 필요한 학생을 두텁게 지원하는 노력이 핵심이다. 그 시스템 속에서 학생들은 탄탄한 직업 교육을 포함하여 다양한 경로를 탐색할 기회를 풍부하게 부여받는다.

이러한 새로운 교육 시스템을 위해서는 질 높은 교원을 확보하고 유지하는 교원정책이 필요하다. 저자는 우수한 교원 확보 없이는 새로운 교육 시스템이 작동할 수 없다고 본다. 상위 성과 국가와 비교하여 미국 교원의 참담한 수준을 설명하는 5장을 읽으면서, 우수한 고등학교 졸업자가 교직을 지망하기는 하지만, 예비교사 교육이나 현직 교원 전문성 시스템에서 교육 선진국과 많은 격차를 보이는 우리 현실을 새삼 돌아보게 된다.

6장에서는 학교를 재구조화하려면 학교에서 교사의 역할이 어떻게 바뀌어야 하는지 상술한다. 한 마디로 산업화 시대의 노동자 모델에서 21세기 지식 사회의 전문가 모델로 교사의 역할이 변해야 하는 것이다.

이를 위해서는 공간과 시간 활용, 보상과 책무성, 리더십 개발, 승진 경로 등이 모두 혁신되어야 한다. 교사는 고립된 교실에서 나와서 전문가로서 동료들과 협업하며 학생들을 교육해야 한다. 저자는 교사의 시간 활용과 관련하여 상위 성과 시스템의 경우 전체 시간 중 60% 이상을 동료들과 협업하는 데 사용한다고 보고한다. 이것이 가능해지려면 전문적 학습 공동체professional learning community를 위한 별도의 시간이 학교 일과에 구조화되어야 한다.

모든 학생의 높은 성취를 지향하며, 가장 도움이 필요한 학생들에게 최고의 교사를 배치하기 위해 노력하는 학교 시스템을 묘사하는 7장도 숙독해야 할 내용이다. 공교육 시스템이 결코 포기하면 안 되는 형평성과 그것을 구현하는 구체적 제도들을 열거하고 있기 때문이다.

8장에서는 새로운 교육 시스템을 구현하기 위한 혁신 전략을 언급한다. 앞에서 언급했듯이 모든 지도자가 같은 방향을 향하는 것이 중요하다. 그리고 학교장의 리더십 변화 없이 학교가 바뀌기를 기대하기는 어렵다. 그 점에서 개발비만 1,200만 달러 이상을 들여서 교장 리더십 연수 프로그램을 개발한 후 교육 선진국의 사례를 참조하며 20년이 넘도록 개선해가고 있는 미국의 사례도 참고할 만하다. 이 책을 읽으면서 한국 교장의 승진 제도 개혁 및 교장의 역할과 리더십 재정립 문제 또한 더 미룰 수 없는 과제임을 느낀다.

미국의 국립교육경제센터의 연구 성과를 토대로 한 이 책은 비교 연구comparative research와 벤치마킹benchmarking 기법에 기반하고 있다. 이 점은 우리에게 시사하는 바가 크다. 우리도 교육계 일각에서 다른 나라를 배우려는 열기가 높다. 그런데 핀란드나 덴마크 등 외국 교육을 우리는 어떻게 수용하고 있는가? 한편으로는 맹목적인 찬사와 추종하려는 분위기가 있는가 하면, 다른 한편으로는 문화도 다르고 나라 크기도 달라서 별 도움이 안 된다는 회의적인 입장이 공존한다. 양쪽 모두 이 나라들을 객관적, 체계적, 심층적으로 들여다보려는 노력이 부족해 보인다. 나라 크기로 따지자면 수십 배 차이가 나는 싱가포르와 핀란드, 나아가 체제가 다른 중국의 상하이를 미국이 왜 철저히 비교 연구하고 벤치마킹하려고 하는지 생각해보자. 과학적 연구와 전문적 판단보다는 여론조사 같은 표퓰리즘이나 당파적 이해관계에 더 많이 좌우되는 우리 교육정책 생태계 전반을 성찰할 필요가 있다.

우리 교육에 이 책이 주는 시사점을 몇 가지로 정리해 보고자 한다.

첫째, 교육정책의 전 과정을 관통하는 일관된 시스템을 만들어야 한다. 핀란드, 싱가포르 등은 수십 년 지속되는 일관성 있는 교육정책 생태계를 만드는 데 성공한 국가들이다. 이런 나라들의 경험을 바탕으로 이 책은 2장에서 성공적인 교육 시스템의 9가지 구성 요소building blocks를 제시하고 있다. 또한 9가지 구성 요소를 하나로 결합하는 더 큰 시스템을 창조하는 것이 중요함을 강조한다. 이런 시스템을 갖춘 나라들은 지혜로운 정부가 많은 사람의 의견을 수렴하여 종합적인 계획을 만들고, 정권의 부침에 별 관계 없이 오랜 기간 안정적으로 이를 실행에 옮기고 있다. 이런 나라들을 철저히 벤치마킹하여 우리도 당파적 이해를 넘어서는 합의 문화를 가꾸어내야 한다. 우리 문화에 부족한 유전자를 배워서 백년대계가 가능한 일관된 시스템을 구축해야 한다.

둘째, 학교 혁신의 공유되는 비전을 명료화해야 한다. 수십 년 전부터 산업화 시대의 낡은 패러다임을 넘어서는 교육 혁신을 논하지만, 그 의미가 명료하지 않다. 이 책의 주장처럼 소수 엘리트에게만 질 높은 교육을 제공하고 나머지 학생들을 적당한 수준으로 가르치는 이원화된 시스템을 넘어서, 모든 학생에게 최고의 교육을 제공하는 것이 학교 혁신의 명료한 비전이 되어야 한다. 새로운 교육과정, 수업, 평가 시스템을 통해 특별히 도움이 필요한 학생들을 끝까지 책임지는 학교 시스템 구축은 21세기 공교육이 지향해야 할 비전이다.

셋째, 질 높은 교원을 교육하는 교원정책이 교육정책의 중심이 되어야 한다. 이 책이 수없이 강조하는 것이 우수한 교원 확보다. 다행히도 한국에서는 우수한 자원이 교직에 입문한다. 그러나 교사들의 효능감이나 만족도는 그다지 높지 않다. 자신의 수업조차 동료들에게 개방하지 못하는 낡은 교직 문화가 존속되고 있다. 이 문제를 직시해야 한다. 세계가 인정하는 핀란드의 기적Finnish mirale은 그냥 이루어진 것이 아니다. 1970년대부터 시작된 고강도 교사교육 개혁을 통해 우수한 교사를 확보하고 그 교사들이 높은 전문성과 협업에 기반하여 지속해서 학교를 혁신했기 때문에 가능했다. 우리도 이런 혁신을 통해 예비교사부터 교원정년에 이르기까지 교사가 성장할 수 있는 전문성 시스템을 재설계해야 한다. 특히, 첫 단추부터 잘 끼워야 한다. 교육선진국들은 대부분 교사 자격을 얻기 전에 5년 이상의 대학 교육을 받으며, 그중 6개월~1년은 이론과 임상이 결합된 의학교육과 유사한 체계적인 교육실습을 하고 있다. 수급 조절에 실패하여 이러한 국제적인 발전 경로를 전혀 따라가지 못하는 중등교원 양성과정의 근본적인 개혁이 필요하다. 아울러, 초등교원 양성과정도 중등교원 양성과정과의 비교 우위에 자족하지 말고 세계 수준의 교사양성 기관으로 거듭나기 위한 노력을 해야 한다. 정부는 교원정책을 교육정책의 중심에 놓고 필요한 지원을 아끼지 말아야 한다.

넷째, 변화를 위해 성공적인 실행 전략을 체계적으로 학습해야 한다. 사람들은 변화를 기꺼이 수용하지 않는다. 혁신을 시작하기는 매우 어

렵다. 일정 정도의 성과를 나타낸 혁신도 일반화 과정에서 좌초하기 쉽
다. 따라서 개혁에 성공한 나라들을 철저히 연구하여 성공적인 이행 전
략을 배울 필요가 있다. 위로부터의 개혁도 한계가 있고, 아래로부터의
자발성도 멀리 퍼져나가기가 버겁다. 아래로부터, 중간에서, 위로부터 총
체적인 개혁을 추동할 수 있는 변화의 과학science of innovation이 절실히
필요하다.

마지막으로 이 책을 펴낸 연구소의 역할도 주목할 가치가 있다. 미국
의 국립교육경제센터는 외국의 우수한 교육 사례에 대한 비교 연구와
벤치마킹, 질 높은 교육 시스템 설계를 위한 정책 개발과 컨설팅, 질 높
은 교육 시스템을 이끌 리더십 프로그램 개발 등 세 가지 주요 목적을
지니고 있다. 이 목적들이 상호 유기적으로 연계되어 외국 사례에 대한
비교 연구가 정책과 프로그램 개발이라는 현실적인 대안 생산으로 이어
지고 있다.

우리도 이런 일을 통합적으로 수행하는 연구소 기능이 강화될 필요
가 있다. 외국을 배우려고 노력하는 것은 결코 사대주의가 아니다. 근대
학교 교육 자체가 외국에서 수입된 것이 아니던가? 우리 현실에 깊이
뿌리 내리면서 동시에 눈을 밖으로 돌려 세계의 프론티어들을 배우는
개방성을 잊지 말아야 한다. 그런 노력을 꾸준히 해나가면 어느 순간 많
은 나라가 우리 교육을 배우러 오는 교육의 한류 시대도 활짝 열릴 것
이다. 그리고 외국의 교사와 학자들이 한국의 교원 양성 제도와 학교 혁
신을 모범 사례로 모방하고 연구하는 날도 멀지 않은 장래에 도래할 것
이다. 이 책의 번역 작업도 그런 미래를 열어가는 작은 마중물이 되리라
믿는다.

삶의 행복을 꿈꾸는 교육은 어디에서 오는가?

● **교육혁명을 앞당기는 배움책 이야기** 혁신교육의 철학과 잉걸진 미래를 만나다!

● **비고츠키 선집** 발달과 협력의 교육학 어떻게 읽을 것인가?

 생각과 말
레프 세묘노비치 비고츠키 지음
배희철·김용호·D. 켈로그 옮김 | 690쪽 | 값 33,000원

 성장과 분화
L.S. 비고츠키 지음 | 비고츠키 연구회 옮김
308쪽 | 값 15,000원

 도구와 기호
비고츠키·루리야 지음 | 비고츠키 연구회 옮김
336쪽 | 값 16,000원

 연령과 위기
L.S. 비고츠키 지음 | 비고츠키 연구회 옮김
336쪽 | 값 17,000원

 어린이 자기행동숙달의 역사와 발달 I
L.S. 비고츠키 지음 | 비고츠키 연구회 옮김
564쪽 | 값 28,000원

 의식과 숙달
L.S 비고츠키 | 비고츠키 연구회 옮김
348쪽 | 값 17,000원

 어린이 자기행동숙달의 역사와 발달 II
L.S. 비고츠키 지음 | 비고츠키 연구회 옮김
552쪽 | 값 28,000원

 분열과 사랑
L.S. 비고츠키 지음 | 비고츠키 연구회 옮김
260쪽 | 값 16,000원

 어린이의 상상과 창조
L.S. 비고츠키 지음 | 비고츠키 연구회 옮김
280쪽 | 값 15,000원

 성애와 갈등
L.S. 비고츠키 지음 | 비고츠키 연구회 옮김
268쪽 | 값 17,000원

 비고츠키와 인지 발달의 비밀
A.R. 루리야 지음 | 배희철 옮김 | 280쪽 | 값 15,000원

 흥미와 개념
L.S. 비고츠키 지음 | 비고츠키 연구회 옮김
408쪽 | 값 21,000원

 정서학설 I
L.S. 비고츠키 지음 | 비고츠키 연구회 옮김
584쪽 | 값 35,000원

 정서학설 II
L.S. 비고츠키 지음 | 비고츠키 연구회 옮김
480쪽 | 값 35,000원

 수업과 수업 사이
비고츠키 연구회 지음 | 196쪽 | 값 12,000원

 관계의 교육학, 비고츠키
진보교육연구소 비고츠키교육학실천연구모임 지음
300쪽 | 값 15,000원

 비고츠키의 발달교육이란 무엇인가?
비고츠키교육학실천연구모임 지음 | 412쪽 | 값 21,000원

 비고츠키 생각과 말 쉽게 읽기
진보교육연구소 비고츠키교육학실천연구모임 지음
316쪽 | 값 15,000원

비고츠키 철학으로 본 핀란드 교육과정
배희철 지음 | 456쪽 | 값 23,000원

 교사와 부모를 위한 비고츠키 교육학
카르포프 지음 | 실천교사번역팀 옮김
308쪽 | 값 15,000원

 비고츠키와 마르크스
앤디 블런던 외 지음 | 이성우 옮김 | 388쪽 | 값 19,000원

 혁신학교
성열관·이순철 지음 | 224쪽 | 값 12,000원

 대한민국 교사, 어떻게 가르칠 것인가?
윤성관 지음 | 320쪽 | 값 15,000원

 행복한 혁신학교 만들기
초등교육과정연구모임 지음 | 264쪽 | 값 13,000원

 아이들을 어떻게 가르칠 것인가
사토 마나부 지음 | 박찬영 옮김 | 232쪽 | 값 13,000원

 서울형 혁신학교 이야기
이부영 지음 | 320쪽 | 값 15,000원

 모두를 위한 국제이해교육
한국국제이해교육학회 지음 | 364쪽 | 값 16,000원

혁신교육, 철학을 만나다
브렌트 데이비스·데니스 수마라 지음
현인철·서용선 옮김 | 304쪽 | 값 15,000원

 혁신교육 존 듀이에게 묻다
서용선 지음 | 292쪽 | 값 16,000원

 다시 읽는 조선 교육사
이만규 지음 | 750쪽 | 값 33,000원

 대한민국 교육혁명
교육혁명공동행동 연구위원회 지음
224쪽 | 값 12,000원

 경쟁을 넘어 발달 교육으로
현광일 지음 | 288쪽 | 값 14,000원

 핀란드 교육의 기적
한넬레 니에미 외 엮음 | 장수명 외 옮김
456쪽 | 값 23,000원

 한국 교육의 현실과 전망
심성보 지음 | 724쪽 | 값 35,000원

 독일의 학교교육
정기섭 지음 | 536쪽 | 값 29,000원

● **경쟁과 차별을 넘어 평등과 협력으로 미래를 열어가는 교육 대전환!** 혁신교육 현장 필독서

 교실 속으로 간 이해중심 교육과정
온정덕 외 지음 | 224쪽 | 값 13,000원

 포스트 코로나 시대의 교육
성열관 외 지음 | 224쪽 | 값 15,000원

 내일 수업 어떻게 하지?
아이함께 지음 | 300쪽 | 값 15,000원

 **학교의 미래,
전문적 학습공동체로 열다**
새로운학교네트워크·오윤주 외 지음 | 276쪽 | 값 16,000원

 **마을교육공동체
생태적 의미와 실천**
김용련 지음 | 256쪽 | 값 15,000원

 학교폭력, 멈춰!
문재현 외 지음 | 348쪽 | 값 15,000원

 학교를 살리는 회복적 생활교육
김민자·이순영·정선영 지음 | 256쪽 | 값 15,000원

 삶의 시간을 잇는 문화예술교육
고영직 지음 | 292쪽 | 값 16,000원

 **미래교육을 디자인하는
학교교육과정**
박승열 외 지음 | 348쪽 | 값 18,000원

 아이들을 어떻게 가르칠 것인가
사토 마나부 지음 | 박찬영 옮김 | 232쪽 | 값 13,000원

 교실 속으로 간 이해중심 통합교육과정
온정덕 외 지음 | 224쪽 | 값 15,000원

 **초등 백워드 교육과정
설계와 실천 이야기**
김병일 지음 | 352쪽 | 값 19,000원

 **학습격차 해소를 위한 새로운 도전
보편적 학습설계 수업**
조윤정 외 지음 | 240쪽 | 값 15,000원

 마을교육공동체란 무엇인가?
서용선 외 지음 | 360쪽 | 값 17,000원

 강화도의 기억을 걷다
최보길 지음 | 276쪽 | 값 14,000원

 체육 교사, 수업을 말하다
전용진 지음 | 304쪽 | 값 15,000원

 평화의 교육과정 섬김의 리더십
이준원·이형빈 지음 | 292쪽 | 값 16,000원

 마을교육과정을 그리다
백윤애 외 지음 | 336쪽 | 값 16,000원

 **혁신교육지구와 마을교육공동체는
어떻게 만들어지는가?**
김태정 지음 | 376쪽 | 값 18,000원

 서울대 10개 만들기
김종영 지음 | 348쪽 | 값 18,000원

코로나 시대,
마을교육·공동체운동과 생태적 교육학
심성보 지음 | 280쪽 | 값 17,000원

혐오, 교실에 들어오다
이혜정 외 지음 | 232쪽 | 값 15,000원

수업, 슬로리딩과 함께
박경숙 외 지음 | 268쪽 | 값 15,000원

물질과의 새로운 만남
베로니카 파치니-케처바우 외 지음 | 240쪽 | 값 15,000원

그림책으로 만나는 인권교육
강진미 외 지음 | 272쪽 | 값 18,000원

수업 고수들
수업·교육과정·평가를 말하다
박현숙 외 지음 | 368쪽 | 값 17,000원

아이들의 배움은 어떻게 깊어지는가
이시이 준지 지음 | 방지현·이창희 옮김
200쪽 | 값 11,000원

미래, 공생교육
김환희 지음 | 244쪽 | 값 15,000원

들뢰즈와 가타리를 통해 유아교육 읽기
리세롯 마리엣 올슨 지음 | 이연선 외 옮김
328쪽 | 값 17,000원

혁신고등학교, 무엇이 다른가?
김현자 외 지음 | 344쪽 | 값 18,000원

시민이 만드는 교육 대전환
심성보·김태정 지음 | 248쪽 | 값 15,000원

평화교육
과거, 현재 그리고 미래를 그리다
모니샤 바자즈 외 지음 | 권순정 외 옮김
268쪽 | 값 18,000원

대전환 시대 변혁의 교육학
진보교육연구소 교육과정연구모임 지음
400쪽 | 값 23,000원

교육의 미래와 학교혁신
마크 터커 지음 | 전국교원양성대학교 총장협의회 옮김
332쪽 | 값 19,000원

남도 임진의병의 기억을 걷다
김남철 지음 | 288쪽 | 값 18,000원

프레이리에게 변혁의 길을 묻다
심성보 지음 | 672쪽 | 값 33,000원

선생님, 통일이 뭐예요?
정경호 지음 | 252쪽 | 값 13,000원

함께 배움
학생 주도 배움 중심 수업 이렇게 한다
니시카와 준 지음 | 백경석 옮김 | 280쪽 | 값 15,000원

다정한 교실에서 20,000시간
강정희 지음 | 296쪽 | 값 16,000원

즐거운 세계사 수업
김은석 지음 | 328쪽 | 값 13,000원

밥상혁명
강양구·강이현 지음 | 298쪽 | 값 13,800원

학교를 개선하는 교장
지속가능한 학교 혁신을 위한 실천 전략
마이클 폴란 지음 | 서동연·정효준 옮김 | 216쪽 | 값 13,000원

선생님, 민주시민교육이 뭐예요?
염경미 지음 | 244쪽 | 값 15,000원

교육혁신의 시대
배움의 공간을 상상하다
함영기 외 지음 | 264쪽 | 값 17,000원

도덕 수업, 책으로 묻고 윤리로 답하다
울산도덕교사모임 지음 | 320쪽 | 값 15,000원

교육과 민주주의
필라르 오카디즈 외 지음 | 유성상 옮김
420쪽 | 값 25,000원

교육회복과 적극적 시민교육
강순원 지음 | 228쪽 | 값 15,000원

비판적 미디어 리터러시 가이드
더글러스 켈너·제프 셰어 지음 | 여은호·원숙경 옮김
252쪽 | 값 18,000원

지속가능한
마을, 교육, 공동체를 위하여
강영택 지음 | 328쪽 | 값 18,000원

백워드로 설계하고 피드백으로 완성하는
성장중심평가
이형빈·김성수 지음 | 356쪽 | 값 19,000원

우리 교육, 거장에게 묻다
표혜빈 외 지음 | 272쪽 | 값 17,000원

교사에게 강요된 침묵
설진성 지음 | 296쪽 | 값 18,000원